Brigitte Witzer

GLÜCK SUCHT LEBEN

Inhalt

Einstieg

Es gibt zweierlei Wissen,
das Wissen durch Beweisführung und
das Wissen aus Erfahrung.
Die Beweisführung führt zu
Schlussfolgerungen und zwingt uns,
dieselben anzuerkennen.
Sie beseitigt aber weder
den Zweifel noch führt sie zu
jener Gewissheit,
in der der Geist in Frieden ruhen könnte,
es sei denn,
diese käme durch Erfahrung zustande.

(Roger Bacon, *Compendium studii philosophiae*, 1272)

Machen, machen, machen

Die junge Frau neben mir im Zug diskutiert schon seit zehn Minuten mit ihrer Mutter, wann die beiden Grundschulkinder Zeit für die Oma haben: Am Montag ist erst Ballett, dann »Flip into English«, am Dienstag Selbstverteidigung, am Mittwoch Chor, anschließend geht es in den Garten zum Erholen, am Donnerstag wartet erneut das Ballett, und am Freitag gibt es einen neuen Kurs, der offenbar »Kreative Spiele mit dem Ball« heißt. Ich kann kaum verhindern, mit einem Ohr zuzuhören, und mache mir meine Gedanken. Ist das wirklich nötig und gut, ein derart ausgefeiltes Programm? Auch wundere ich mich: Was hatten wir damals doch für Freiheiten!

Pädagogen nennen die Gegenwart von Kindern heute »Hauskindheit«, im Gegensatz zu einer Straßenkindheit, wie sie vor fünfzig Jahren noch ganz normal war. Wir kamen aus der Schule, machten unsere Hausaufgaben – und weg waren wir. Irgendwo draußen, manchmal im Garten, oft genug am Rhein oder am Waldrand, wo wir Baumhäuser zu bauen hatten, und bei Regen wunderbare Lesestunden mit Comics, aber auch mit *Hanni und Nanni* verbrachten und dabei Lakritz kauten.

Heute sind die Kindheiten verplant, es wird unentwegt aus den besten Gründen dies und jenes gemacht. Kinder sind eingebunden in vielfältige Bewegungs-, Freizeit- und Qualifizierungsmaßnahmen, die es ihnen in der Gegenwart, mehr aber noch in der Zukunft erleichtern sollen, ein erfolgreiches und vernünftiges Mitglied unserer Leistungsgesellschaft abzugeben. »Erfolgreich« muss offenbar sein – oder kann man sich vorstellen, dass Eltern sich für ihre Kinder gerade das nicht wünschen, eine gute Karriere nämlich? Wohl kaum.

Und so fehlt es an langer Weile. Ich erinnere mich an höchst uninteressante Sonntage, wenn die Freundinnen genau wie ich zu Hause blieben, parat standen für Verwandtenbesuche und zur Zierde der jeweiligen Familie. Langes Schlafen war die erste erforderliche Notwendigkeit, um diesen toten Tag irgendwie niederzukämpfen. Danach harrten unentwegt Serviceleistungen meiner Kinderhände: Tisch decken, spülen und abtrocknen, Kuchen aus dem Keller hochholen. Bis es endlich aufregend wurde, weil Besuch kam und wir bei den Erwachsenen sitzen durften und zuhören, was diese sich gegenseitig zu erzählen hatten.

Es öffneten sich gerade an diesen langweiligen Sonntagen immer wieder neue Welten, wenn etwa Onkel Klaus erzählte, wie mein Vater meine Mutter »wirklich« kennengelernt hatte. Oder als der Mythos, ich sei ein Sechsmonatskind, weil sechs Monate nach der Hochzeit geboren, auf einmal gebrochen wurde mit der Geschichte, wie ich drei Wochen zu spät auf die Welt kam und die Gurken noch schnell eingemacht werden mussten. Das war am Ende spannend, allerdings war nicht alles, was die Erwachsenen redeten, besonders aufschlussreich.

Und heute? Wird immer etwas angeboten, gibt es stets etwas zu tun für Kinder. Wenn alle Stricke reißen, lässt sich die pädagogisch wertvolle App hervorholen – Hauptsache, das Kind bleibt mit dem iPad bei der Sache und unter keinen Umständen unbeschäftigt! Die Eltern, zwischen Taxidienst und qualitativer Auswahl dieses gigantischen Freizeitunterfangens im vollen Einsatz, wollen sich natürlich nichts zuschulden kommen lassen – kein Fehler in der Früh- und Ersterziehung des Nachwuchses. Schließlich werden schon hier die wesentlichen Weichen gestellt!

Waren meine Eltern noch damit befasst, in uns, in ihre Kinder, Vertrauen zu setzen, reicht das heute bei Weitem nicht mehr. Elternschaft bedeutet vielmehr, die Vereinbarkeit der unterschiedlichsten Ansprüche und Anforderungen abzusichern, damit aus dem Nachwuchs auch bestimmt etwas wird. In Zeiten, wo kein

Kind mehr »versehentlich« geboren wird, ist jedes Kind ein Schatz, aus dem ganz selbstverständlich und gesichert etwas werden muss.

Kinder sind verdammt zum Erfolg. Wie sonst lässt sich am Ende zeigen, dass aus jedem von ihnen ein vernünftiger Mensch geworden ist? All die Investitionen und Verzichtsleistungen der Eltern müssen erfolgreich sein, müssen sich doch lohnen.

Aktionismus statt Entspannung

Ortswechsel: Im Ferienresort machte ich schon seit einer guten Stunde nichts. Zwei Damen in meinem Alter beobachteten das voller Skepsis; mittlerweile hielt sie nichts mehr, und sie begannen, mir Vorschläge zu machen, wie ich meinen Tag aufs Gelungenste anfüllen könnte. Schließlich bot das Resort ja ein herrliches Programm der wunderbarsten Aktivitäten! Um 7.30 Uhr ging es mit Wassergymnastik los – da schliefe ich noch, wandte ich ein. Dann könnte ich um 8.15 Uhr bei Tai-Chi im Saal mitmachen, um 10.00 Uhr bei »Kraftübungen mit dem Thera-Band«, um 11.00 Uhr am Vortrag zum Fasten teilnehmen, und, mit etwas Engagement, wäre auch Pilates um 11.30 Uhr noch drin. Natürlich, das war alles im Preis mit enthalten, und wer die Angebote nicht nutzte, bekam keinen Cent zurück. Und zu guter Letzt hielt mir eine der beiden resoluten Urlauberinnen einen Krimi hin: Wenn ich schon all das nicht mitmachte, obwohl es mir sicher guttäte, so könnte ich doch wenigstens etwas lesen.

Ganz offensichtlich gehört es zum Normalzustand, dass Zeiten von Ruhe und Erholung angefüllt sind mit Angeboten, die primär einem dienen: der Selbstoptimierung. Statt in der Ruhe einfach mal ruhig zu sein, finden sich auch in meinem Urlaubsresort die meisten doch lieber zur Meditationsstunde ein. Hier lässt sich schließlich lernen, wie man das Beste aus der Ruhe herausholt. Bloß keinen Gedanken nachhängen, bloß nicht wie ein Blatt im Wind mal hierhin und mal dorthin wehen, so kommt es mir vor.

Freizeit, einmal ernst und wirklich angenommen, erfordert offenbar unentwegtes Tun. Kein Wunder also, dass es etwa in Berlin, wo ich lebe, für viele Leute erforderlich ist, sich schon für ein Telefonat zu verabreden. Anders ist ihnen überhaupt nicht beizukommen, sie sind einfach zu beschäftigt – mit Chillen, mit Coolsein, damit, an den angesagten Orten aufzukreuzen oder an denen, die eben gerade nicht angesagt sind. Alle, so scheint es mir, »machen« ständig irgendetwas.

Ich nenne das blinden Aktionismus. Es wird gemacht, ohne jeden Gedanken an die Wirkung, an die Folgen eines solchen Machens, ohne Bedenken, in welchem Rahmen da gemacht wird oder welche Strukturen damit bedient werden. Im Urlaub wäre doch Entspannung und Loslassen das Gebot der Stunde – im Alltag wird oft genug zuerst »gemacht« und dann überlegt, ob die damit unterstützte Sache eigentlich gewünscht ist. Es sieht ganz im Gegenteil so aus, als müsste unbedingt vermieden werden, dass man in langweilig und leer verbrachter Zeit womöglich zum Denken kommt, oder, schlimmer noch, zum Fühlen.

Was wäre denn schlimmstenfalls zu denken oder zu spüren? Dass man nicht gebraucht wird? Dass man jetzt gerade überhaupt nicht störungsfrei funktioniert? Funktionieren scheint so wichtig für unseren Alltag: Sind wir einmal gut eingespurt, dann steigen wir so leicht nicht mehr aus, komme, was da wolle. Wir funktionieren so gern, am allerliebsten ohne Probleme.

Eigentlich wissen wir es: Menschen haben kleine Mängel, oft sogar sympathische – sie sind störungsbehaftet und eben keine Roboter. Es gibt viel Arbeit, die von Maschinen sehr gut erledigt werden kann und die wir diesen bitte gern überlassen sollten! Wir werden damit zwar nutzlos im Sinne der wirtschaftlichen Selbstausbeutung, aber: Wir sind doch kein Vieh! Nutzen ist nicht die vorherrschende Bedingung menschlicher Existenz, jedenfalls nicht in meinem humanistischen Verständnis.

Was aber macht Menschsein aus und führt schließlich zu etwas, was ich ein gelingendes, erfülltes Leben nennen könnte? Ich war lange Jahre sicher: Ohne perfektes Funktionieren lässt sich ein solches Leben nicht erringen, im Gegenteil. Eine vage Idee in meinen ersten Berufsjahren war sogar die, ein gutes Leben stünde quasi am Ende eines Weges, auf dem ich gut funktioniert haben würde – als Preis, den ich nur erringen könnte durch vielfaches Machen, durch unentwegte Beschäftigung.

Natürlich schwingen da eine christliche Erziehung und das Versprechen auf Erlösung mit, auch der von Friedrich dem Großen verordnete Fleiß für alle Preußen wirkte bei solchen unbewussten Bahnungen ein. Dass die Sache ganz anders anzufassen ist, begriff ich erst mit den ersten breit publizierten Ergebnissen der Neurowissenschaftler, die aufgrund neuer bildgebender Verfahren seit Anfang der 1990er-Jahre zu bahnbrechenden Erkenntnissen gelangt waren.

Wie die Suche nach Glück in die Sucht führt

»Ich fühle, also bin ich.« Die Quintessenz des Buchs von Antonio R. Damasio[1] machte 1995 mit einem enormen Knall die ersten Erkenntnisse der Neurowissenschaften einem breiten Publikum zugänglich. Mit der Lektüre schloss sich für mich ein Kreis, und ich verstand, warum ich, die superkluge Kopffüßlerin, so lange vergeblich versucht hatte, ein irgendwie lebenswertes Leben hinzubekommen – und stets wieder gescheitert war. Ich hatte mich immer und immer wieder »außen« orientiert, an den Gedanken anderer, an dem, was »man sagte«, also an den Vorstellungen anderer davon, wie ein gutes Leben aussehen könnte.

Statt in diesem Zustand war ich allerdings in verschiedenen Süchten gelandet: Ich war süchtig nach Nikotin, nach Zucker, nach Diäten ebenso wie nach Anerkennung, nach Adrenalin und nach

Besserwissen. Ich hatte zwar mäßig, aber jeden Abend Wein getrunken und mich sediert, tagsüber hatte ich mich mit Milchkaffee ruhiggestellt. Wo ich auch hinschaute: Mein Alltag bestand darin, auf keinen Fall etwas zu fühlen. Einmal wach geworden, begriff ich, wie sehr mich dieses aktive Vermeiden in Anspruch nahm.

Wie genau ich das hinbekommen hatte, das war ein ziemlich komplexes, aber auch anregendes Rätsel, dem ich in den letzten Jahren auf die Spur gekommen bin und dessen Erkenntnisgewinn mich erleichterte, fast möchte ich sagen, erlöst hat. Ich war vorher vollständig ins Denken abgerutscht, kreiste in dieser Sackgasse in endlosen Grübeleien und hatte mich dort komfortabel, aber – gänzlich ahnungslos – ohne jede Perspektive eingerichtet. Das Einzige, was half, war »machen« – um die Not nicht zu spüren, um meine Gefühle zu übertönen, um meinen Kopf in Spur zu bringen.

Rückblickend ist mir klar, dass ich einem gewöhnlichen Mechanismus auf den Leim gegangen war: Ich hatte als Erwachsene unentwegt die reaktiven Muster meiner Kindheit, alle damals entwickelten und gut funktionierenden Verdrängungstechniken aufs Beste gepflegt, ergänzt und erweitert. Darüber hinaus hatte ich mich da bevorzugt aufgehalten, wo die Welt einfach, klar und rational ist, nämlich in meinem Gehirn. Mit globalem Blick, ohne zeitliche oder persönliche Beziehung zu meinem Erleben war alles möglich. Nur – es half mir nicht, zu mir selbst zu kommen. Das verstand ich spontan im Ansatz, als ich Damasio las und sein Konzept von Descartes' Irrtum.

Damals hatte ich gerade eine erste Suchttherapie abgeschlossen und stand vor dem nächsten Schritt. Meine Sucht, die mich zur Verzweiflung brachte, war zwar »nur« Nikotin, aber dieser war ich bodenlos verfallen. Gut die Hälfte meines Lebens bis dahin hatte ich außerhalb von mir gestanden, vordergründig lässig auf der Jagd nach Zigaretten und der Möglichkeit, diese zu rauchen. Dabei war mir im tiefsten Inneren völlig unklar, was ich wollte, konnte, wusste. Was bloß war mir wichtig? Wie suchte ich Freunde aus? Ich war ratlos, blieb passiv und war zum Mitlaufen verdammt.

Gefühle, die mir Orientierung hätten bieten können, waren mir fremd. Oder sie waren künstlich, bei Alkohol und englischem Pop mit viel Leidenschaft erzeugt.

Machbarkeit als Bollwerk gegen aufkommende Gefühle

Ich lernte in der Therapie, dass wir alles verlieren, wenn wir unser subjektives Körperempfinden verlieren. Unseren Seismografen für unser Leben, für unsere Gefühle und, daraus abgeleitet, für ein Handeln, das uns zutiefst gerecht wird. Warum aber wenden wir uns ab von unserer Wahrnehmung? Wozu ist das gut? Es gibt immer einen Gewinn, auch in auf den ersten Blick wenig vorteilhaften Entscheidungen oder Erfahrungen des Einzelnen – so wie eine Grippe für die längst überfällige Pause sorgt. Entsprechend liegt auch in dieser Abkehr vom menschlichen System durchaus Konsequenz.

Schließlich leben wir in einer Welt voller Komplexität, die uns oft unübersichtlich und mit ihrer spontanen Dynamik erschreckend erscheint. Seit den großen Innovationen des letzten Jahrhunderts, der Telefonie und der Informationstechnik, stehen wir als Einzelne vor großen Herausforderungen, die unseren Alltag, unsere Arbeit, unser Miteinander und nicht zuletzt unser persönliches Wohlergehen entscheidend beeinflussen.

Könnte es sich vor diesem Hintergrund vielleicht so verhalten, dass wir Angst haben davor, was uns unser Körper rückmeldet von der Welt? Einer Welt, in der wir ihn leben lassen wollen oder es ihm, besser gesagt, aufzwingen? Können wir einerseits zu wenig mit den Nachrichten und Informationen aus der Welt der Empfindungen anfangen, ja, machen die uns womöglich Angst? Und wollen wir andererseits mit den Konsequenzen nicht leben, wenn uns diese Empfindungen klarmachen, dass Klimawandel nicht bei anderen stattfindet, dass Umwelt auch unsere Welt meint, dass all die Bedrohungen auf der Erde auch uns betreffen?

Es liegt auf der Hand: Dinge für machbar zu halten ist eine geradezu lebensrettende Illusion in solchen Gefahrenzonen. Machbarkeit wird zum Muss in unserem Alltag. Zunächst scheint auch Erfolg für das Individuum machbar – denn was sonst ist in diesen Zeiten unser Lebensziel? Wenn ich nicht erfolgreich bin, was bin ich dann wert? Kann ich, ohne Erfolg, überhaupt ein nützlicher Mensch sein, gehöre ich dazu? Diese Fragen befielen mich mit ziemlicher Wucht, wenn ich mir Gedanken machte, was und wie ich denn eigentlich arbeiten wollte. Gab es eine Alternative zum Erfolg?

Vielleicht im Privaten? Weit gefehlt: Denn hier erscheint statt des alles überstrahlenden Erfolgs wenigstens das persönliche, das private Glück machbar. Wir hören auf, danach zu streben, und versuchen stattdessen, es zu erwirtschaften. Wir machen, auch hier, versuchen dies und das, um uns glücklich zu wissen und um anschließend dieses Glück abzusichern, als Dauerzustand festzuhalten. Wenn genau dies bloß nicht so schwierig wäre.

Auf der Suche nach dem Glück

Die Glücksindustrie wächst, Glücksbücher boomen, Glücksforscher machen auf sich aufmerksam, Glückssendungen haben hohe Quoten. Glück scheint machbar.

Meine eigenen Erfahrungen haben mich gelehrt, dass Glück kein Dauerzustand ist – selbst wenn eine wie ich die allgemein angepriesenen Abkürzungsverfahren des Markts benutzt hatte, um glücklich zu sein. Als Abkürzungen verstehe ich all die Substanzen und Verhaltensmuster, die den Eindruck erwecken, als würden sie uns auf direktem Weg zum Glück führen. Bier, das gemeinsam getrunken, zu Freundschaft führt, Schnaps, der mutig macht, auch wenn er »Feigling« heißt – ich selbst suchte Freiheit und ging jahrelang mit »Camel« meilenweit.

Glück definiert sich gerade dadurch, dass es nicht als Dauerzustand existiert. Das wussten schon die Väter der amerikanischen Verfassung, die die Verfolgung von persönlichem Glück als Grundrecht in die Unabhängigkeitserklärung aufnahmen. Der Dauerzustand, in dem wir leben, heißt eigentlich »Alltag« oder »Normalität«. Beides klingt superlangweilig, grau und uninteressant. Wer will das schon, Alltag! Ich höre keinen Sänger davon singen, keinen Hollywoodfilm danach schmalzen. Schon immer, so scheint es, wollen Menschen die Ekstase, das Besondere, die alles überstrahlende Erfahrung. Glück eben.

Dabei kommt das Wort Glück eigentlich aus der Rechtsprechung. Das althochdeutsche »gelukke« bedeutete um 1200 zunächst nichts anderes als eine wie auch immer ausgehende »Entscheidung« vor Gericht. Ganz ohne Bewertung! Innerhalb der nächsten fünfzig Jahre wandelte sich die Wortbedeutung zur akzeptierten Entscheidung und wurde zugleich zum »positiven Ergebnis«, zu Glück. Doch wie wird aus einer Entscheidung etwas Positives?

Durch Akzeptanz? Durch das Gefühl, dass Recht gesprochen und erfahren wird? Erfahrung jedenfalls ist an Gefühle gebunden. Da wundert sich der junge Mann, der bei der Online-Plattform Tinder immer wieder guten Sex und One-Night-Stands findet, dass er sich nicht verliebt. Ja, Verlieben kann schwer sein – vor allem dann, wenn es keinen Zugang zum eigenen Körper gibt, wenn Gefühle nicht empfunden werden, wenn die eigene Wahrnehmung abgekoppelt ist; dann wird Sex schnell zum Sport. Ermuntert durch die digitale Vielfalt sind wir heute vielfach auf einer Suche nach Glück, die den Körper nur benutzt, nicht aber bewohnt.

Diese Suche endet oft genug in Sucht, weil sie eben nicht versteht, dass eines vor allem erforderlich ist für eine solche Lebendigkeit: die Wahrnehmung der Welt über unseren Körper. Es gibt weder einen inspirierten Alltag noch wunderbare Gipfelerfahrungen ohne ihn. Davon ist in diesem Buch die Rede.

Sucht ist gut für Steuern und schlecht für Menschen

Sucht ist weitverbreitet, eine Art gesellschaftliches Grundrauschen. Nach aktuellen Schätzungen der Drogenbeauftragten der Bundesrepublik Deutschland[2] gibt es bei uns etwa 16 Millionen Raucher, 1,7 Millionen Alkoholabhängige, 1,4 Millionen Medikamentenabhängige und circa 100.000 bis 150.000 Rauschgiftabhängige, die kriminalisierte Drogen wie Heroin nehmen. Da Rauchen und Alkohol gern gemeinsam auftreten, lassen sich die Zahlen nicht ohne Weiteres addieren, eine Aussage über die Gesamtzahl der Süchtigen gibt es nicht.

Über die 16 Millionen Raucher hören wir wenig. Liegt es daran, dass der Staat massiv warnt durch deftige Texte und Bilder auf den Zigarettenschachteln, aber zugleich ganz ordentliche Summen mit der Tabaksteuer erwirtschaftet? Im Jahr 2015 handelte es sich um Steuereinnahmen von fast 15 Milliarden Euro – in der Rangfolge der profitablen Quellen landet die Tabaksteuer auf Platz 6, knapp oberhalb der Körperschaftssteuer, eine Art Einkommensteuer, die etwa von Aktiengesellschaften zu zahlen ist, und knapp unterhalb der Einnahmen aus dem Solidarbeitrag.[3] Alkohol wird mit fünf verschiedenen Steuern belegt, sodass die Erkenntnisse nicht auf der Hand liegen – außer der einen: Der Staat verdient hier vielfach mit.

Niemand weiß genau, wie viele Süchtige es gibt. Nur da, wo Behandlungen angezeigt sind, oder in Notfällen wird die Abhängigkeit auch anderen Menschen bekannt. Da Sucht tabuisiert ist, dürfen wir davon ausgehen, dass die Zahlen deutlich höher liegen. Auf einem Suchtkongress, den ich im Frühjahr 2017 in Düsseldorf besuchte, wurde bei Medikamentenabhängigkeit von zehnmal so vielen Süchtigen ausgegangen.

Diese Zahlen lesen wir schon seit Jahren und haben Alkohol, Nikotin sowie Medikamente auf unserem gut trainierten Radar für Suchtgefahren. Doch was ist mit all den Süchten, die uns auf ganz moderne Art und Weise abhängig machen? Wer ist eigentlich süchtig nach bestimmten Mustern wie Sex oder Romanzen, und wie viele von uns sind das? Wer weiß davon, süchtig zu sein nach Arbeit, nach Adrenalin, nach Sport? Was ist mit denen, die ohne ihr Smartphone nicht mehr sein können, die süchtig sind nach Online-Spielen, nach Facebook, nach Tinder – wo tauchen diese Menschen auf? In welcher Statistik lesen wir von ihnen?

Ich kenne keine. Und doch muss ich nur einen Schritt vor meine Tür tun, um über süchtige Menschen mit solchen oder ähnlichen Abhängigkeiten quasi zu stolpern. Ihre Aufmerksamkeit ist absorbiert, Teile ihres Lebens sind ausschließlich auf ihr persönliches Suchtmittel ausgerichtet – und es fällt anderen um sie herum schwer, sich Gehör zu verschaffen, so etwas wie ein Familienleben zu etablieren, Interesse an den Dingen im Hier und Jetzt zu erzeugen.

Das betrifft Jugendliche, die mit Leidenschaft und Power ihre elektronischen Freunde über ihre Familie stellen. Das betrifft auch Vorstände, die es beim festlichen Opernabend mit Freunden und Gattin nicht schaffen, das leise Ping einer eingehenden E-Mail zu ignorieren. Das betrifft alle, die an ihrem Gesundheitszustand zweifeln, sobald sie mal zwei Wochen nicht Langstrecke gelaufen sind oder im Sportstudio ein volles Workout abgeleistet haben.

Diese neuen Süchte, die unsere Aufmerksamkeit, unsere Energie, ja, unser Leben absorbieren, sind von den verschiedensten Techniken und Technologien getrieben. Da, wo unsere Körper zugerichtet werden, sind es die Techniken der Muskel-, Stoffwechsel- und Körperoptimierung. Anders und doch wieder ähnlich geht es uns mit den elektronischen Helfern, mit denen wir gerade ein auch körperliches Miteinander aus dem Blick verlieren und uns Shitstorms und Shamings ebenso ausgesetzt sehen wie der verblüffenden Möglichkeit, dass sich jemand, der uns gerade noch sehr mochte, Sekunden später von uns entfreundet.

Gerade Hightech hat eine außerordentliche Sogwirkung; eine stärkere Autorität im gesellschaftlichen Zusammenhang scheint es derzeit nicht zu geben. Jedes Wort gegen die Errungenschaften der digitalen Welt lässt den Kritiker sofort als rückwärtsgewandten Konservativen dastehen. Der schnelle Griff zur Technik, ja, die Quasi-Erweiterung unseres Körpers durch das Smartphone scheinen unumstößlich und irreversibel.

Ich frage mich: Hatte das Patriarchat je eine solche Fangemeinde? Da waren es möglicherweise vor allem die Männer, die ihre Vorrangstellung selbst gut fanden, sowie die Frauen, die von dieser Autorität profitierten. Doch der Technik-Hype übertrifft diese gesicherte 50-Prozent-Quote bei Weitem. Wer will sich dieser hochdynamischen Entwicklung widersetzen? Oder, einen Schritt kleiner gedacht: Wer findet zu einem ihm selbst gemäßen Umgang mit der Technik? Ich kenne nur wenige Menschen.

Psychiater und Neurologen gehen davon aus, dass Sucht eine Krankheit des Belohnungszentrums in unserem Gehirn ist. Eine beliebte Idee, die uns die eigene Verantwortung abnimmt und das Problem ins Pharmakologische abschiebt. Das scheint mir für Süchtige wenig hilfreich zu sein, weil es die Verantwortung für die eigene Abstinenz oder Nüchternheit an den Arzt delegiert. Dennoch: Die Ausschüttung von Dopamin im Belohnungszentrum vermag eine glaubhafte Ursache der massenhaft auftretenden Abhängigkeiten zu liefern. Wer ist sich schon seiner Dopamin-Aktivitäten bewusst?

Die Verschiebung des Problems auf die Medizin hilft uns gesellschaftlich kaum weiter. Mich bewegt vielmehr die Frage: Was ist nötig, um selbst Verantwortung zu übernehmen? Wieso stehen wir alle so mörderisch auf Dopamin? Andere Generationen vor uns konnten doch offenbar ohne auskommen, oder?

Sucht als Sehnsucht

Das Wort Sucht stammt vom mittelhochdeutschen »Siechen«, das sowohl Krankheit als auch Suche bedeutet; im englischen »sick« ist das noch zu erkennen. Seit Anfang des 19. Jahrhunderts wird überhaupt von Süchten, etwa der »Trunksucht«, gesprochen. Seit 1951 gilt die Erkenntnis, dass es sich bei Alkoholismus um eine Krankheit handelt – und nicht um einen Charakterfehler.[4] Süchtig werden kann man ganz offenbar nach allem: nach Sex wie nach Heroin, nach Computerspielen wie nach Nasenspray, nach Anerkennung wie nach Rotwein.

Mich interessieren an der Sucht zwei Möglichkeiten, die im mittelhochdeutschen Wort angelegt sind:

- *Die Sehnsucht:* Die eine Möglichkeit bedeutet, Sucht als tiefes und schmerzhaftes Verlangen nach einem anderen Zustand zu begreifen, von dem unklar ist, wie er erreicht werden könnte. Ich spreche von der Sehnsucht nach Glück, nach dem Paradies hier und heute.
- *Der Suchtgewinn:* Die zweite Möglichkeit zielt auf die Beantwortung der Frage, was genau der Süchtige von seiner Sucht überhaupt hat. Ich bin mir sicher, dass es einen inneren Zusammenhang gibt zwischen dem gefühlten Mangel und der Art der Sucht. Wir sind ja nicht alle Alkoholiker.

Suchtgewinn und Sehnsucht scheinen die beiden Perspektiven zu sein, die auch moderne Suchtmuster und Abhängigkeiten in einen Zusammenhang stellen und die somit ein klares Licht auf Möglichkeiten und Auswege aus diesen Süchten werfen könnten. Es geht ja nicht nur um einen einzelnen Menschen. Es geht um richtig viele – wenn schon die offiziellen Zahlen der Süchtigen so deprimierend sind, wie viele sind es dann, die ohne Arbeit, Sport, Hightech oder Shopping nicht mehr zu leben vermögen?

Koabhängigkeit als Systemantwort

In meinen Augen scheint es eine flächendeckende Durchdringung unserer Gesellschaft mit Süchten zu geben. Und wer nicht süchtig ist, ist zumindest mit einem Süchtigen konfrontiert, weil liiert oder verwandt oder befreundet: Denn Sucht wirkt eben nicht nur auf die Person, die süchtig ist. Das Fatale an jeder Sucht sind die zwangsläufigen Wechselwirkungen, die sich im Umfeld eines Süchtigen erkennen lassen.

Um Süchtige herum formiert sich eine beschützende Familie: Wer aus solchen dysfunktionalen Systemen kommt, hat schlechte Erfahrungen gemacht. Beziehungen zu anderen sind entweder auf Tod und Teufel zusammengeschweißt oder ganz im Gegenteil selten belastbar, unzuverlässig, hochgradig irrational. Statt den Umgang mit autonomen anderen Menschen lernt in einer solchen Familie jeder auf seine Weise, wie das kranke System so stabilisiert wird, dass es nicht implodiert.

Wie geht es denen, die mit einem suchtkranken Menschen leben? Scham und Schuld geben sich hier bei Tätern wie Opfern offenbar die Hand. Koabhängigkeit ist gut und relativ schnell behandelbar; von der Ehefrauen-Krankheit ist es zu einem bei beiden Geschlechtern vorkommenden Abhängigkeitsverhalten geworden. Dabei zeigt sich in der Bearbeitung häufig: Koabhängige, die ihr Thema aufgearbeitet haben, können der Dynamik entgehen und als kreative Menschen durch ein facettenreiches Leben gehen. Bis dahin ist es aber oft ein weiter Weg.

Heute haben wir es in Familien nicht mehr allein mit Alkohol als zentralem Suchtmittel zu tun und auch nicht mehr »nur« mit suchtkranken Erwachsenen. Es kann genauso gut die Kinder treffen, die als Gamer nach Online-Spielen süchtig sind oder nach elektronischer Zuwendung auf einer sozialen Plattform durch die vermeintliche Freundin. Auch hier zeigen sich koabhängige Muster, gehören Scham und Schuld, Kontrolle und Verzweiflung zu den typischen Gefühlen der anderen, die mit dem Süchtigen zusammenleben. Das ist doch einer von uns!

Kennen wir nicht alle einen Ehemann, der, statt seine Midlife-Crisis auszuleben, den Weg ins Sportstudio gefunden hat und jetzt für den Ironman trainiert, diese dreifache Kombination von Ausdauersport, in denen die Deutschen es im letzten Jahr auf Hawaii sogar auf alle Stufen des Siegertreppchens brachten? Wer noch nicht ganz so weit ist, arbeitet wenigstens an einem veritablen Marathon mit hoher Wertigkeit – Berlin oder New York sollten es schon sein. Wer diese eher für ältere Sportive passenden Disziplinen bereits hinter sich oder noch in weiter Ferne vor sich hat, denkt vielleicht über den Mount Everest oder, sehr angesagt, den K2 nach.

Diese Männer und Frauen stählen sich in ihrer Freizeit so ausdauernd und umfassend, dass die Partnerschaft darunter garantiert leidet – es sei denn, Partner oder Partnerin schwingen sich zum Trainer oder Mitläufer auf. So lässt sich der Phase im Leben, in der wir dem Alter ins Gesicht schauen könnten und sollten, zunächst noch einmal elegant davonrennen. Für alle anderen, die sich einen beschaulichen Lebensabend mit dem plötzlich sportiven Gefährten gewünscht haben, sieht die Sache schlecht aus; koabhängige Muster scheinen unausweichlich und unabwendbar. Wer kann schon mit einer Sucht konkurrieren!

Oft genug entsteht Veränderungsdruck erst in der Not – dann nämlich, wenn koabhängige Verhaltensmuster sich plötzlich gegen die Person richten, die »eigentlich« damit gut zurechtzukommen schien. Überarbeitung, Burn-out und unfreiwillige Überanpassung sind typische Signale im Berufsleben; Gelenkprobleme und Überlastung des Herzkreislaufsystems gehören zur Überbewertung von Sport und hindern auf Dauer an den erforderlichen Schritten im Beruf. So oder so, Veränderung wird erst wirklich möglich, sobald die Sucht ihr Coming-out hat und sich damit auch für die koabhängigen Mitmacher die Möglichkeit ergibt, aus dem System auszusteigen.

Wirtschaft und das Verdammtsein zum Erfolg

Wirtschaft wurde bis zum ausgehenden 20. Jahrhundert ebenfalls abhängig strukturiert: Klare Hierarchien gaben vor, wer wem was zu sagen hatte. Diese Hierarchien brechen zwar nach und nach auf durch amerikanische Leadership-Konzepte, sind aber längst nicht aus der Welt. Besonders in Konzernen oder in öffentlichen Verwaltungen wird der Arbeitsalltag weiterhin vom traditionellen Oben und Unten sowie von internen Rangordnungen geprägt.

Für Top-Jobs werden weiterhin bevorzugt Menschen engagiert, die Zahlen in den Vordergrund stellen, die Zukunft glänzend vorhersagen und die exzellent mit Macht umgehen können. Immer wieder sind das auch Süchtige, wie ich in meiner Arbeit als Executive Coach erlebe. Diese sind in den Vorstandsetagen durchaus erfolgreich, Machtspiel und Sucht sind geradezu Geschwister. In beiden Fällen geht es darum, erfolgreich die eigenen Interessen durchzusetzen und das große Ganze voranzubringen, ohne dabei aus der sozialen Akzeptanz zu fallen.

Wirtschaft ihrerseits hat es sich zur Aufgabe gemacht, einer Sucht nachzugehen: dem eigenen ständigen Wachstum. Fortschrittsillusionen angesichts begrenzter Ressourcen sind befremdlich, aber offenbar nicht für alle. Hilfreich für Wachstum dieser besonderen Art ist ein Suchtmechanismus, nämlich die wachsende Abhängigkeit der Kunden von ihren Produkten.

Die Leitfragen dieses Buches

Das alles hat Folgen. Unser gesellschaftlicher Alltag ist durchdrungen von Suchtstrukturen, von süchtig machenden Mustern und Mustern der Koabhängigkeit. Wie kommen wir da raus? Und wie lässt sich verhindern, dass der Nüchterne am Ende den Geisterfahrer auf der Autobahn der Süchtigen gibt?

Auf den folgenden Seiten folge ich meiner eigenen Erfahrung. Wie zeigt sich Sucht für den Einzelnen? Woran lässt sich ganz praktisch und konkret erkennen, ob Sucht ein persönliches Thema sein könnte? Ich zeige, wann Sucht nur eine Art Übergangsphänomen zu sein scheint, etwa das starkmachende Bier vorm ersten Flirt, und wann die Falle zugeschnappt hat und daraus Alkoholismus wird. Es stellt sich nämlich heraus, dass die Wahl des Suchtmittels handfeste Entlastung verheißt – es sind eben nicht alle Raucher, und nicht jeder Alkoholiker trinkt täglich.

Hier möchte ich einmal innehalten. Genau diese Bewegung, nämlich anhalten, sich in der Gegenwart verorten, sich wieder mit sich selbst zu verbinden, erweist sich als die Gegenbewegung zum süchtigen Leben. Dieses Innehalten lässt sich nicht rational oder per »vernünftigem Dekret« verordnen. Es führt aber in mögliche Zielbilder: Wie sieht ein suchtfreies Leben aus? Was hilft und stärkt?

Nach diesem Zwischenstopp wechselt der Blick vom Einzelnen auf dessen Umfeld, wenn die Wirkungen, die Sucht in der Familie entfaltet, auf den Radar geraten: Was geschieht denn überhaupt, wenn einer »von uns« süchtig ist? Welche Folgen hat Sucht auf die anderen und was bedeutet das für sie? Weil sich die Familienmitglieder eines Süchtigen schützend so verhalten, dass dieses nicht sozial auffällig wird, verändern sich die Muster im Umgang innerhalb der Familie. Die Familie wird abhängig vom Süchtigen und dessen Verhalten.

Dieses Verhalten wird heute weitgehend Koabhängigkeit genannt. Ich gehe der Frage nach: Wie sieht Koabhängigkeit aus? Kinder von Süchtigen sind besonders betroffen, weil sie meist gar nicht anders können, als den süchtigen Vater oder die süchtige Mutter zu lieben. Wie aber lässt sich ein Mensch tatsächlich lieben, der in seiner Sucht gefangen ist? Wie sehen Wege aus Schuld und Scham aus? Diese Frage beantworten Erwachsene wie Kinder am besten in Selbsthilfegruppen, von denen ich berichte.

Doch nicht nur Familien haben zu kämpfen – die meisten Süchtigen wie auch Koabhängige gehen täglich zur Arbeit. Wie wirkt sich genau das auf Unternehmen, auf Kollegen und Mitarbeiter und letztlich auf die gesamte Wirtschaft aus? Als Executive Coach beobachte ich seit knapp zwanzig Jahren solche Wirkungen in meinem beruflichen Alltag und schildere meine Eindrücke beispielhaft. Perfektionismus, Heldentum und damit einhergehend der Verlust von Zusammenhängen, von Erdung und von Menschenwürde gehören zu den Effekten.

Am Schluss des Buchs steht die Frage: Wie lässt sich der Weg aus der Sucht finden, wie lässt sich Koabhängigkeit heilen? Natürlich gibt es keine Rezepte, die für alle taugen. Doch es gibt verschiedene Möglichkeiten, Mittel und Wege, die heute bekannt sind – die aber aufgrund der Tabuisierung von Sucht in unserer Gesellschaft kaum thematisiert werden. Ich wünsche mir, dass sich das ändert, dass die Barrieren zum Ausstieg sinken und Gesundheit leichter zugänglich wird.

Teil 1
Selbstzerstörung

Die größte Gefahr in der Moderne
geht nicht von der Anziehungskraft
nationalistischer und rassistischer Ideologien aus,
sondern von dem Verlust an Wirklichkeit.
Wenn der Widerstand durch Wirklichkeit fehlt,
dann wird prinzipiell alles möglich.

(Hannah Ahrendt, 1906 bis 1975)

Sucht ergreift den Menschen ganz

Ich war viele Jahre auf der Jagd nach einer besseren Art von Leben als dem, das ich hatte und von Anfang an kannte. Dieses Leben bedeutete für mich in meiner ganzen Kindheit und Jugend: Ich fühlte mich fremd unter Menschen, die mir nahestanden, ich fühlte mich benebelt oder taub, wenn es allgemeine Aufregung, Proteste, Widersprüche zu was auch immer gab, ich reagierte anders als die anderen.

Ich konnte kaum sagen, was mir guttat oder gefiel. Als Kind wusste ich ohne jeden Zweifel, dass ich erstens mit Bücherlesen die Welt hinter mir lassen konnte, und ich hatte zweitens sehr konkrete Vorstellungen davon, welches Essen ich mochte. Als Teenager begriff ich außerdem nach einigem Herumexperimentieren, wie ich jemanden dazu brachte, sich in mich zu verlieben. Aber ich hatte keinerlei Idee davon, wie ich mich selbst jemals lieben könnte. Geschweige denn, jemand anderen.

Als Zwölfjährige begann ich, mit Essen und Nichtessen herumzuspielen, und hatte innerhalb kurzer Zeit begriffen, dass Nichtessen gut und Essen schlecht ist. Und dass es für Mädchen um nicht viel anderes geht in diesem Alter. Irgendwie schienen alle Mitschülerinnen um mich herum ein Thema mit ihrem Körper zu haben, und sämtliche Mütter schienen damit befasst zu sein, bei der Körperreparatur zu assistieren. Und das mehr oder weniger krass: Die einen verordneten Diäten, die anderen empfahlen Kleidung, die diesen oder jenen Makel vertuschen sollte.

Der Körper gehörte also unter Kontrolle, und ich wusste, wie es geht. Jetzt hätte sich doch bitte schön auch das Leben erfreulich für mich darstellen können. Nur: Wie musste ich mir das vorstellen? Damals, in den Momenten des Innehaltens und Nachdenkens, beim Tagebuchschreiben, beim Fantasieren mit der besten Freundin fand ich keine Antworten, aber auch keine Idee. Ich spürte weder Freude noch Aufbruchstimmung, ich fühlte mich weder privilegiert als Gymnasiastin noch zufrieden mit meinen Freundinnen. Ich fühlte einfach nichts.

Als Vierzehnjährige sprach ich zum ersten Mal von mir selbst als Kopffüßlerin, ein leise verniedlichendes Bild von jemandem, der vor allem denken kann und körperlos durch die Weltgeschichte spaziert. Was war mit dem Rest? Fremdes Terrain, unvertraut. In meiner Familie hatte ich gelernt, dass ich zu funktionieren hatte, und machte das relativ problemlos mit. Gute Anpassungsfähigkeiten bei großer innerer Wachheit, die davon nicht zu stoppen war.

Die Perspektive: eine Katastrophe. Denn am Horizont sah alles aus wie die Fortsetzung der Gegenwart mit ähnlichen Mitteln. Konnte es das gewesen sein? Hatte ich irgendwas nicht verstanden, nicht mitbekommen? Ich fühlte mich ständig total daneben und fremd in dem, was eigentlich doch zutiefst »mein Leben« sein sollte.

Innerlich völlig am Ende

War ich unter Menschen, benahm ich mich freundlich, humorvoll und erwies mich als sozial kompatibel. Abends aber, wenn ich alleine in meinem Zimmer hockte, sah die Sache anders aus. Dann schrieb ich tragische Gedichte, berauschte mich an der Verzweiflung eines Gottfried Benn oder den Elegien von Rilke und grübelte mich in variierenden Endlosschleifen durch dunkle Stunden. Mit vierzehn und fünfzehn träumte ich von einem Märchenprinzen – nichts wie raus aus diesen Dramen, aus Einsamkeit, aus meiner inneren Isolation, aus der Ödnis meines Lebens!

Das änderte sich total in dem Sommer, in dem ich sechzehn wurde und mit dem Rauchen begann. Während mein Tagebuch vorher nur so strotzte von Sehnsüchten, Liebesrauschen, Rettungsfantasien, rauchte ich von nun an beim nächtlichen Schreiben Zigarette um Zigarette. Mein Stil änderte sich, jetzt war ich stets auf der Suche nach dem, was wahlweise an mir oder der Welt nicht stimmte. Weshalb war mein Leben so uninteressant? Weshalb war die Welt nicht fair?

Ich beschäftigte mich mit Ethik und versuchte, in Philosophie und christlichen Texten Lösungen oder Hilfe zu finden. Was ich fand, war Futter fürs Gehirn und noch mehr Futter fürs Gehirn – aber wozu das alles? Ich begriff kluge Fragen, kannte aufregende Konzepte und blieb innerlich tot. Diese innere Distanz eskalierte an meinem achtzehnten Geburtstag. Immer wieder heulte ich, grundlos. Konnte das Weinen nicht kontrollieren, das mich überkam, sobald mir jemand zur Freiheit, zum Erwachsensein Glückwünsche aussprach.

Ja, ich war jetzt offenbar erwachsen – aber wo sollte das bloß hinführen? Ich sah keine Besserung am Horizont meiner Hoffnungen, im Gegenteil. Alle hielten mich für privilegiert, ich schien vom Leben, vom Glück verwöhnt – und ich selbst war schon jetzt unendlich müde. Wollte ich wirklich diese Tretmühle, diese Leere, diese Not jetzt noch weitere vierzig, fünfzig oder sechzig Jahre aushalten? War ich dazu überhaupt fähig? Sah so das Leben aus? Ich war erwachsen geworden, und ich war tief verzweifelt.

Dieses Unglück, diese Ambivalenzen gaben mir zu denken und ließen mich das Schlimmste fürchten. Entsprechend las ich mich ein in Sachen Depression, Persönlichkeitsspaltungen, Schizophrenie. Ich fand mich überall ein bisschen, nirgends richtig wieder. Statt einer entlastenden oder orientierenden Diagnose, die mir eine Legitimation zum Anhalten, zum Abbiegen auf einen anderen Weg geliefert hätte, blieb alles beim bekannten Alten und mir ein mühsamer Alltag.

Immer wieder hatte ich den Eindruck, sehenden Auges hinter einer Nebelwand zu stehen, in einer Suppe aus Wasserdampf tretend meine Aufgaben zu bewältigen, mich durch zähe und widerständige Situationen hindurchkämpfen zu müssen, ohne Hände, ohne Arme, bewaffnet nur mit Worten, mit meinem Kopf. Das konnte ich mit niemandem teilen – war ich doch die, der alles leicht gelang, der die Dinge zufielen. Meine Mutter sprach mir einen Trost zu, der aus der Erde unter meinen Füßen Treibsand machte: »Du hast doch immer Glück gehabt.« Ich blieb ratlos und leer. Und ich rauchte mindestens zwei Schachteln am Tag.

Die äußere Welt perfekt im Griff

Ich begann, mich zaghaft politisch zu engagieren, als Schülerin gegen die Hochschulreform, später interessierte ich mich für grüne Ideen. In heiß diskutierten und verrauchten Nächten war ich schnell dabei, wenn es um die Veränderung der Welt ging. Was dort, außerhalb von mir, zu ändern war, das lag auf der Hand und ließ sich auch von mir problemlos beschreiben. Ich konnte wettern und den Finger auf wunde Punkte legen; zunächst machte ich das selten.

Mit der Zeit wurde ich immer besser darin, Politik relevant zu finden. 1992 in Leipzig kam ich in ein Umfeld, das – wie ich selbst auch – noch einmal am Anfang politischen Fragens stand und mit Wucht und großer Energie, aber im kleinen übersichtlichen Kreis auf Veränderung drängte. Ich fühlte mich angesprochen, warf meine Kenntnisse, meine Fähigkeiten in den Ring und war mit dabei. Doch als Gegenwind aufkam und ich es mit den Schwierigkeiten, den Intrigen und bekannten Spielen des politischen Geschäfts zu tun bekam, wurde mir klar: Dem würde ich nicht standhalten. Ich war sofort tief verletzt, auch wenn der Stoß »nur« politisch war.

Andere Menschen, die ich in diesen Jahren um Hilfe bat mit meiner inneren Zerrissenheit, blieben – trotz deutlicher Formulierung meiner Not – geblendet von der einwandfreien äußeren

Form, vom angenehmen Bild, das sie mir von mir spiegelten. Es blieb bei der bekannten und mich hilflos zurücklassenden Einschätzung: klug, praktisch, herzlich und mit Tiefgang. Von außen keine Hilfe in Sicht. Ich zog mich zurück, bis auf das mir mögliche Maß, nahm mich aus der öffentlichen Schusslinie und konzentrierte mich auf ein inhaltliches Thema.

Wer auch immer in diesen Jahren zu mir kam und sich mir anvertraute, durfte sicher sein: Ich war bereit, genau hinzuhören, bereit, bei einer Lösung behilflich zu sein, war diskret und ganz unbedingt loyal, wenn gewünscht. Und das war es meistens. Empathie, Resonanz auf das Leben der anderen, das war mir möglich. Irgendwie konnte ich ja so ganz kaputt nicht sein.

Nur bei mir selbst, da scheiterte ich auf der ganzen Linie. Bis ich eines Tages mit dem Rauchen aufhörte.

Als das Rauchen ging, kam das Fürchten

Ich hatte bereits mehrere halbherzige Anläufe gemacht, bis es zu einer Wette kam und ich eine Entscheidung traf. Ich hörte auf und schaffte zunächst den Absprung. Dafür bezahlte ich einen hohen Preis: Ich nahm 20 Kilogramm zu und litt über viele Wochen unter Konzentrationsschwierigkeiten, dem von früher so unangenehm vertrauten Nebel im Hirn, war morgens völlig im Unklaren über alltägliche Verrichtungen und spürte ständig eine plötzlich offen daliegende Unfähigkeit zur Orientierung: Was wollte ich hier, irgendwo, jetzt, morgen? War ich müde oder wach? Brauchte ich Ruhe oder Anregung? Keine Ahnung.

Ich erlebte mich jetzt auch innerhalb meines Kopfs wie taub. Zugleich war mein Ehrgeiz angestachelt. Ich blieb als Nichtraucherin eisern und erhöhte stattdessen mein Arbeitspensum. Essen, schlafen, arbeiten – das half. Ich biss die Zähne zusammen, aber ich fühlte mich ständig wie ein Gast in einem völlig fremden Leben. Doch, eines Tages, drei Jahre später, erbat ich bei einem eher langweiligen Abendessen für mich selbst völlig überraschend von meinem Gegenüber eine Zigarette und erhielt sie. Ich nahm einen tiefen Zug. In dieser Sekunde war es um meine Rauchfreiheit geschehen.

Für zwei Jahre blieb ich Raucherin. Dann fasste ich erneut den Entschluss, das Rauchen zu beenden. Das konnte doch nun wirklich so schwer nicht sein, einmal hatte ich es doch schon geschafft. Aber stattdessen: Katastrophe! Nach nur einer Woche »ohne« fand ich mich mitten in der Nacht Rotz und Wasser heulend oben auf der Rutsche eines Kinderspielplatzes wieder, beim kläglichen Versuch, mich vom direkt gegenüberliegenden Zigarettenautomaten fernzuhalten. Die Münzen in meiner Hand schweißnass, ich in Panik: Sobald ich die Rutsche verließ, wäre ich wieder gefangen. Und so kam es.

In jener düsteren Nacht, auf dem Kinderspielplatz, erlebte ich mich voll im Griff des Nikotins und zugleich zum ersten Mal in tiefer Not. Das war mein persönlicher Wendepunkt – mir wurde klar: So ging es nicht weiter! Ich war bereit, stärkere, auf jeden Fall andere Mittel als alle bisherigen einzusetzen. Für mich damals hieß es: Ich griff zum Äußersten. Ich begann, trotz aller Vorbehalte und massiver Vorurteile gegen »minder intelligente Psychologen«, eine Suchttherapie.

Was sonst konnte wirken? Schließlich hielt ich mich für eine Frau mit einem besonderen Dachschaden: Jede Menge anderer Menschen schafften es, sich das Rauchen abzugewöhnen – warum nicht ich? Das musste Ursachen haben. Da musste es einen Schaden, einen Fehler im Konzept geben. Genau in diesem Moment akzeptierte ich, dass ich nicht ohne Grund litt. Im Gegenteil, indem ich mir meine Wirklichkeit eingestand, fand ich zu einem ersten Schritt aus meinem inneren Käfig. Ich war offensichtlich in eine für mich ernsthafte Abhängigkeit geraten, mit allen Anzeichen von Sucht, die etwa »anerkannte« Süchtige auch zeigten.

Was mich das Feeling-Chart lehrte

Zu dieser Einsicht verhalf mir ein hierzulande nicht besonders verbreitetes Hilfsmittel zur Selbsteinschätzung bei Abhängigkeiten, das »Feeling-Chart«. Dieses ist ein Instrument des amerikanischen Johnson-Instituts zur Arbeit mit Suchtkranken.[5] Es baut auf der Annahme auf, dass alle Menschen Gefühle haben – mehr muss ein Anwender nicht akzeptieren. Unter dieser Voraussetzung ist es ein probates Mittel der Selbsterkenntnis und damit auch des Anerkennens der eigenen Wahrheit: Bin ich süchtig? Wobei hilft mir meine Sucht?

Zunächst konnte ich mich mit der Idee, dass an der Sucht etwas Positives sein sollte, überhaupt nicht anfreunden. Ich war doch wirklich zu intelligent für so einen Schmarrn! Aber ich begriff schon bei der Analyse des Rauchens, dass ich mit dieser sehr schönen, aber ebenso unsinnigen Annahme völlig falsch lag. Natürlich brachten mir meine Süchte und Abhängigkeiten etwas! Der Weg zu dieser Einsicht war allerdings ziemlich weit. Die Arbeit am Chart führte über eine Dreiteilung.

Schmerz und Unglück	Normalität und Alltag	Glück und Freude

Das Chart unterschied also drei Bereiche, nämlich Zeiten und Situationen von Glück, solche von Normalität und solche von Unglück. Damit konnte ich etwas anfangen: Natürlich gab es kurze Sequenzen, in denen ich mich richtig glücklich fühle – da war ich verliebt oder gerade erfolgreich und badete in Anerkennung. Dann wieder gab es (sehr viel mehr) Stunden und Situationen, in denen ich mich todunglücklich fühlte, einsam und verlassen, traurig und mutlos. Der dritte Zustand, der zwischen diesen beiden Polen, war mir dagegen nicht so vertraut. Er wurde dort als »normal« bezeichnet.

Normal, das musste dann wohl mein innerlich rastloser, leerer Alltag sein, mein Tagesgesicht?

Ich fing einfach an: Wann hatten mir Zigaretten geholfen, aus dem Zustand von »Schmerz und Unglück« zu »Normalität und Alltag« zu kommen? Wann waren sie nötig, damit ich von »Normalität und Alltag« zu »Glück und Freude« gelangen konnte? Ich ging durch einen Erkenntnisgewinn nach dem anderen und stellte irgendwann fest, dass ich im Alter von noch nicht mal vierzig Jahren in meiner subjektiven Wahrnehmung fast 50 Prozent meines Lebens aus ganz ungeklärten Gründen im Zustand »Unglück« verbracht hatte.

Unglück war der vertraute, bekannte, sichere Ort. Hier hielt ich mich meistens abends und oft auch tagsüber auf. Etwa immer wieder dann, wenn ich mich nur äußerlich lässig und humorvoll gegen die üblichen Hänseleien unter Schülern wehrte, von denen mir einige, die ich als »wahr« einstufte, sofort und ohne Umweg direkt ins Herz knallten. Ruckzuck landete ich, unter der freundlichen Oberfläche meines Lächelns, gefühlsmäßig wieder im Schmerz.

Natürlich hielt ich mich auch häufig im Bereich »Normalität und Alltag« auf. Das hieß für mich im Rückblick: eine Jugend im Mangel, mit wenig Geld, wenig Freude, in einer hierarchischen, dysfunktionalen Großfamilie, in der Kinder, erst recht Mädchen nichts galten. Wir durften bei Tisch nicht sprechen, bekamen selten Fleisch, mussten aber möglichst lächelnd Serviceleistungen im Haushalt erbringen, während gleichaltrige oder etwas ältere Jungens aus der Familie zum Spielen liefen.

Diese Kindheit lag ja nun schon länger hinter mir, und dennoch: »Normal« hielt mich gefangen. Mittlerweile war an die Stelle der Familie eine eher uninteressante, aber aufreibende Arbeit getreten, eine Beziehung mit einem Mann, die mich nicht wirklich tief berührte und an die ich nicht glaubte, ein Freundeskreis aus Kollegen, die mich als erfolgreiche junge Frau gut fanden. Ich schlug mich überall ziemlich tapfer, jedenfalls wirkte es so. Innerlich blieb ich mäkelig, kritisch, skeptisch.

Ich ertrug gerade die simplen, alltäglichen, oft nur kleinen Enttäuschungen durch andere nicht. Scherze auf meine Kosten verletzten mich sehr, und obwohl ich mittlerweile Mitte dreißig war, war ich gerade den bösen Überraschungen des Lebens nicht gewachsen. Mit Konflikten umgehen konnte ich einfach nicht, obwohl ich scharf und schneidend in der Analyse war. Trotzdem: Bevor ich in den Kopf ging, blutete ich innerlich aus. Und so deklinierte ich Situation für Situation durch, bis mir dämmerte: Mir fehlte mindestens ein Schutzblech auf der Seele.

Das Feeling-Chart ermöglichte mir die Einordnung, wie ich es mit meinen Gefühlen hielt, in bestimmten Situationen, mit bestimmten Menschen. Darüber hinaus half es aber noch weiter, nämlich in der Bestimmung, wo ich mich innerhalb des Suchtgeschehens befand. Dazu lieferten die typischen vier Phasen der Suchtentwicklung konkrete Anhaltspunkte.

Phase 1: Abkürzung von »Normalität« zu »Glück«

Meine eigene Suchtkarriere fürs Rauchen begann mit einer kurzen Lernphase: in dem Sommerurlaub vor meinem sechzehnten Geburtstag schmeckten mir die Zigaretten, die ich damals mit meiner Freundin heimlich rauchte, erst gar nicht. Ich fand den Geschmack unangenehm auf der Zunge und im Mund, aber es sah lässig aus. Und dann, auf einem Tagesausflug nach Helgoland, kaufte ich eine ganze Stange von der Marke, die am luxuriösesten wirkte.

Irgendwann beim Rauchen dieser ersten Stange änderte sich meine Wahrnehmung; plötzlich war der Widerspruch aus ekelhaft und cool verschwunden. Ich litt wie in jedem Sommer an Langeweile und sehnte umgehend nach Zeugnisausgabe das neue Schuljahr herbei, mit seinem Unterricht, mit neuen Themen, anderen

Menschen. Ich kämpfte also auch in diesem Urlaub mit der Leere, suchte einsame Momente, um meinen tragischen Gedanken nachgehen zu können – und rauchte. Mit bestem Effekt: Meine Stimmung hob sich, es ging mir besser.

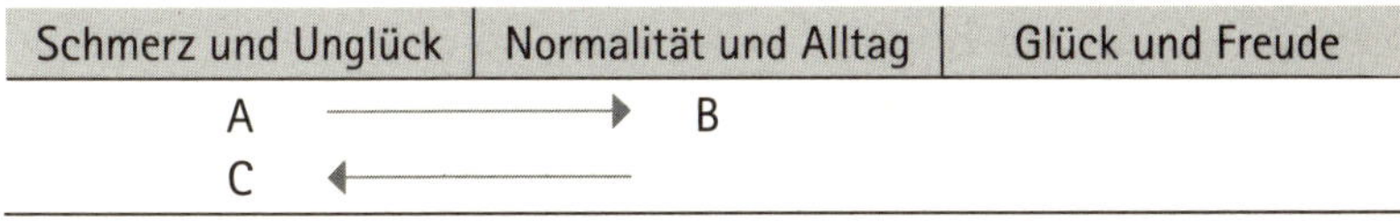

A bezeichnet den Ausgangspunkt: Ich rauchte und gelangte so leicht und unproblematisch zu B. Das war das Beste an den Zigaretten: Ich brauchte keinen Trost von der Freundin, die nicht verstand, woran ich so sinnlos zu leiden schien, musste mich auch gegenüber den Erwachsenen, die uns begleiteten, nicht schwach zeigen. Ich steckte eine Zigarette an, und sofort, ohne jede emotionale Anstrengung, ging es mir gleich ganz anders.

Mithilfe des Nikotins konnte ich aus dem Zustand »Unglück« herausfinden, aber ich lernte noch Weiteres: Ich konnte ebenso leicht dem Zustand »Normalität« entfliehen. So stand ich bei Partys gern außerhalb der Gruppen und schaute zu. Wollte ich mit jemandem ein Gespräch führen, wie fremd auch immer der war, nahm ich einen Glimmstängel, ging auf die Person zu und bat um Feuer – voila! Gespräch begonnen, es ging ganz leicht.

Eine Zigarette zum richtigen Zeitpunkt, und schon katapultierte mich das Nikotin von »normal« in den Zustand von »Glück« – ohne Anstrengung und irgendwelche besondere Kraft. Das sah dann auf dem Chart so aus:

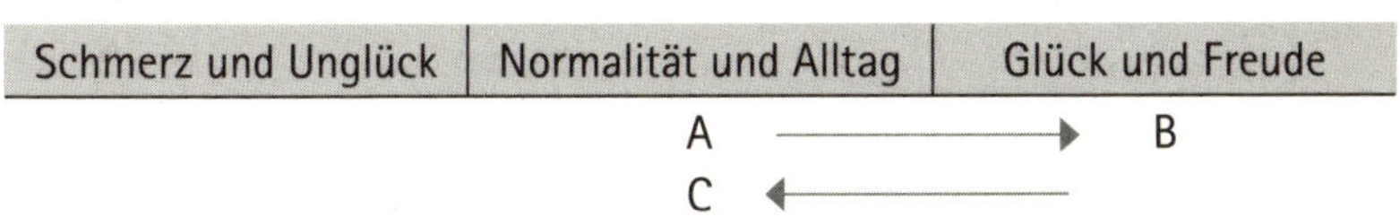

Die erste Phase, die Lernphase der Sucht kennzeichnet sich genau durch diesen Effekt: Der Einzelne begreift, wie er sich selbst mit dem Suchtmittel »helfen« kann, auf welchem Weg sich die Gegenwart blitzschnell zu einem angenehmeren Ort machen lässt.

Phase 2: Optimierungen statt Wahrheit

Auf diese Phase folgt die Phase des Suchens, von Fachleuten auch Optimierungsphase genannt. Optimierung bedeutet zweierlei: Zum einen wird das Erfahrene gelernt – wann und wie hilft mir die Sucht? Zum anderen entwickeln sich daraus die eigenen Regeln jedes Süchtigen. Hier entschied ich, wie viel ich rauche, wann genau, auch was und zu welchen Anlässen eigentlich. Die Zigarette zum Kaffee schien ein Muss, geradezu Kult, aber auch die nach den Hausaufgaben, die gegen Hunger, die als Belohnung.

Die positive Wirkung des Rauchens hielt an. Ich konnte gute Gefühle erzeugen, ohne dass ich dafür besonderen Einsatz zeigen oder mein Repertoire an Verhaltensmustern erweitern musste. Ich genoss plötzlich Feten, auf denen ich früher nie wusste, was ich dort bloß sollte; hatte ich mich zuvor unsicher und unfrei gefühlt, bekam ich jetzt eine klare Idee, was zu tun war. Gleiches in der Schule: Plötzlich war selbstverständlich, wo und mit wem ich in der großen Pause meine Zeit verbrachte. Im Zweifelsfall stand ich alleine herum, blies Wolken und Ringe in die Welt, schaute existenzialistisch hinterher, träumte und hing meinen Gedanken nach.

Rauchen machte mich einerseits souverän, andererseits hatte ich die Idee, dass mir so leicht nichts passieren konnte. Es stabilisierte sich mein Eindruck, die Dinge und vor allem meine Außendarstellung bestens unter Kontrolle zu haben. Angst vor Verletzung, vor Spannungen war Vergangenheit – alles im grünen Bereich. Meine Sucht half mir entschieden dabei, dass es mir besser ging und sich der Aufwand zur Bewältigung unerwünschter, anstrengender oder nicht so erfreulicher Situationen deutlich reduzierte, ja, ich sogar die Idee entwickelte, solche Situationen besser meistern zu können. Ich überbrückte prima solche Zeiten, in denen ich vor den großen Fragen des leichten, unverbindlichen Kontakts stand.

Das führte für mich zu einem Leben in Schwarz-Weiß: Entweder rauchen, oder ich war nicht mit von der Partie. Die Conditio sine qua non war mein Suchtmittel, damals noch akzeptiert und durchaus gängig. Doch nicht nur da wurde mein Leben zu einem Dualismus, sondern es galt immer und so gut wie überall: Entweder du bist für mich oder gegen mich, entweder ich liebte etwas oder hasste es, entweder ich war hingerissen oder abgestoßen. Es gab wenig Grauzonen, erst recht keine Farbpaletten, keine breit gefächerte Normalität mehr.

Ich lebte von Zigarette zu Zigarette und betrachtete die uninteressanten Stunden dazwischen als Wartezeiten; dann war ich ungeduldig, hibbelig. Alles Alltägliche, Übliche war mir zuwider – »Normalität« war nicht mehr angesagt. Ich verlor die Freude an Unterrichtsinhalten, die Freude am Beobachten, die Lust am Verstehen. Stattdessen wurde mein Leben jetzt von Höhepunkten bestimmt: von der angesagten Party, von dem aufregenden Event, dem tollen Auftritt der einen wichtigen Band.

Ich verlor den Prozess, den Fluss meines Lebens vollständig aus dem Blick zugunsten beliebiger Highlights, die ich mit Zigaretten gut meisterte. Diese Highlights waren vorher für mich anstrengend gewesen, hatte ich doch nie gewusst, wie man sich da verhält und benimmt. Auf Partys kam ich mir meist linkisch und fremd vor, ich kannte die Regeln eines leichten Miteinanders, erst recht des belanglosen Flirts nicht. Für mich war Menschsein ernst, und Worte trafen schwer. Doch jetzt nicht mehr!

Ich vergaß den Weg, die Realität und fokussierte mich auf das Ergebnis. Hatten mich früher einzelne Schulfächer wirklich begeistert, so war ich jetzt zunehmend desinteressiert. Hauptsache, ich bekam die Note hin, wie auch immer. Nebenher entwickelte sich eine andere Fähigkeit weiter, die am Gymnasium und in der Uni als Stärke galt: punktgenaue Zuspitzung in der Beschreibung von Menschen, Situationen, Ereignissen. Ich nutzte diese verbale Schärfe zur Abwertung anderer und zeitgleich zur eigenen Aufwertung, durchaus auch zur Abschreckung.

Solche Schwerpunktverschiebung und Veränderung gehört, so verstand ich im Nachhinein, zur Such- oder Optimierungsphase. Ganz offenbar bleiben viele Süchtige in dieser Phase stecken. Sie konsumieren beziehungsweise nutzen gezielt das Suchtmittel ihrer Wahl, überspielen so Engpässe und persönliche Defizite, die auf diese elegante Weise gar nicht erst sichtbar werden, und kommen nicht weiter in Bedrängnis – auch wenn körperliche oder psychische Schäden in Kauf genommen werden.

In dieser Phase entscheidet sich offenbar, ob die zwei Glas Wein am Abend der Flucht vor der Realität dienen oder erforderlich sind zur Bewältigung einer Realität, die ohne sie nicht zu meistern wäre. Denn die Sucht liegt, darüber sind sich Mediziner, Psychotherapeuten und Sozialarbeiter offenbar einig, nicht im Rauschmittel. Im Gegenteil: Suchterkrankungen sind absolut individuell, sie prägen sich spezifisch für jeden Menschen nach seinem Bedürfnis aus – auf der Basis einer psychischen Grundstörung und zugleich zu deren Bewältigung.

Mein Suchtmittel half mir genau bei meinem Thema. Und in der Tat, ich erwies mich als völlig immun gegen andere Suchtmittel, die ich in meinem Leben ausprobierte: Cannabis, Wodka, Wein konnte ich lassen, aber auch gegen Glücksspiel, dauerhaftes Zu-viel-Arbeiten oder die Abhängigkeit von Computerspielen war ich gefeit. Bei all diesen Substanzen und Verhaltensmustern endete hier für mich der Suchtprozess, ich blieb mit ihnen in der zweiten Phase stecken.

Phase 3: Jetzt ist es Sucht

Echte Not aus körperlichem Entzug oder Abhängigkeit liefert die nächste Phase, die Phase der »schädlichen Konsequenzen«. Mit Nikotin geriet ich in die dritte Phase der Abhängigkeit, aus der so leicht nicht mehr auszusteigen ist.

Vor die Wahl zwischen Zigarette und Liebhaber gestellt, hätte ich mich jederzeit lächelnd, mit einem klugen Satz und einer Träne im Knopfloch umgewandt und wäre zum nächsten Zigarettenautomaten gegangen. So sieht Liebe aus – jedenfalls dann, wenn sie sich auf ein unbelebtes Objekt konzentriert oder auf ein genauso totes Verhaltensmuster. Jeder Partner eines Süchtigen kann davon ein Lied singen.

Jetzt merkte ich – und verheimlichte es vor mir selbst –, wie ich die Kontrolle über meinen Konsum verlor: Ich konnte mir eine Party, einen Abend, ja eine große Pause in der Schule ohne Zigarette überhaupt nicht mehr vorstellen. Abends stellte ich sicher, dass mein Vorrat auch für den nächsten Vormittag reichte, rechnete nach, ob ich zwischendurch noch zum Zigarettenautomaten musste, und führte quasi eine Sicherheitsbuchhaltung, die nur eines zum Inhalt hatte: die ständige Verfügbarkeit von Nikotin.

Ich war eine wahrhaft Liebende: immer mit einem Gedanken bei der geliebten Sache, immer achtsam und wachsam, immer aufmerksam. Nie wäre ich abends ins Bett gegangen ohne einen letzten Gedanken an die Zigarette am Morgen, nie wäre ich ohne Zigaretten in einen neuen Tag gestartet. Und diese Liebe hatte natürlich Vorteile: Wer eine Sache liebt statt eines Menschen, dem geschieht kein Leid und dem kann gar nicht wehgetan werden. Ja, natürlich gibt es Schäden! Aber wie in der Politik dachte ich an diese eher im Sinne von »Kollateralschäden« als »alternativlos«. Oder ich dachte gar nicht an sie.

In dieser dritten Phase lässt sich an den sogenannten »schädlichen Konsequenzen« nicht mehr vorbeischauen. Bei mir war das zunächst eine erste Toleranzentwicklung für Nikotin – ich brauchte ständig mehr Zigaretten. Von einer halben Schachtel steigerte ich mich innerhalb von zwei Jahren auf etwa vierzig Zigaretten am Tag. Und zu leicht durften sie auch nicht mehr sein, ich wusste ziemlich genau, was ich rauchte und was bitte nicht.

Außerdem fing ich an, in Sachen Zigaretten zu lügen. Ich spielte meinen Nikotinkonsum systematisch herunter – und schämte mich irgendwann doch dafür. Gegen das Gefühl von Scham rauchte ich wiederum eine Zigarette. Da ich eigenes Geld mit Nachhilfe verdiente, hatte niemand und am Ende auch ich selbst keinen Anhaltspunkt mehr dafür, wie viel Geld in dieses »Hobby« floss.

Gleichzeitig änderte sich etwas an der Wirkung des Nikotins. Auf dem Feeling-Chart sah die Situation von nun an so aus: Ich kam etwa mit der ersten Zigarette raus aus der Normalität und rein in ein besseres Gefühl, in Glück oder Freude. Aber anschließend fiel ich richtig tief, nämlich in schlechte Gefühle, Mangel und Unwohlsein.

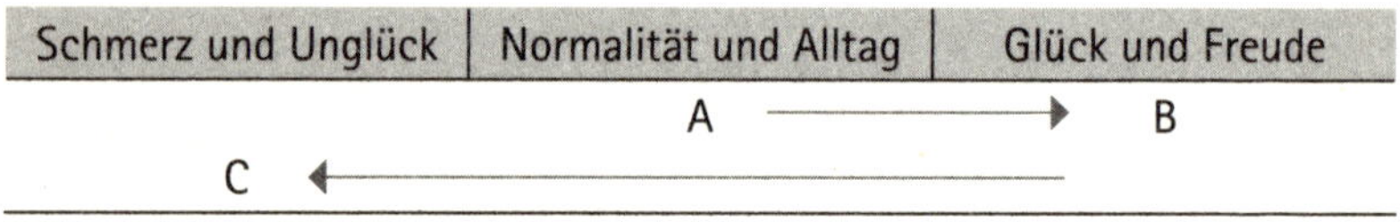

Nach außen blieb ich cool. Mir fielen alle die üblichen Abwehrmechanismen gegen externe Kontrolle ganz leicht, all die Techniken, mit denen sich Vorwürfe beiseiteschieben lassen, wenn auch nicht aus dem Feld räumen: Das Rationalisieren gelang mir ausgezeichnet (»Es rauchen doch alle!«, »Es ist ein Zeichen von Befreiung!«, »Gleiches Recht für Frauen!«), aber auch das Intellektualisieren (»Der Staat verdient doch daran!«), und mit guten Vorsätzen konnte ich ebenfalls aufwarten (»Ich reduziere auf zehn Zigaretten!«, »Sobald ich negative Wirkungen spüre, höre ich auf!«).

Ich war süchtig. Mein Griff zur Zigarette war ohne jeden Zweifel nicht mehr abzuwenden. Es fiel mir ungeheuer schwer, längere

Zeit nicht zu rauchen. Entsprechend verfeinerte ich meine Strategien, nicht nur verbal, sondern auch im Handeln, um immer Zugang zu Nikotin zu haben. Nikotin wurde zum »first things first«; der Zugang zu Zigaretten konnte jede andere meiner Zusagen k. o. setzen. Ich nehme noch einmal den Gedanken der Liebe auf: Es gab nichts Wichtigeres für mich als diese Sucht. Und sie war völlig sicher, sie verletzte mich nicht, sie war zuverlässig, sie war von mir gestaltbar und planbar. Solange ich gut organisierte, ließ sie mich nicht im Stich.

Mich selbst erlebte ich als immer stärker auf Perfektion achtend. Mein Tagebuch zu dieser Zeit war voll davon, was ich gut fand und was nicht. Ich, die immer neugierige Schülerin, der Latein-Fan, die Philosophie-Beglückte, war völlig umgeschwenkt aufs Duale, auf null und eins, auf schwarz und weiß. Mich interessierten so gerade noch meine Noten. Mein Leben fand in Polaritäten statt, ich wusste genau, was richtig und was falsch war. Dann wurde ich wortgewaltig, auch moralisierend, und konnte kurz und deftig herumätzen, um andern klarzumachen, was ich als auf der Hand liegend erlebte.

Mein Leben war rund ums Nikotin aufgestellt. Zugleich hatte ich die verrückte Idee, die Dinge wirklich gut im Griff zu haben. Typisch für Sucht, wie ich heute weiß, und eine veritable Kontrollillusion, denn faktisch hatte ich genau diese Hoheit verloren. Im Fahrersitz meines Lebens saß das Nikotin, auch wenn ich Stein auf Bein geschworen hätte, dass dies Unsinn sei. Und so legte ich meinen ganzen Charme, meine ganze Klugheit in die Verteidigung des Suchtmittels.

Es gab am Ende wenig Widerspruch. Wen wundert es, dass ich schnell in die vierte Phase geriet, in der der Konsum »meiner« Droge zur Normalität wurde?

Phase 4: Unfreiheit und die auch noch glücklos

Ich hatte zwanzig Jahre geraucht, bevor ich die vorhin schon angesprochene Wette einging – in dieser Phase des stabilen und ständigen Konsums von Zigaretten befand ich mich etliche Jahre. Doch am Ende schaffte ich es mit Nikotin nicht mehr, in den Zustand von Glück zu gelangen, im Gegenteil: Ich wechselte nur noch zwischen Unglück und Normalität hin und her.

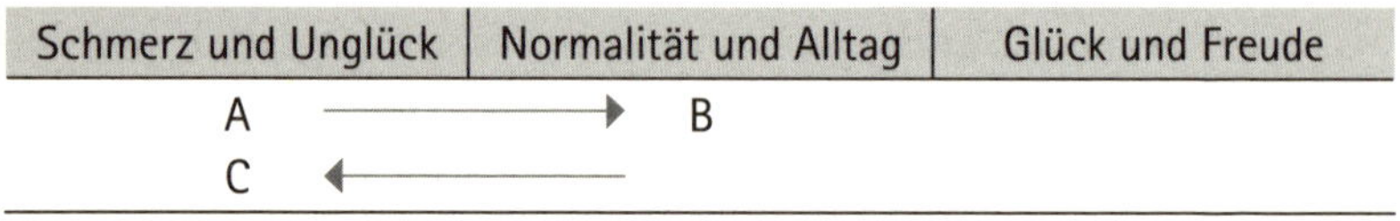

Mich brachten Zigaretten jetzt nur noch aus dem Elend von zu viel arbeiten, zu viel denken, zu vielen Problemen, also aus subjektiv empfundenem Unglück in den Normalzustand. In dieser Phase waren Glück und positive Gefühle nicht mehr durch die traditionelle Marke oder die gleiche Menge an Zigaretten zu erreichen. Ich fing an, den Nikotingeschmack im Mund zu bemerken; am Bett mochte ich keinen Aschenbecher mehr stehen haben.

Zeitgleich stieg ich auf selbst gedrehte Zigaretten um, die deutlich stärker waren als die fertig gekauften. Doch die Toleranzentwicklung lief sehr schnell; schon bald trocknete ich den meist feuchten, wenn frischen Zigarettentabak, um eine stärkere Nikotinwirkung zu erleben. Als das nicht mehr reichte, begann ich auf nüchternen Magen, vor dem Frühstück zu rauchen – eine extreme Erfahrung, die allerdings schon bald wieder Normalität wurde. Der Kick des anfänglichen starken Rauschs war schnell vorüber.

Dieser Zustand der erlebbaren, der schmerzhaften Unfreiheit lieferte mir die wenigen Anlässe, es mit dem Nichtrauchen zu probieren. Hier liegen eine Chance und zugleich das große Drama aller Süchtigen: Der Kick wird nicht mehr erreicht, die Sucht hat einen fest im Griff, und mit guten Vorsätzen à la »Morgen höre ich auf!« ist kein Blumentopf mehr zu gewinnen. Von nun an geht der Weg nur noch bergab. Oder es kommt der Moment einer inneren Entscheidung, oft genug aufgrund von sozialem Druck, oder wie bei mir in der Nacht auf dem Spielplatz als hilfloser Ausdruck größter innerer Not.

»Ohne« und »frei« sind verschiedene Zustände

Stehe ich heute, achtzehn Jahre nach der letzten Zigarette, zufällig im Gespräch mit einem Raucher an seinem Aschentempel vor einem der Bürohochhäuser, atme ich immer noch tief durch – nicht wegen der ekelhaften Kippen, nicht wegen des abstoßenden Settings, sondern ganz im Gegenteil: wegen des vertrauten Nikotingeruchs. Es riecht wie damals, als ich noch unschuldig war und dem Nikotin noch nicht verfallen. Und für einen verrückten Moment ist es dann wie beim allerersten Zug: Aufregung liegt in der Luft und Verheißung, die nahende Explosion des Nikotins unter meiner Schädeldecke ist fast spürbar.

Ich habe gelernt, dass Entzug dauert. Mein Suchtgedächtnis ist immer noch aktiv: In den von mir damals bevorzugten Situationen, in denen der Griff zur Zigarette quasi selbstverständlich war, auf Feiern, die mich nicht so interessieren, auch als Ergänzung zu Alkohol, aktiviert sich das sogenannte »Craving«, die alte Gier wieder, mit voller Kraft, manchmal sogar extrem stark. Heute merke ich das und verändere die Situation. Aber ich würde es nicht wagen, mich als »drüber weg« zu bezeichnen.

Fakt ist: Für einen Süchtigen auf Entzug müssen viele Dinge erst einmal umgangen und dann normalisiert werden. Es reicht nicht, nur körperlich zu verzichten. Gerade anfangs mied ich jeden Alkohol, langweilige Versammlungen und Pro-forma-Diskussionen. Die Anonymen Alkoholiker nennen einen Zustand, in dem jemand trocken ist, ohne weitere Schritte zu unternehmen, noch nicht einen Genesungszustand, sondern im Gegenteil: Sie gehen davon aus, dass ein trockener, aber nicht behandelter Süchtiger auch ohne das Suchtmittel jederzeit die Phänomene der Sucht zeigen kann; ein bekanntes Phänomen ist der »trockene Rausch«.

Wenn ich mich im trockenen Nikotinrausch befinde, rede ich zugespitzt, aber kalt und knallhart. Und anstatt von mir zu sprechen – ein Verhalten, das für mich heute gesund und normal ist –, werte ich andere ab oder auf. Ich weiß dann vieles besser, kann die Welt in knackigen Sätzen ordnen. Ich lande wieder beim alten Muster: In mir liegt alles in Scherben, aber die Kunst der Abschreckung beherrsche ich perfekt, ohne nur einmal Nein zu sagen.

Ich bin gefährdet in einer Gesellschaft, die ich eigentlich nicht ertrage, aber der ich unbesorgt, voreilig oder auch im Vertrauen auf andere im Vorfeld zugestimmt hatte. Ich bin gefährdet, in einem Wohnzimmer sitzend mit Menschen, die nicht von sich selbst reden können, die ihre Meinung aus der Zeitung haben, die komfortabel mitschwimmen und mir das Gefühl vermitteln, dass sie meine Zeit stehlen. Dann kann es immer noch, wenngleich immer seltener, geschehen, dass ich austeile und so sicherstelle, nicht in die Defensive zu geraten, aber auch nicht in Langeweile. Anstatt zu gehen, was ich vorziehe, verteidige ich mich manchmal auf die altvertraute Art.

Wer in dieser vierten Phase gelandet ist, bei dem reicht körperlicher Entzug allein nicht mehr aus – schon gar nicht bei den Suchtmitteln, die extreme Abhängigkeiten erzeugen, etwa die als »Downer« genutzten und häufig vom Hausarzt verschriebenen Benzodiazepine: Sie lassen sich außerhalb einer Klinik kaum entziehen. Auch Heroin, Crystal Meth und andere Drogen mit hohem Suchtpotenzial verlangen nach außerordentlicher Hilfe, und das zunächst einmal für den Körper.

Aber es ist eben nicht nur der Körper involviert. Es gibt auch dieses »Craving«, das Suchtgedächtnis, das uns in den alten Situationen, in den vertrauten Suchtzusammenhängen immer wieder aufs Neue triggert. Hier bleiben über lange Zeit die positiven Wirkungen der Sucht wach, offenbar gespeichert als genau die Situationen, die mit der Sucht angenehm oder vorteilhaft verbunden sind. Und so heißt es für den Süchtigen auch zu akzeptieren: Sucht kommt nicht von nichts.

Es gibt Zusammenhänge im eigenen Leben, die Sucht zu einer hilfreichen Option gemacht haben. Es wird eben nicht jeder abhängig, und die Abhängigkeit liegt entsprechend nicht allein in der pharmakologischen Wirkung der Substanz, sondern in der psychischen Konstitution des Süchtigen. Einfacher gesagt, mit den Worten der Anonymen Alkoholiker: Sie leiden nach eigener Aussage an einer Krankheit der Gefühle.

Die Krankheit der Gefühle hat Ursachen

Für mich selbst war eine Therapie die Lösung und zugleich eigentlich meine allerletzte Idee – das Eingeständnis meiner totalen Niederlage. Mit einer Therapie verband ich ein Mittel für solche Leute, die mit dem Leben nicht zurechtkamen, für die typischen Verlierer. Ein probates Mittel für Opfer, aber doch bitte nicht für Gewinner wie mich! Und jetzt – war ich auch eine Verliererin?

Ich streifte die vertraute Bewertung ab, weil es diesmal um mehr ging. Für mich ging es um alles. Doch als ich den Termin in der städtischen Suchtberatungsstelle verabredete, kam ich mir vor wie Heinrich IV. auf dem Gang nach Canossa. Ich haderte mit mir und dem Leben, den Umständen, vor allem aber mit meiner eigenen Unfähigkeit, alleine aus dem Drama auszusteigen. Noch im Warteraum war ich mir sicher: Ich bin hier völlig falsch.

Es dauerte eine ganze Zeit lang, bis ich das anders sah. Vom Herbst 1992 an ging ich zu einem Suchttherapeuten, der neben mir ausschließlich Heroinabhängige behandelte. In dessen städtischer Sozialeinrichtung schwebte ich von nun an einmal wöchentlich ein und fühlte mich ziemlich exklusiv, wie eine Erscheinung aus einer anderen Welt. Das hier, das war ein Paralleluniversum. Ich war vor jedem Termin ziemlich aufgeregt.

Die ersten Stunden vergingen in anstrengendem Zweikampf. Ich versuchte, wie stets in allen Beziehungen, dem Therapeuten mein gesamtes Repertoire an Wissen, an Klugheit und an Empathie so zu zeigen, dass dieser hinreichend beeindruckt war. Und zugleich zitterte ich vor diesem Moment: Würde auch dieser Mann auf mich reinfallen? Oder wäre ich wenigstens dieses eine Mal an der wirklich richtigen Stelle?

Der Therapeut hielt stand. Er blieb in seiner Rolle, er blieb Stunde um Stunde gleichbleibend freundlich bei seinen immer gleichen Fragen, die mir zu banal waren, um sie wirklich zu beantworten. Eine immer wieder gestellte Frage lautete: »Woher wissen Sie, dass Sie süchtig sind?« Ich regte mich auf und auch wieder ab. In meinem Inneren liefen verschiedenste Gespräche ab: Was meinte der denn, was ich nicht schon alles gelesen und versucht hatte?

Eines Tages brach schließlich mein intellektueller Widerstand zusammen. Ich begann, statt von angelesenem, erlerntem Wissen von mir selbst zu reden. Erst zaghaft, dann wasserfallartig. Ich brachte die Ausgangssituation vor, die mich zur Therapie geführt hatte, ich erzählte von dieser »Nacht des Einknickens«, von meiner Verzweiflung, vom harten Hadern mit mir und der Situation. Ich fand zurück in diese Not, erlebte im Beschreiben mein großes Unglück, mein Versagen erneut, erlebte die nicht schmeckende Zigarette »danach« einmal mehr. Zum Glück gab es Taschentücher.

Damit platzte der Knoten. Ich verstand bruchstückhaft, dass es überhaupt nicht um meine analytischen Fähigkeiten ging, sondern bekam eine erste Idee davon, was wirklich im Mittelpunkt stand: All das, was mein Leben außerhalb meines nüchternen Verstands und meines Tagesbewusstseins sonst noch definierte.

Die Logik meiner Psyche ist emotional

Ich begriff nach und nach, dass mein Bewusstsein – im krassen Gegensatz zu meiner Grundannahme – nur den sichtbaren Teil eines Eisbergs über Wasser repräsentierte. Also etwa 15 bis 20 Prozent dessen, was mich steuerte und bewegte, waren intellektuell zugänglich. All das Unbewusste darunter, das nicht Formulierbare, das Zubetonierte und Verdrängte, machte den bei Weitem größeren Teil aus. Dazu gehörten mein bisheriges Erleben, meine Beziehungen, meine Familie, meine Erfahrungen, meine Gefühle, meine Träume.

Wenn ich also mit diesen mir bekannten 15 bis 20 Prozent Alltagsbewusstsein eine Entscheidung traf, etwa mit dem Rauchen aufzuhören, hatte ich diese Entscheidung im Zweifelsfall ohne die restlichen 80 bis 85 Prozent getroffen. Kein Wunder, dass selbst ich, die Knallharte in eigener Sache, wackelte und mich kaum getraut hatte, nach dem ersten Rückfall erneut das Nichtrauchen auszuprobieren.

Warum aber hatte ich diesen Mechanismus nicht schon längst begriffen? Ich war doch nun wirklich kein intellektuelles Mauerblümchen und konnte zwei und zwei addieren. Aber was tun, wenn man in einer Kiste hockt und die Bedienungsanleitung zum Öffnen draußen dransteht? So jedenfalls kam ich mir vor. Mir war ja längst klar: Irgendwas stimmte nicht, aber ich wusste einfach nicht, wo ich hätte ansetzen können.

Ich brauchte, um im Bild zu bleiben, einen vertrauenswürdigen Menschen, der mir die Bedienungsanleitung außen auf meiner Kiste vorlas. Am besten so, dass ich diesem Menschen nicht allzu weit trauen musste – mir wäre es am liebsten gewesen, ich hätte mich selbst vergewissern können. Letztlich liefert eine Therapie diese Selbstvergewisserung, wie ich am Öffnen der Kiste erlebte.

Die Tiefenkeller meines Lebens übervoll

Mit der Therapie begann ein großes Aufräumen, ein Belüften und Belichten von inneren Gegenden jenseits dieses kühlen soliden Orts, an dem mein unbestechlicher und erbarmungsloser Verstand, meine Eiskönigin, herrschte. Diese neuen, unvertrauten Gegenden hießen Erinnerung, hießen Kindheit und Jugend, hießen Einsamkeit und Mangel – und ich hatte sie zwar auf dem Schirm gehabt, aber bislang für irrelevant in Sachen meiner Gegenwart gehalten.

Doch immer deutlicher ging es jetzt darum, Situationen nicht nur zu denken, sondern sie nachzufühlen, die alten Empfindungen zu aktivieren. Ein mühsames Geschäft, aber ich blieb straight. Ich begab mich in die Bereiche hinter der Bühne, auf der sich mein alltägliches Leben abspielte: in diese für den Zuschauer unsichtbaren Räume, Schmink- wie Umkleidekabinen, zu denen auch tiefe Keller gehörten oder wackelige Gerüste hinter den Bühnenbildern. Hier verstand ich schubweise Zusammenhänge, kamen mir Erkenntnisse, Einsichten – alles längst da, alles mir nicht bewusst. Hier spürte ich mich, wenn auch nicht immer und auch nicht besonders gern.

Das führte zu einem Durchbruch und zur Änderung meiner Strategie. Ich öffnete von nun an alle Sinne und suchte nach Antworten auf therapeutische Fragen in meinem Inneren und nicht länger in meinem Hirn, in meiner Fantasie oder in meiner Idee davon, was gut zu mir passen könnte. Eine völlig neue Situation. Ich entwickelte ein Sensorium dafür, wie gut es war, so aufrichtig mit mir zu sein, ja, welche vitalisierende Kraft diese Aufrichtigkeit hatte, dieser ganz und gar stimmige Selbstausdruck, auch wenn meine Gefühle meine Intelligenz beleidigten und ich feststellen musste, dass die Person, die ich jenseits meines nüchternen Verstands war, sich einerseits als kraftvoll und energetisch, aber zugleich als außerordentlich fragil erwies.

Was normal ist, kann trotzdem schaden

Ich begriff, wie sehr meine Familie mich – aus den allerbesten Gründen womöglich – beschädigt hatte, und dann, wie sehr ich meine Gefühle darüber verleugnet, meine eigene Wahrnehmung weggeblendet, meine Not als Kind und Jugendliche in Schach gehalten hatte.

Ich sitze als Kleinkind auf dem damals noch bekannten Töpfchen und spiele mit einem Holzspielzeug. Dabei geht mein Blick immer wieder zum Handfeger, der im Moment noch unter dem Sofa am Kohleherd auf dem Kehrblech ruht. Je länger ich sitze und sich das von meiner Mutter beauftragte Ereignis nicht einstellt, umso häufiger schaue ich rüber. Solange er da noch liegt, ist alles gut – aber es kann nicht mehr lange gut gehen.

So und ähnlich waren die Sequenzen der Erinnerung, die hochkamen. Und es ging darum, sie nicht nur intellektuell anzuschauen und zu sagen: Ja, so war das eben! Sondern in das Gefühl hineinzugehen, die Not dieses Kinds zu spüren, die Angst vor den Schlägen, die Sicherheit, dass es gleich »etwas hintendrauf« gibt, und zugleich die Ohnmacht, weil völlig unklar war, wie diese Situation zu verhindern sein könnte.

Hatte ich zunächst keine Idee davon, was denn jetzt eigentlich an meiner Vergangenheit so schrecklich gewesen sein sollte, änderte sich das nach und nach. Und aus dem einfach so dahingesagten »Das ging doch allen so!« wurde Mitgefühl. Ich hörte auf zu vergleichen. Ich hörte auf, die Worte über den Verstand zu erfassen, und ging von nun an immer stärker über mein Gefühl. Ich übte mich in Empathie mit dem Kind, das ich einmal war. Das half – und zugleich zeigten sich mir andere Zusammenhänge.

Bei meinen Recherchen verstand ich zunächst, wie sehr alle Kinder – also auch ich – die Befindlichkeit ihrer Eltern oder die von nahestehenden Erwachsenen auf sich selbst bezogen. Der Kommunikationsforscher Friedemann Schulz von Thun[6] nannte dies das fehlende Beziehungsverstehen von Kindern: Kommt der Vater müde von der Arbeit, glaubt das Kind, den Vater ermüdet zu haben. Ist die Mutter krank und traurig, sieht das Kind sich selbst als Ursache von Krankheit und Traurigkeit.

Das war mir nicht klar gewesen. Kinder können in Beziehung zu anderen erst mit zunehmender Reife erkennen, was sie selbst ausgelöst haben und was eine andere Ursache, einen anderen Wirkmechanismus hat. Das heißt, sie beziehen ständig die Zustände und Gefühlslagen ihrer wichtigsten Personen auf sich selbst und unterstellen einen Wirkmechanismus, der so nicht vorhanden ist. Damit eröffnete sich mir ein weites Feld von Missverständnissen und Einsichten. Ich konnte einiges auflösen und mich von Schuldideen befreien. Doch gleichzeitig blieben hartnäckige Fragen.

Ich schaute mir unsere sogenannten »normalen« Traditionen etwas genauer an und stellte fest: Es ging in meiner Familie für die jüngere Generation nur ums Funktionieren. Wir Kinder mussten, die Großeltern dagegen mussten gar nicht. Ich begriff erst vor Kurzem, dass meine Eltern, beide im Krieg geboren und ohne größere Schäden davongekommen, sich für vom Leben bevorzugt hielten. Dass sie es ihren Eltern, die den Krieg in seinem ganzen Grauen miterlebt hatten, um alles in der Welt recht und am allerliebsten leichter machen wollten.

So war das jedenfalls bei uns zu Hause: Die Großeltern und ihre Generation standen unter Sonderschutz: Egal, wie schlecht sie sich benahmen, es war in Ordnung. Sobald wir, die Kinder, es ihnen nachmachten und uns ähnlich verhielten, setzte es Prügel. Ähnlich ging es vermutlich vielen Altersgenossen in den 1960er-Jahren, vor dem Aufstand gegen schwarze Pädagogik, Spießertum und Anpassung 1968. Ich begriff, dass zum Alltag aus Schlägen und Klapsen auch fehlende Wertschätzung des Kinds bis hin zum völligen Übersehen gehörte.

Doch dann stieß ich auf Fotos, auf die ich mir keinen Reim machen konnte. Ja, das war ich – aber ich erinnerte mich einfach nicht. Da erst wurde die Ahnung konkreter: Zu meiner Sucht gehörte offenbar das Verdrängen und Schönreden von Kindheits- und Jugenderlebnissen, die über ein paar Schläge hinausgegangen waren. Wie aber konnte ich hier mehr erfahren? Einerseits wollte ich es wissen, andererseits fehlte mir die Idee: Wie holte ich mir meine Vergangenheit zurück?

Entschlossen erweiterte ich meine Suchttherapie um unkonventionelle Methoden: Ich suchte Anregungen bei Schamanen, begab mich in Meditationen verschiedener Art und verschaffte mir einen profunden Überblick über die Esoterikszene, ohne mich je angesteckt oder besonders inspiriert zu fühlen. Aus all diesen Feldern verschaffte ich mir eine Art methodischen Kamm und nahm das, was mir hilfreich erschien. Damit ging ich durch meine Vergangenheit, immer auf der Suche nach einem Kinderleben, das ich verloren glaubte.

Was mir damals als Kind nicht möglich war, sollte doch der furchtlosen, klugen Erwachsenen gelingen! Furchtlosigkeit aber, so musste ich feststellen, half gegen Lücken in der Erinnerung nur bedingt. Es brauchte Zugänge, neue Türen, neue Möglichkeiten. An diesem Punkt befand ich mich, als mir die Methode der Familienaufstellung begegnete.

Die Dynamik meines Familiensystems

Eines Tages fand ich mich auf einer Bühne in der Stadthalle Magdeburg wieder. Es war der 8. Mai 1994, und ich war angemeldet für eine Aufstellung bei Bert Hellinger. Damals war das eine noch nicht besonders bekannte Möglichkeit, um zu erkennen, wie das eigene Familiensystem auf eine Person wirkt. Zudem galt Hellinger, der Zusammenführer verschiedener Methoden zu genau dieser, als Guru und als umstritten. Mir war das damals vollkommen gleichgültig, mir lag an neuen Erkenntnissen.

Diese kamen tatsächlich, aber völlig anders als erwartet. Statt der heilen Familie, von der ich bislang wie auf Knopfdruck zu erzählen wusste, erlebte ich totales Chaos. Ich hatte, wie es bei einer Aufstellung üblich ist, auf der Bühne Stellvertreter für meine wesentlichen Familienmitglieder nach meinem inneren Bild postiert. Als ich zurücktrat und sich die Wirkung der Situation zu entfalten begann, herrschte eisiger Winter. Meine Stellvertreterin warf sich heulend zu Boden, während die anderen unbeweglich die Situation beobachteten.

Schon das ließ mich beim bloßen Zuschauen nach Luft schnappen. Doch es kam noch schlimmer: Energien und Bewegungen im Beziehungsgefüge traten zutage, die mich völlig fassungslos machten. So sollte die Dynamik in meiner doch nun wirklich völlig normalen Familie aussehen? Die Aufstellung nahm ihren auch weiterhin dramatischen Lauf. Ich sah und erlebte die Wucht des Systems, seine Unentrinnbarkeit, seine Ausweglosigkeit. Ich verstand, dass im Zweifelsfalle die Struktur stärker ist als der Einzelne, besonders dann, wenn diese Struktur und deren Dynamik nicht bewusst oder benennbar sind. Das war aufregend, zugleich aber auch verstörend, überwältigend, massiv.

Die Aufstellung endete damit, dass es für mich keinen guten Ort gab in der Familie – von den schlechten Orten war der beim Vater der am wenigsten lebensgefährliche. Mit dieser Botschaft ging ich zurück zu meinem Platz. Ich war wie erschlagen. Zugleich wurde ich gefühllos, innerlich wie tot – ohne es zu merken, hatte ich wieder auf mein Kinderprogramm umgestellt und spürte zunächst einmal gar nichts mehr.

Auf Beziehungen ist überhaupt kein Verlass

Der Senf ging nicht zurück in die Tube: Nach dieser ersten Aufstellung blieb es in meinem Inneren zunächst still. Wenige Wochen später begann ich, wild zu träumen, und kämpfte immer wieder mit merkwürdigen Erinnerungen. Heute weiß ich, dass es sich um Flashbacks handelte. Ich schrieb diese Fetzen auf, führte ein Traumtagebuch, doch das reichte nicht. Der Druck von innen wurde stärker, und ich fahndete energisch nach einer Lösung. Alleine war ich nicht in der Lage, das Geschehen einzuordnen, zu erforschen oder gar zu entschlüsseln.

Wieder suchte ich Hilfe und fand sie auch. Geführte Meditationen und Erinnerungen im Alpha-Zustand sowie Techniken wie »Time-Line« für geführte Reisen in die Vergangenheit halfen mir, Licht ins Dunkel der verdrängten Erinnerungen zu bringen. Dabei hatte ich gedacht, ich wäre eigentlich schon durch ziemlich vieles durch. Doch jetzt ging es quasi ans Eingemachte. Vor meinem inneren Auge passierten Dinge, von denen ich zunächst abstritt, dass sie jemals geschehen sein könnten. Ich war mir sicher: Das muss erfunden sein. Aber dieser Erfindungsreichtum erwies sich vielfältig als solide Erinnerung.

Die alltägliche Gewalt mit Handfeger, Kochlöffel oder Kleiderbügel war mir ja schon vertraut. Ich verstand emotionalen Missbrauch. Hinzu kamen Situationen, in denen ich mit sexuellen Übergriffen konfrontiert war. Das zu akzeptieren fiel mir am schwersten; ich mochte es nicht glauben und wertete mich zunächst ab, ging von lebhafter Fantasie aus, von Unsinn und davon, dass ich zu viele schlechte Romane gelesen haben könnte. Doch der Widerstand half nicht, es blieb dabei.

Ich akzeptierte die Flashbacks und lernte mehr über die Situationen. Ich begriff beim Durcharbeiten, wie vielfältig meine kindlichen Gefühle damals gewesen sein mussten – zu ihnen gehörten neben Scham, Erniedrigung und Angst auch Macht, Neugier, Aufregung, sogar Lust. Das fand ich niederschmetternd. Ebenfalls schwer auszuhalten war es, dass meine Eltern mich damals nicht geschützt hatten, die Frauen in meiner Familie der Fünfjährigen die Schuld gegeben hatten. Mir dämmerte, warum für mich in meiner Familie kein guter Ort existierte.

Eine komplexe Gemengelage, wilde Gefühlsmischungen – ich brauchte eine lange Zeit, um davon sprechen, damit umgehen zu können. Nach und nach verstand ich, welch überbordende Gefühle dafür gesorgt hatten, dass ich sie dreißig Jahre weggedrückt, unterdrückt hatte. Die Welt meiner Kindheit war ein dunkler Ort, unsicher, brutal und einfach zu heftig. Wohin bloß mit all den starken, überwältigenden Eindrücken? Wohin mit dem Gefühlswirrwarr, mit dem, was unaussprechlich war, was geleugnet und ignoriert wurde?

Ich lernte mehr darüber, wie die Dynamik von Systemen zu erkennen ist, und ich lernte, sie zu achten. Es ging und geht mir nicht um Schuld, auch meine Eltern sind nicht schuld – uns alle hatte das System fest im Griff. Meine Anpassungsleistung, mein Funktionieren, das Ausblenden von Erlebtem, von Gefühlen war für das Kind, das ich gewesen war, offenbar naheliegend und natürlich. Diese damals überlebenswichtige Anpassung hatte jedoch Folgen für mein Leben, für meine unbewussten Entscheidungen, für meine Fähigkeit zu Beziehungen: Sie legte den festen Grundstein dafür, dass ich mich lieber mit Haut und Haaren einer Sache unterwarf, als mich jemals wieder einem Menschen anzuvertrauen.

Beziehungen bitte vermeiden!

In der Oberstufe entwickelte ich eine starke Kompetenz darin, meiner etwas jüngeren Schwester die Eroberungen abzujagen. Interessierten mich ihre Jungs, gelang das meist. Allerdings war damit auch mein Interesse vollständig erlahmt: Ich hatte die Trophäe, konnte aber nichts weiter damit anfangen. So auch mit Sven: Er ließ sich jedoch nicht von meinem folgenden Desinteresse abschrecken, sondern blieb treu. Er stand über etwa zwei Jahre lang fast jeden Abend vor unserer Haustür und hatte stets eine wunderbare Idee, wie dieser Abend aufs Schönste zu verbringen wäre.

Manchmal kam meine Schwester mit, manchmal meine beste Freundin, meist waren wir nicht alleine. Ich wusste immer noch nichts mit ihm anzufangen, fühlte mich aber umworben und im Mittelpunkt. Das ging mir allerdings erst auf, als er sich entschied, seine freundliche Belagerung aufzugeben und sich in meine beste Freundin zu verlieben. Ich war verletzt, gekränkt, ja, und suchte mir mit Erfolg sofort Ersatz. Es gab keinen Herzschmerz, schlimm genug, aber Kränkung, Unverständnis, vielleicht eine Macke im Lack: Diese stabile First-Class-Behandlung kam jetzt einer anderen zugute, und dann noch meiner engsten Freundin!

Warum wollte ich nichts von Sven? Es war bei ihm wie bei so gut wie allen Männern meiner Jugend: Nachdem ich ihn hatte, die Trophäe erobert war, wusste ich nicht weiter. Ich fühlte nichts und konnte nichts mit den Jungs oder jungen Männern anfangen. Nicht das Herz setzte mich in Bewegung, sondern eine Art inneres Parship-Programm: Ich prüfte bei jedem infrage kommenden Mann, ob er meiner Checkliste für einen passenden Partner entsprach.

Diese Checkliste war außerordentlich umfangreich, wurde von mir ständig modifiziert und hatte ausgeklügelte Konditionen. Sie orientierte sich an Status, an Moden, an zu erwartende Ansprüchen – ganz so wie das ein digitales Programm auch täte, das über null und eins am Ende nicht hinauskann: Er musste größer sein als ich, wir mussten als Paar gut aussehen. Er sollte Geld verdienen und es gern für mich ausgeben. Er sollte, könnte, hätte, müsste …

Mit diesem sehr viel mehr dem Verstand als dem Gefühl geschuldeten Programm sammelte ich weiterhin Trophäen und stellte sicher, dass es nur eine einzige feste Beziehung in meinem Leben gab: die zu meinen Zigaretten. Wenn ich davon ausging, dass alles im Leben Vorteile hatte, wurde schnell offenkundig, wie Sucht offenbar einen soliden Ersatz für die als unbeständig und unzuverlässig erlebte Liebe zu einem Menschen lieferte.

Davon gehen namhafte Psychoanalytiker heute aus, die sich dem Suchtthema verschrieben haben. Ihre These: Statt eine Person zu lieben, wird die Liebe auf eine Sache verlagert – etwas, was unbelebt ist und uns garantiert nicht im Stich lässt. Das führt zur sogenannten »Beziehungsvermeidung«. Das Suchtmittel dient als eine solide Bank, deutlich sicherer als ein Mensch, so könnten wir uns unsere inneren, lebensbewältigenden Lernprozesse aus schwierigen Kindheitssituationen denken. Lieber einem kaufbaren Mittel, einem Objekt trauen, als von einem Subjekt hängen gelassen werden oder womöglich misshandelt. Mit dem Effekt, dass die Sehnsucht nach Nähe, Vertrautheit und Erotik, nach einem anderen Menschen zwar bleibt, aber gleichzeitig versucht wird, unbedingt eine echte, sprich wagemutige Beziehung zu vermeiden.

Der Süchtige meidet Beziehungen, aus den besten aller möglichen Gründe: weil er ihnen niemals zu trauen gelernt hat oder, wie bei mir, weil ich sicher sein durfte, dass Beziehungen für das eigene Fühlen, Leben, Dasein absolut bedrohlichen Charakter haben. Das hinderte mich nicht, Verbindungen einzugehen. Aber diese waren statisch, wenig lebendig und damit insgesamt komplett ungefährlich und, paradoxerweise, in dieser Statik, in dieser Leblosigkeit zugleich auch so unbefriedigend, dass ich nicht bei der Stange blieb.

Verbindungen à la Patriarchat gelten nicht

Ich ging während der Therapie einige Beziehungen ein, die mir alle um die Ohren flogen: Einmal bekam ich es mit einem Mann zu tun, der gar nicht in mein Beuteschema passte. Das, so frohlockte ich, konnte doch nur das Beste bedeuten, musste verheißungsvoll sein. Weit gefehlt!

Mitten im Therapieverlauf begegnete ich Harald, leider so gar nicht checklistenkonform: einen Kopf kleiner als ich, rundlich, Investor – an sich drei totale K.-o.-Kriterien. Passte nicht ins Witzer-Parship. Der Mann war zäh, und ich erwog, ich wäre jetzt »darüber« hinweg, hätte mein altes Beuteschema aufgegeben und könnte mich endlich um andere Männer als bisher kümmern. Ja, ich kam auf die übermütige Idee, ich sei überhaupt jetzt irgendwie anders und neu beziehungsbereit.

Also schluckte ich die No-Gos herunter und machte mit. Wir gingen essen, er verwöhnte mich und war sehr charmant. Wir gingen wieder essen, und er wurde zusehends charmanter. Er zeigte mir sein Penthouse – Punkt nach oben –, ich war angetan, wenn auch die Einrichtung ... Das Witzer-Parship zeigte Punktabzug und war, das merkte ich sogar selbst, immer noch aktiv. Ich aber ließ mich nicht mehr abhalten von weiteren praktischen Schritten auf ihn zu.

Ich blieb heiter. Dann kam Blümchensex. Ich erschrak, ging auf Abstand, reduzierte die Treffen. Je mehr ich reduzierte, je zurückhaltender ich wurde, umso stärker drehte er auf. Er veränderte seine Wohnungseinrichtung von »Ist bei der Scheidung übrig geblieben« hin zu »Mann mit Stil«. Er machte mir Vorschläge für Wochenenden, die meinen Wünschen (Wandern und Kultur) entsprachen, verzichtete auf seine (Partei und Schützenverein). Es war irritierend, wie dieses Sich-Entziehen wirkte, dieser Ausdruck von Nein, von Desinteresse, von Ungerührtheit. Ich begann systematisch, ihn mir vom Leib zu halten. Ohne die erwünschte Wirkung, im Gegenteil: Bei mir landeten Blumen in großer Stückzahl, Champagner, ebenfalls Mengen, und geniale Essenseinladungen in Hülle und Fülle.

Was ich begriff: So funktionieren also traditionelle Beziehungen! Die Beziehungsratgeber für Frauen, in denen derart öde Tipps feilgeboten – und von mir dafür verachtet – wurden, priesen diese zu Recht an. Weil sie eben wirkten! Mir wurde klar, ich könnte mir hier einen potenziellen Gatten an die Leine nehmen und ihn systematisch von mir abhängig machen. Aber dazu wiederum war ich nicht hart, nicht klar genug und überhaupt nicht auf eine solche Art von Verbindung ausgerichtet.

Eine Verbindung, die dem alten Rollenmodell von Mann und Frau geschuldet war, die die Frau zur manipulierenden, darin aber glücklichen Gattin verdammte und den Gatten zum daheim dummen, aber willig gebenden Nichtsmerker. Mit Beziehung hatte das allerdings überhaupt nichts zu tun, im Gegenteil: Das war patriarchal bis auf die Knochen und eindeutig auch eine Art und Weise, Beziehungen zu vermeiden. Es dauerte etwas, bis ich das verstand.

Ich hatte mich auf eine zufällige Begegnung eingelassen, meine alten Regeln außer Gefecht gesetzt, und schon war ich beim völlig falschen Mann gelandet, der mich noch dazu partout haben wollte. Er ließ sich scheiden, was er bis dahin zur Sicherheit (»Womöglich gerate ich an die falsche Frau!«) noch nicht vollstreckt hatte. Er kaufte eine Wohnung für mich, die ich nicht annahm.

Hatte der Luxus um ihn herum mich anfangs angezogen und auch nachdenklich gemacht, so war mir nach guten sechs Monaten klar: Das wird nie etwas. Ich will weder mit diesem Mann Sex, noch will ich mit ihm leben, noch will ich mit ihm die Welt erobern. Er war ein reizender Unterhalter am Wochenende, im Restaurant, bei gutem Essen. Und damit war ich wieder da, wo ich immer gelandet war: Mann erfolgreich auf Distanz, ab und an eine liebenswürdige Begegnung.

Bei patriarchalen Beziehungen geht es um Checklisten, Status und um Unveränderbarkeit – der Tanz zwischen den Geschlechtern ist vorgegeben, das Ergebnis liegt auf der Hand. In all dem Werben, in dem Hin und Her erkannte ich die alten gesellschaftlichen Muster bestens wieder: Die Frau will umworben werden und ist dafür attraktiv, liebenswürdig und eine Perle der Gesellschaft; der Mann umwirbt und zeigt dafür finanzielle Potenz, Weitsicht und Altersversorgung auf hohem Niveau.

Es wird geworben, danach muss alles unbedingt so bleiben, wie es ist. Es war immer sehr gut, solange es stets gleich war. Sobald einer der beiden etwas lernte, sich entwickelte, sich veränderte, brach die Konstruktion zusammen. Ich war wieder einmal ratlos: Hatte ich mich für dieses Muster so lange feministisch engagiert? Das war doch überhaupt nicht das, was mir vorschwebte! Ich wollte doch um Himmels willen eine Beziehung auf Augenhöhe. Vermutlich war es jetzt an der Zeit zu schauen, was das denn bitte konkret sein könnte.

Ich besprach mein Thema in der Therapie. Das war entlarvend, aber auch erkenntnisreich: Erstens hatte ich nicht die Verantwortung für mich übernommen im Verlauf dieses halben Jahrs, sondern mich von Geschenken, Ablenkung und Humor still und heimlich »umlenken« lassen. Zweitens hatte ich nicht gesagt, wie ich mir eine Beziehung vorstellte und was das für uns beide bedeuten würde. Und drittens war dieser Mann zwar wohlhabend, aber ich sah ihn keineswegs als ebenbürtig an.

Ohne Ebenbürtigkeit, das wurde mir klar, keine gelingende Beziehung auf Augenhöhe. Bloß: Wo fanden sich solche Männer? Und noch schlimmer: Wie konnte ich selbst das mit Leben füllen? Wie kam ich auf Augenhöhe?

Totale Unfähigkeit zum Konflikt

Kurze Zeit danach traute ich mich erneut: Heinrich stand vor der Türe. Er fand auf den ersten Blick in meinen Augen kein Erbarmen, Witzer-Parship sagte No. Das machte ihm nichts, der ausdauernd um mich zu werben begann. Ich war vorsichtig, ließ mir Zeit, bis ich Schritte auf ihn zutat, und prüfte ihn auf Herz und Nieren. Leider vergaß ich dabei seinen Bezug zur Wirklichkeit, seinen Umgang mit der Realität, seine Verlässlichkeit in Sachen Zusagen.

Denn als ich mich endlich auf ihn einließ, hatte auch das etwas Süchtiges. Ich wollte diesen Mann, egal wie! Und an dem Abend, als wir zusammenkamen, bekam ich die Rechnung serviert: Er gestand mir Frau und Sohn, hatte allerdings bislang keinen Grund gesehen, mich darüber zu informieren. Erst jetzt, an diesem für mich bedeutungsvollen Abend, war es ihm wichtig erschienen – schließlich fühlte er sich ab sofort auf der Sonnenseite seines Lebens. Und ich? Ich war im Kohlenkeller meines Lebens angekommen.

Ziemlich schnell, leider erst jetzt, nahm ich die zentralen Eigenschaften wahr, die stark gegen eine Beziehung sprachen: Er hasste Konflikte und wich diesen aus, ohne jedes Wenn und Aber. War er bei seinem Sohn, bat er zu meiner totalen Überraschung seine Frau, mir doch den Termin XYZ auszureden. Er selbst war lieber im Garten und legte einen Teich an. Seine Frau wiederum erledigte nichts lieber als das und rief mich tatsächlich an, um mir bei dieser Gelegenheit ihre stärkeren Ansprüche deutlich zu machen. Dann erzählte sie mir auch noch, dass er bei ihr noch Schulden in fünfstelliger Höhe habe von seiner Spielsucht und die Dinge wohl klar lägen. Ich war sprachlos, von Anfang an, und legte auf.

Das wurde zusehends schlimmer, da mich unsere unbehandelten, heruntergeschluckten, erniedrigenden Konflikte in einen dauerhaften Alarmzustand versetzten. Ich fühlte mich, als hätte mir jemand bei lebendigem Leib die Haut vom Körper abgezogen. Doch es blieb dabei: Er tauchte weg, sobald ein Konflikt am Horizont erkennbar wurde und ich ihn zur Rede stellen wollte. Keine Chance!

Und ich? Ich wurde zur Furie. Statt Nüchternheit walten zu lassen, wenn er nicht ans Telefon ging, warf ich mein Handy in den Fluss. Statt zu überlegen, wie ich ihn wirklich erreichen könnte, heulte ich stundenlang und verlor jede Kraft und Energie. Statt mir eine Strategie auszudenken, wie ich ihn erreichen und greifen wollte, tobte ich und warf ihn zu einem späteren Zeitpunkt spontan nachts aus meinem Bett, ohne Gründe zu nennen. Das nannte ich dann Rache – und fühlte mich damit auch nicht besser.

Erst als ich diese oder eine ähnliche Aufzählung meiner eigenen Konfliktlösungsideen notierte, dämmerte mir: Hier waren nicht nur zwei perfekte, geniale Beziehungsvermeider am Werk, sondern auch noch zwei Menschen, die überhaupt nicht wussten, wie man denn bloß einen Konflikt austragen und lösen könnte.

Eine Sucht kommt selten alleine

Kurz vor Ende dieser Liaison fragte mich meine Putzhilfe, ob sie die leeren Flaschen aus dem Barschrank entsorgen solle oder ob ich noch andere Verwendung dafür hätte. Ich war wie vor den Kopf geschlagen: Der Grappa war zwei Jahre alt, und ich hatte die Flasche einmal nach einem Essen angeboten. Die beiden Whiskys waren Geschenke, die eine Flasche dämmerte, so dachte ich, dem gelagerten Alter von zwanzig Jahren entgegen, von der anderen war Weihnachten noch die Hälfte sichtbar. Außerdem gab es noch so einige Brände, die aus Präsenten stammten. Alles leer?

Mein erster Gedanke: die Putzhilfe! Schnell verwarf ich das als absurd. Ich stellte mich der Situation, alle Flaschen kamen ins Altglas. Natürlich war klar, wer außerdem noch Zugang zur Wohnung und immer wieder Zeiten dort allein verbracht hatte: Heinrich. Er zockte also nicht nur, sondern trank auch noch.

Wenn ich es heute genauer betrachte, so ist dieser Zusammenhang auch in meinem Leben »üblich« gewesen. Ich konnte immer wieder weniger rauchen, wenn ich mehr arbeitete, beispielsweise. Oder wenn ich mehr rauchte, ließ sich auch das Essen gut reduzieren. Es war zwar bei mir in erster Linie das Rauchen, aber ich konnte es durchaus auch ersetzen – jedenfalls in Teilen und zeitweise.

Kein Wunder also, dass ich beim ersten Versuch, mir das Rauchen abzugewöhnen, gleich 20 Kilogramm zugenommen hatte. In dieser vertrackten Beziehung mit Heinrich wiederum verlor ich unentwegt an Gewicht – mit Nichtessen, das hatte ich schon früh gelernt, bekam ich scheinbar meine Ängste in den Griff. Zu anderen Zeiten schien es so, als wäre ein Abend ohne ein gutes Glas Rotwein qualitativ minderwertig; aus dem einen Glas wurden auch gern mal zwei.

Ich nannte das meinen SSI, meinen »Suchtsummenindikator«. Als ich damals mit der Therapie begann, war eine meiner ersten Ideen, dass die Summe meiner Süchte immer gleich bliebe, wenn sich auch die Suchtmittel veränderten. Immer wieder stellte ich Listen auf und überprüfte, wo ich nicht in der Verantwortung für mich war und wie stark: Mal war es eine Kombination aus Shoppen, Wein und Nichtessen, mal lautete die Kombination Rauchen, Arbeiten, Sport.

Der Indikator erwies sich, weil quantitativ, nicht als belastbar – doch ich stelle immer mal wieder eine Liste der Dinge auf, bei denen ich mich nicht im Fahrersitz meines Lebens fühle. Das muss heute nicht mehr der deutliche Hinweis auf Sucht sein, aber: Gebrannte Mandel scheut die Tüte! Sucht ist nicht trivial, nicht leicht einzugrenzen und nicht ohne genauen Blick von lebendigen Prozessen zu trennen.

Passivität ist schwer loszuwerden

Ich zog in eine neue Stadt, lernte eine anregende Frau kennen und freundete mich mit ihr an. Lernte eine weitere kennen, noch nicht besonders gut, die mir Nachbarin Katharina ans Herz legte. Sie habe ein tolles Auto. Aha, das war bislang für mich kein Kriterium für gute Nachbarschaft gewesen, aber es ging in diesem Fall um eine Landpartie, und da mochte ein komfortables Gefährt durchaus ein Punkt sein, der für oder gegen jemanden sprach.

Wir trafen uns drei- oder viermal; sie lebte alleine wie ich auch. Das hatte ich selten und bislang nur Freundinnen mit Ehemann, was gemeinsame Wochenendreisen oder Urlaube so gut wie ausschloss. Schnell sprachen wir von einem gemeinsamen Weihnachtsurlaub. Mein Vorschlag zur Klärung: vorher ein Wochenende zur Probe in Mailand. Dann ließe sich schauen, ob wir beide wirklich miteinander klarkamen, das Gleiche meinten, ähnliche Vorstellungen hatten – oder ob eben nicht.

Gesagt, getan. In Mailand gab es in unserem Hotel zwei Zimmer unterschiedlicher Kategorie, normal und deluxe – sie beanspruchte das bessere gleich für sich. Ich schlug vor, beide Zimmer kurz zu betrachten und anschließend zu sprechen. Sie machte pro forma mit, blieb aber bei ihrer Wahl, und ich stimmte gern zu, denn mein »schlechteres« Zimmer war definitiv das für mich angenehmere: kleiner zwar, aber frisch saniert und mit neuen Möbeln ausgestattet. Ich hatte Glück, doch die Art und Weise, wie sie für uns beide entschied, machte mich stutzig.

Es ging am nächsten Morgen genauso weiter: Katharina hatte einen Plan und ein Programm, mir davon allerdings vorher nichts erzählt. Sie bestellte ohne Zögern und ohne jede Frage ein Taxi, zog ihren Plan durch. Mir blieb, mich ständig punktuell dafür oder dagegen zu entscheiden. Von wegen gemeinsame Ideen, gemeinsame Gestaltung, Spontaneität oder Aushandeln!

Eine Woche später trafen wir uns zum Resümee auf einen Spaziergang. Sie fing an, voller Lobpreisungen, und berichtete, wie schön sie das Wochenende fand, wie toll alles geklappt hatte mit uns. Ich war sprachlos und ließ sie reden, sagte gar nichts. Ich wusste immer noch nicht, wie das ging: einen Konflikt ansprechen, achtsam und zugleich in klarer Stellungnahme für mich selbst.

Doch das Problem lag nicht nur in meinen erst rudimentären Kenntnissen von guter Konfliktarbeit – es lag auch in meiner Passivität. Ich war das ganze Mailand-Wochenende hinter Katharina hergelaufen oder hatte mich von ihr abgegrenzt, ich hatte mich ihren Wünschen überlassen oder eben nicht. Aber ich hatte keinen hinreichenden Impuls gespürt, um auszusteigen aus meiner passiven Beschwerde, dass die Dinge so ganz anders liefen, als ich mir das idealerweise vorgestellt hatte.

Wie schön war es dagegen damals gewesen, mit meinen Zigaretten! Diese waren mir bei jedem und in jedem Konflikt treu und solidarisch gefolgt, hatten gleichzeitig mein Denken inspiriert und ernüchtert, außerdem für klaren Durchblick gesorgt. Jetzt, mit Menschen, fühlte ich mich hilflos und ausgeliefert. Ich kannte nur null oder eins – entweder ich vertraute mich an oder nicht. Mein eigener Beitrag blieb bestenfalls reaktiv, doch vorzugsweise passiv.

Ganz offenbar traf meine Beziehungsstörung nicht nur auf Männer zu, sondern galt auch für Frauenfreundschaften. Von nun an schwor ich mir, alle Arten von Beziehung wie der Teufel das Weihwasser zu meiden – schließlich verbrannte ich mir selbst mit therapeutischer Unterstützung die Finger. Ich verlor fast allen Mut und alle Hoffnung, als sich diese beiden zentralen Themen der Sucht vor mir aufschlüsselten: diese offenbar grundlegende Passivität, dieses sich dem anderen Überlassen, ohne einen aktiven Impuls für das eigene Wollen zu spüren. Und dazu, als perfide Ergänzung, die totale Unfähigkeit zum Konflikt.

Das Meiden von Beziehungen, die Unfähigkeit im Umgang mit Konflikten und eine immer wieder aufbrechende Passivität, das waren die großen Baustellen auf meinem Weg aus dem Suchtprozess. Dabei hätte ich fast die kleineren außer Acht gelassen.

Selbstwert-Booster gegen Sprachlosigkeit

Ein Blick weiter zurück: Ich lehnte lässig mit einer Zigarette zwischen den Fingern an der Wand im Partykeller, als mich der toll aussehende Freund von Klassenkamerad Peter fragte, wer ich denn sei. Wow! Das war genau das, was mir den Abend versüßen konnte. So ein attraktiver Mann, und jetzt stand er neben mir, sprach mit mir! Ich reagierte freundlich, mit meinem Namen und der Gegenfrage.

Zu mehr Gespräch reichte mein Mut nie. Die Zigarette half mir zwar dabei, cool herumzustehen und lässig zu wirken. Tatsächlich aber hatte ich überhaupt dann nur wenige Sätze parat, die diesen coolen, lässigen Eindruck weiter vorantreiben konnten. Worauf ich in all diesen coolen Situationen nie eine Chance hatte: ganz einfach ich zu sein.

Es war wie verflucht: Ich wirkte cool und wurde für cool genommen, hielt aber dem coolen Eindruck nur stand, wenn ich Sprüche klopfte oder besserwisserisch auftrat. Beides nichts, was ich gern wollte. Ich hatte jedenfalls sonst keine coolen Sätze, auch keine coolen Hobbys. Blöderweise war ich gut in der Schule, ich fand Mathe klasse und Latein auch. Na gut, ich fuhr ein Moped, eine alter Kreidler. Aber ganz ehrlich, war ich die uncoolste Person, die ich mir selbst vorstellen konnte.

Wer um Himmels willen war das schon, dieses Ich? Was wusste ich davon, wie ein Gespräch geführt werden kann, wie sich ein wenig mehr vom anderen erfahren lässt – jenseits von der Wirkung, die dieser gern hätte? Ich hatte kein Repertoire, kannte keine Sätze, wusste gar nicht, wie so eine freundliche Anbahnung meinerseits hätte eine Fortsetzung finden können.

Natürlich, die Zigarette brachte mich einstmals von der »Normalität« in Richtung »Glück«. Aber was hieß das? In diesem Falle war das Rauchen wie eine Abkürzung: Ich wäre gar nicht auf eine solche Party gegangen ohne Zigarette. Sie gab mir die nötige Stütze, um gerade zu stehen und mich unter die Klassenkameraden zu mischen, um einfach mit dabei zu sein. Sie gab mir das bisschen Selbstwert, das mich befähigte, auf die Frage eines attraktiven Jungen meinen Namen zu sagen und nach seinem zu fragen.

Ich fühlte mich ausgeschlossen von der Lockerheit der anderen, von der Normalität um mich herum. Ich fühlte mich besonders. Eine nicht erwünschte Art von Exklusivität haftete mir an. Innerlich fand ich sie anstrengend, atemraubend und isolierend – nach außen wirkte ich offenbar ungewöhnlich, attraktiv und auf eine merkwürdige Art und Weise abgeklärt, obwohl ich das Gegenteil von mir glaubte: Ich war im falschen Leben und fühlte mich wie nicht existent.

Exklusiv und cool: Damit lag auf der Hand, dass ich mit meinem Suchtmittel mein Ego aufpolierte und mir nach außen zu einem Selbstwertgefühl verhalf, dem ich innerlich überhaupt kein bisschen standhielt. Reines Marketing! Die coole Maske hielt nicht lange vor. Ich fühlte mich als eine erfolgreiche Versagerin. Ich wirkte erfolgreich und war mir zugleich bombensicher: Sollte jemals jemand hinter meine Maske sehen, wäre völlig klar, dass ich dem Anspruch in keiner Form gerecht werden könnte. Hinter der Maske wäre – nichts.

Chance auf Selbstvernichtung

Zigaretten, Nikotin oder, allgemeiner gesagt, Sucht fungieren definitiv als Selbstwert-Booster. Natürlich kann aber Sucht auch ganz extrem und anders enden, nämlich im Tod. Auf jeder Packung Zigaretten lese ich heute: »Rauchen kann tödlich sein.« Es gibt furchtbare Bilder und sehr viel Abschreckendes rund ums Rauchen. Natürlich, Rauchen kann zu Lungenkrebs führen oder über Herzkreislauf- und Atemwegserkrankungen den Tod herbeiführen. An den Folgen starben in 2013 in Deutschland etwa 121.000 Menschen.[7] Bekannt ist, dass Rauchen »Appetit« macht auf Alkohol und umgekehrt.

Die Grenzen zwischen riskantem und schädigendem Konsum sind schwer zu benennen. Was sich aber sicher feststellen lässt: Wir sind in Deutschland im oberen Drittel der europäischen Länder angelangt, wenn es um den jährlichen Alkoholkonsum geht. Noch bedrohlicher ist, dass das sogenannte »Komasaufen« oder Rauschtrinken nach wie vor unter Jugendlichen weitverbreitet ist – per se so etwas wie ein kleiner Tod, wenn man es poetisch sieht.

Schneller und direkter zum richtigen Tod führen andere Drogen wie Heroin oder Crystal Meth. Rauschgifttote gab es in Deutschland im Jahr 2015 insgesamt 1.226 und damit eine vergleichsweise geringe Zahl, die aber längst nicht nur auf Großstädte beschränkt ist. Es starben mit 314 die meisten in Bayern, 182 in Nordrhein-Westfalen, an dritter Stelle Berlin mit 153.[8] Das Durchschnittsalter der Drogentoten lag bei etwas mehr als 38 Jahren.

Sucht bietet definitiv auch eine ernst zu nehmende Möglichkeit, sich selbst zu vernichten. Süchtige mit Depressionen, die oft als Begleiterkrankungen, den sogenannten Komorbiditäten, von Sucht diagnostiziert werden, sind häufig. Auch Jugendlichen, die immer wieder zu Alkohol greifen, wird vielfach eine leichte Depression bescheinigt.

Ich selbst hatte nie das Bedürfnis zu sterben, ganz im Gegenteil. Solange ich mich erinnere, ging es mir darum, endlich das richtige Leben zu finden und mich darin einzurichten. Doch auch ich erlebte diese Seite der Sucht: Mein grundsätzlich schlechtes Lebensgefühl ließ sich durch kleinste Kränkungen jederzeit ins Bewusstsein bringen. Ich litt lange Abende an einem falschen Wort oder einem Missverständnis und war nicht in der Lage, den Gedanken daran beiseitezustellen. Dann erlebte ich mich als kalt, rigide und hart gegen mich.

Ich hatte solchen Verletzungen lange nichts entgegenzusetzen; und so stellte sich schnell die Frage: Wie lange sollte das noch so gehen? Halb beklommen, halb erschöpft war ich zu allem bereit. Heute habe ich volles Verständnis für trinkende, kotzende, kiffende Menschen. Menschen, die talentiert und sensibel sind und sich selbst zugleich in diesem Talent nicht schätzen, die die eigene Freude nur gespiegelt in den Augen anderer erleben und selbst wenig bis nichts dazu fühlen. Ich habe Verständnis für Menschen, die sich ihr Leben nehmen, weil sie genau dieses Leben in ihrer Realität nicht finden konnten. Letztlich ist auch Selbstvernichtung ein valides Angebot, das in Sucht liegt.

Gegen alles scheint ein Kraut gewachsen

Während eines zufälligen Treffens vor dem Eiscafé, in dem wir als Schüler viel Zeit verbracht hatten, diskutierte ich ausführlich mit Tutsing und Marty, zwei ehemaligen Mitschülern unser jeweiliges Suchtverhalten. Tutsing rauchte immer noch und nun schon seit vielen Jahren Cannabis, hatte aber nichts für Nikotin übrig, während Marty immer wieder zu Zauberpilzen, also psilocybinhaltigen Pilzen, griff, die ihm einen besonderen Kick gaben. Ich wiederum war schon zu Schulzeiten als harte Raucherin bekannt und zugleich völlig desinteressiert an Pilzen oder Cannabis.

Meine These war: Jede Sucht hat etwas mit einem persönlichen Defizit zu tun. Wir umkreisten diesen Ansatz und begannen, danach zu fahnden, was denn genau am jeweiligen Suchtkonsum so hilfreich war, dass wir drei – fast vierzig Jahre nach der Schulzeit – so genau im Thema waren und klar wussten, was wir wollten und was nicht. Warum hatten wir nicht alle drei das Trinken begonnen? Irgendwie mussten uns die unterschiedlichen Suchtmittel auf besondere, höchst individuelle Art und Weise triggern, sodass wir uns trotz möglicher Alternativen genau für diese und gegen andere entschieden hatten.

Marty erlebte mit den »Magic Mushrooms« stets aufs Neue die besondere Situation, dass er nicht sicher war, ob er seine Pilze gut und richtig dosierte, sodass er bei jedem Konsum eine besondere Angstspannung erlebte, die ihn total betörte. Im sonstigen Leben war er ein eher passiver Typ und ein kluger Kopf, dem die Pilze immer wieder die entgegengesetzte Erfahrung von einerseits farbigster Lebendigkeit und andererseits gefährlicher Nähe zum möglichen Wahnsinn vermittelten. Zugleich fand er sich in der Sucht losgelöst von Alltagsgedanken und konnte so große Gefühle erleben – und zwanghaftem Weiterdenken entkommen.

Tutsing hatte ein ähnliches Thema und erlöste sein klares, analytisches Denken mit Cannabis von dessen Stringenz. Er schaffte es bis zu diesem Zeitpunkt nicht, in seiner Freizeit auszusteigen aus den Gedankenketten, die ihm während der Arbeit zu oft radikaler Klarheit und guter Analyse verhalfen, zu Hause aber für dauerhafte Anspannung und innere Unruhe sorgten. Er konnte mit einem Joint ausgezeichnet von diesen Gedankenketten, aber auch den unangenehmen Emotionen seines Alltags und seiner beruflichen Realität abschalten, sich von diesen Arbeitszusammenhängen dissoziieren.

Was bescherte mir das Rauchen, damals? Ich konnte es nach wie vor aktivieren und auch anhand einiger Erinnerungen gut nachspüren, wie mich das Nikotin einerseits cool und nüchtern aus emotional anspruchsvollen Situationen herausholte: Ich war fähig, an Partys teilzunehmen, ohne die erforderlichen Gesprächsstoffe zu beherrschen. Andererseits spürte ich keinerlei Angst: Wenn ich eine Zigarette hatte, war ich eine gute Begleiterin für jeden Hasardeur.

Drei Personen, drei sehr verschiedene Bedürfnisse – kein Wunder also, dass unsere Wahl auf unterschiedliche Mittel gefallen war. Was sagen die Fachleute aus der Psychotherapie dazu? Über die letzten Jahre hat sich vor allem ein Vertreter dieser Zunft, Roland Voigtel,[9] des Suchtthemas angenommen und sehr erhellende, auch sehr fachsprachliche Bücher dazu verfasst. Voigtel kommt zu dem Schluss, dass verschiedene Wirkstoffe und Wirkstoffkombinationen bestimmte persönliche Bedürfnisse optimal erfüllen. Welche persönlichen Bedürfnisse das generell sind, habe ich im letzten Kapitel beschrieben: negatives Selbstbild, fehlende Konfliktkompetenz, Beziehungsvermeidung, Passivität und fehlender Selbstwert.

Psychiater und Psychoanalytiker gehen davon aus, dass es nicht in der Kompetenz des Süchtigen liegt, diesen Zustand zu beenden.

Diese mangelnde Reife oder Befähigung bedeuten die nicht vorhandene Möglichkeit, in einer akuten Situation etwas selbst zu produzieren, was hilft. Der Süchtige führt von außen zu, weil es nicht anders geht, weil er nicht anders kann.

Nikotin und Alkohol, ganz oben auf der Suchtskala

Nikotin scheint ein besonderes Suchtmittel zu sein, weil es eine doppelte und durchaus gegensätzliche Wirkung in sich birgt. Zum einen wurde ich durch die Zigarette auf Partys cool, ich stand souverän herum – und das möglicherweise trotz einem ganz substanziellen »Sich-fremd-Fühlen«, vielleicht sogar Fluchtgedanken, die ich bei aller Neugier bei solchen Festen früher stets gespürt hatte. Das Nikotin verschaffte mir die Illusion, dass ich dazugehöre, keine Angst habe, ganz selbstverständlich dabei war.

Gleichzeitig war ich absolut wach und besaß damit voll die Kontrolle darüber, was um mich herum geschah, aber auch die volle Wahrnehmung dessen, was in mir an (unerwünschten) Impulsen spürbar wurde. Auf gut Deutsch: Ich hatte mich ausgezeichnet im Griff. Diese doppelte Wirkung aus Beruhigung, besonders motorischer Beruhigung, und gleichzeitiger Aktivierung des zentralen Nervensystems war für mich der Hit. Meine Kombination, meine Lösung.

Ein Freund trank immer, wenn er fror und seine Zehen nicht mehr spürte, einen Grappa. Das konnte vor einem Kinofilm, aber auch direkt anschließend geschehen. Es hatte nichts damit zu tun, ob es draußen kalt oder warm war. Seine Lösung gegen kalte Füße war hochprozentig. Das scheint eine der großen Leistungen von Alkohol zu sein, der in Deutschland die Suchtdroge Nummer eins darstellt.

Alkohol folgt einem ganz eigenen Mechanismus: Er verändert negative Gefühle so, dass sie erträglich werden. Die chemische Wirkung von Alkohol ist hier die hilfreiche Größe: Er betäubt sensorische Empfinden wie Schmerz oder Kälte, wirkt muskelentspannend und schon auf körperlicher Ebene hilfreich. Zugleich ermöglicht er es, innere Konflikte oder Spannungen chemisch zu ignorieren. Erleichterung ist die Folge ebenso wie das Abschalten einer differenzierten Realitätswahrnehmung. In dessen Fortsetzung schafft Alkohol Allmachtsfantasien und die ganz großen Gefühle. Kein Wunder also, dass an Stammtischen die Welt aus den Angeln gehoben wird! Mit Alkohol jedenfalls lassen sich Heiratsanträge und Omnipotenzspiele jeder Couleur ausleben – dahinter verborgen bleiben Ohnmacht und Depression.

Zigaretten und Alkohol ergeben damit ein machtvolles Tandem, das in unserem Kulturkreis trotz der Ächtung von Nikotin immer noch gern gemeinschaftlich auftritt und weitverbreitet ist. Eine Kneipe in meiner Nähe ignoriert von Anbeginn an das Rauchverbot, jedenfalls abends ab 22 Uhr, wenn alle Raucher wie auch das Tresenpersonal hinreichend getrunken haben, um sich gegen die schnöde Einschränkung durch den Gesetzgeber aufzulehnen. Dann wird es »richtig gemütlich« – die tollen Geschichten, bier- oder weinselig, angestachelt von ein paar »Kurzen«, und die großen Bekenntnisse erhalten freie Bahn.

Es geht, wie schon angesprochen, sehr konkret nicht nur um physiologische Wirkungen, sondern vielmehr um handfeste psychische Vorteile, die der Einzelne für sich aus der jeweiligen Sucht zieht. Was also lässt sich an der Wahl des Suchtmittels für die eigenen Bedürfnisse erkennen, welche Rückschlüsse können wir ziehen auf unseren größten Mangel?

Ein erster Blick: Sucht in meinem Alltag

Gunnar und Tom, beide Söhne aus meinem Bekanntenkreis, sind vom Glücksspiel fasziniert. Gunnar spielt »*Cash Game*«, eine Poker-Variante, und lebt mit und von hohen Einsätzen. Tom hat es mit den einarmigen Banditen, von denen er gleichzeitig an dreien spielt und so seinen Münzeinsatz relativ hoch hält. Während Gunnar sich mittlerweile entschieden hat, nur noch zu pokern und mit den erzielten Erträgen sein Leben zu bestreiten – was offenbar funktioniert –, hängt Tom in einer dauernden Schuldenfalle. Er ist grundsätzlich bei allen Freunden, aber vor allem bei seinen Eltern verschuldet und kann trotzdem nicht vom Glücksspiel lassen.

Was zieht die beiden so an? Beide erklärten mir, dass sie sich schon selbst ziemlich mutig fühlen, der Pokerspieler meinte, er wäre ein kontrollierter Tollkühner. Das ist ja eine schöne Idee und sicher eine Illusion, denn die Erregungsmelange aus Angst und Lust, die beim Spielen unweigerlich frei wird, erinnert zwar an die Tollkühnheit, ist aber natürlich keine. Ziel könnte es sein, Freiheit im Rausch zu erleben und Adrenalin zu beziehen aus selbst gestalteten Testsituationen – bloß nicht von außen, nicht jenseits der eigenen Kontrolle.

Glücksspiel hilft, die ganz reale Angst nicht zu spüren, auch nicht die tatsächliche Ohnmacht gegenüber den Karten, die man ausgeteilt bekommt. Die in diesem Widerspruch erzeugte Spannung, durch gezielte Angst hervorgerufen, schießt das Adrenalin ins Blut. Doch nicht nur das Glücksspiel erregt, sondern natürlich gibt es, vom Kaffee angefangen, genügend Stoffe und Mittel, die erregen. Koffein stimuliert einerseits und fördert die Konzentration.

Mich hat lange Zeit Essen gut geerdet oder heruntergebracht: Zu viel essen führte mich unweigerlich zu Völlegefühl, Trägheit und Müdigkeit. Ich machte daraus Sicherheit, Zufriedenheit, Frieden. Statt Angst, Sorge und Einsamkeit fühlte ich mich ruhig und einverstanden mit der Welt. Auch bestimmte Lebensmittel wie Milch sedierten mich und unterstützten mich dabei, gut zu funktionieren.

Ein Junkie, den ich als Abiturientin kannte, erzählte mir damals beim Händchenhalten, dass Heroin ihm mit einem Schuss in beinahe der nächsten Sekunde die totale Befreiung von all seinen Nöten lieferte, und das mit der Wucht eines Orgasmus. Ich war schwer beeindruckt, aber auch tief erschüttert von dieser orgiastischen Vorstellung in Zusammenhang mit einer lebensvernichtenden Droge. Wie kann das ein Mensch nur jemals wieder sein lassen? Das war damals mein erster, beklemmender Gedanke.

Was die Neurologen wissen und wir jetzt auch

Alle Suchtmittel, vom Essen über chemische oder andere Drogen bis hin zu bestimmten süchtigen Verhaltensmustern wie Glücksspiel oder Sexsucht erlauben das Gleiche: Sie befreien den Süchtigen davon, Gefühle, vor allem die ganz großen, aushalten zu müssen – Zorn, Wut oder die Sehnsucht nach Liebe. Sie helfen darüber hinaus, Beziehungen zu vermeiden. Die große Liebe eines Süchtigen gilt seiner Droge, seinem Suchtmuster – dahinter stehen selbst Partner oder Familienmitglieder zurück. Zu guter Letzt überlässt sich der Süchtige seiner Droge oder seinem Verhalten; er bleibt passiv.

Dieser Ersatz ist klug gewählt und sinnvoll, denn das erforderliche Verhalten gehört nicht zum Repertoire eines Süchtigen. Sei es, dass seine innerpsychischen Muster es nicht erlauben, schwierige Gefühle aufzulösen und aufzuheben, sei es, dass er seinen Beziehungen eben nicht zutraut, ihm den erforderlichen Trost, die gewünschte Linderung eines Schmerzes zu liefern. Viele Süchtige finden sich wertlos und können, wenn sie Gefühle von Wertlosigkeit entwickeln, diese nicht kompensieren: Es gibt keine Muster, keine innerpsychischen »Operationen«, die ihnen helfen, diese Minderwertigkeit aufzufangen – beispielsweise durch positive Erfahrungen in der Vergangenheit oder Gefühle wie das, geliebt zu werden.

Süchtig machenden Substanzen[10] kommt auf jeden Fall eine besondere Rolle zu im Hirn: Sie sind bekannt dafür, dass sie, alle auf ihre Weise, auf das Belohnungszentrum zugreifen, und das manipulativ. Ob Zigaretten geraucht werden oder die Cannabis-Pfeife, ob Alkohol getrunken oder Heroin gespritzt wird – immer wird so das Lustzentrum an den Dopamin-Rezeptoren stimuliert. Das wirkt ganz massiv, nämlich etwa zehnmal mehr als durch ein leckeres Essen.

Ein besonderes Suchtmittel aus der Alltagsgruppe zum Abschluss: Schokolade! Interessanterweise gibt es einen Versuch mit Ratten,[11] die bei Schokolade alle Hemmungen fallen ließen und so viel Schokolade fraßen, dass im Verhältnis zum Körpergewicht ein Erwachsener für eine vergleichbare Wirkung 3,6 Kilogramm hätte zu sich nehmen müssen. Dabei wurde im Gehirn der Ratten ein starker Anstieg der opiumähnlichen Substanz Enkephalin nachgewiesen.

Das Belohnungszentrum und seine Hobbys

Wer jemals eine Sendung über Hundeerziehung gesehen hat, versteht schnell, dass es die Menschen sind, die gecoacht werden, nicht das Tier. Das Tier wird – ganz im Gegenteil – dazu gebracht, auf bestimmte Motivationen, bevorzugt irgendwelche »Leckerli«, zu reagieren. Vermutlich hat der Hund nicht per se das Bedürfnis nach diesen Leckereien, sondern wird darauf trainiert. Im Fernsehen ist dann immer wieder interessant, dass der zum Hund gehörende Mensch viel mehr zu lernen hat als das Tier, sich nämlich passend und stimmig zu verhalten.

Muss ich mir mein Selbstkonzept so ähnlich vorstellen? Gibt es kein Bedürfnis nach Nikotin, aber beispielsweise nach einem coolen, einem anregenden und einem definitiv weniger langweiligen Leben? Ich recherchierte und stellte fest: Offenbar ist es meinem Gehirn völlig gleichgültig, ob es nach für mich guten oder schlechten Dingen süchtig wird. Hauptsache, trainiert! Und trainiert hatte ich es offenbar sehr gut auf Zigaretten.

Mein Bedürfnis nach Nikotin dürfte an sich bei null gewesen sein. Zigaretten schmeckten mir zunächst rein gar nicht, was mich aber nicht davon abhielt, erst einmal durchzuhalten – gut gelernt von den Vorbildern um mich herum. Und dann, plötzlich, lernte ich, mit Nikotin zu leben – und verlernte irgendwann, dass ich auch ohne diese Substanz sein könnte. Als ich mitten drinsteckte in meiner Sucht, gab es nichts, was wichtiger war als der Zugang zu Zigaretten, überhaupt nichts.

Dopamin gegen einen langweiligen Alltag

Ich selbst war eine schreckliche Besserwisserin und ebenfalls genial im Rechthaben. Beides Routinen, wie man heute weiß, die durchaus Suchtcharakter entwickeln können: Ich jedenfalls wurde munter, sobald ich recht haben konnte – als Beifahrerin, beim Fernsehgucken mit anderen und auch in Gesprächen mit Freundinnen konnte ich mit einem allerletzten Satz möglicherweise ziemlich nerven.

Die Neurowissenschaften, die seit Mitte der 1990er-Jahre, seit Entdeckung der bildgebenden Verfahren, auf einem fortwährenden Sieges- und Erkenntniszug sind, fanden in unserem Gehirn eine Art Belohnungs- oder Lustzentrum. Es handelt sich dabei um einen Klumpen aus Nervenzellen, mitten und tief verborgen in unserem vorderen Hirnlappen. Dieser Klumpen wird quasi umgarnt und betört vom Botenstoff Dopamin, das seinerseits von Zellen im mittleren Hirn ausgeschickt wird. Kann das Dopamin im Belohnungszentrum andocken, steigert sich die Wahrnehmungsbereitschaft, aber auch die Reizempfindlichkeit. Bei unauffälligen, immer wiederkehrenden Routinen unseres Alltags scheint ab und zu Dopamin im Spiel zu sein. Dopamin ist nicht nur – wie etwa Serotonin – eine Art Glückshormon, sondern vielmehr ein Botenstoff, der dafür sorgt, dass sich die Bereitschaft, im Umfeld Reize wahrzunehmen, deutlich erhöht.

Routinen, die mit dieser Reizerhöhung arbeiten, sind meist relativ sinnlos. Dazu gehören neben dem gerade genannten Besserwissen und Rechthaben auch, mit sich zu hadern, sich zu sorgen oder sich zu ärgern. Das »sich« vor dem Verb weist schon darauf hin: Das Muster oder die Routine pushen nur das eigene Gehirn; für die Wirklichkeit, in der wir leben, sind sie wenig hilfreich. Wer sich um seine Kinder sorgt, die auf Klassenfahrt sind, ändert nichts an deren Abenteuern in der Ferne. Aber er ändert etwas am eigenen Reizempfinden, und so wird aus einem vielleicht eher uninteressanten Nachmittag mithilfe des Sich-Sorgens ein für äußere Reize sensibilisierter Zeitraum, in Summe vermutlich: viel weniger langweilig.

Letzter Stand der Dinge scheint, dass es einen sogenannten Dopamin-Hintergrund im Hirn gibt, dessen Spiegel schwankt, in Abhängigkeit von der zu erwartenden Belohnung – und damit zugleich in Abhängigkeit von der Intensität, mit der eine bestimmte Handlung ausgeführt wird. Weiter scheinen sich die Erkenntnisse von Mihály Csíkszentmihályi zu stabilisieren, der sich viele Jahre lang mit dem Flow-Gefühl befasst hat, vor den Neurowissenschaften. Seine Erkenntnis lautete: Die Kombination aus klaren Spielregeln, definiertem Anfang und Ende einer Situation und einer realistischen Einschätzung der Bewältigung ermöglichen am sichersten ein Flow-Gefühl – eine Dopamin-Flut, wie wir heute sagen würden. Das scheint auch neuronal so überprüfbar zu sein: Offenbar rechnet das Gehirn seine zu verteilende Dopamin-Menge systematisch hoch, um so auch lang anhaltende Dopamin-Gaben wie etwa bei einem Marathon absichern zu können.

Mir haben diese Erkenntnisse gutgetan. Aber mittlerweile bin ich hinaus über die reine Kausalbeziehung. Ursache und Wirkung erscheinen mir auch hier zu einfach – wie ebenfalls in Sachen der Neuro-Erkenntnisse.

Digital außer Kontakt gesetzt

Letztens wartete ich in Berlin-Charlottenburg auf die nächste S-Bahn, neben mir eine frisch angekommene Gruppe von aufgeregt schnatternden, gut gelaunten Junggesellenabschied-Feierwilligen. Während ich meine Augen schloss und die vom knallblauen Himmel scheinenden Sonnenstrahlen mir das Gesicht liebkosten, hörte ich mit einem Ohr den Gesprächsfetzen zu.

Zuallererst wurde eine Wetter-App befragt, wie denn das Wetter in Berlin jetzt sei, um die Frage zu beantworten: Sollte die Gruppe direkt in Tiergarten oder doch lieber Gepäck im Hotel abladen und sich dann auf diese Weise bestens entlastet aufmachen zum Treffpunkt in diesem schönen großen Park? Drei oder vier der Reisenden meldeten Wetterberichte: auch, dass es jetzt, in diesem Moment und direkt über uns regnen würde.

Ich öffnete verblüfft meine Augen und suchte den Himmel nach den erforderlichen Wolken ab – nichts zu sehen. Bevor ich wieder in meinen schönen Entspannungszustand zurückfiel, bemerkte ich allerdings, dass den Leuten die Realität und das herrliche Wetter nicht mehr geheuer waren. Es wurde mit dem Schlimmsten gerechnet, die Frage des Gepäcks erhielt eine andere Dringlichkeit; schließlich war ja sekündlich mit schlechtem Wetter zu rechnen. Natürlich nur, wenn man alle Lebenserfahrung außer Acht ließ: Denn der Himmel sagte einfach anderes.

Was also war geschehen, und was geschieht da mit den Apps zurzeit unentwegt und in allen möglichen Lebenslagen? Wir scheinen virtuellen Nachrichten aus den Smartphones direkt und ohne Widerstand ausgeliefert zu sein. Sie entwickeln eine Relevanz und eine Dringlichkeit, gegen die der übliche Alltag unserer Realität ziemlich blass aussieht. Ob es sich um junge Leute in der S-Bahn handelt oder um die große Gruppe derer, die mit Kopfhörern und Musik bewaffnet durch die Straßen wandeln: Wer mit dem Smartphone unterwegs ist, schafft sich seine eigene Welt wie eine unantastbare Blase, ist nicht ansprechbar für einfache menschliche Bedürfnisse und zudem gefeit gegen die in den Städten agierenden Bettler.

Was wäre, wenn Sucht, wenn der Verlust von Wirklichkeit, ja auch von sozialer Realität gar nicht das Problem sind? Wenn es sogar darum geht, dieser Wirklichkeit zu entfliehen, eben nicht zu sehen, nicht zu erkennen und auch nicht handeln zu müssen? Was, wenn uns die alltägliche Komplexität unserer Leben, die Zumutung des Alltags, die Schwere dessen, was vor uns liegt, es quasi erzwingen, dass wir uns weg-beamen wie früher nur Scotty bei *Enterprise*?

Smartphone, das du bist auf Erden

»Ach herrje, ich hab die Zeit verpasst!« Der Blick auf die Uhr machte klar, wie tief das Vergessen der Gegenwart war, aus den »Schnell 10 Minuten Mails checken!« war dann doch eine Stunde geworden, mit Mails, klar, aber auch mit einigem Herumwerkeln an einem Download, der nicht klappen wollte, und an einem Check-in für einen Flug, übermorgen erst, aber ich könnte das doch bei der Gelegenheit ebenfalls rasch erledigen. Das Smartphone in der Hand, und weg war ich im Sog der Möglichkeiten.

So gut wie jeder hat eines, egal wie arm Menschen sind; viele Flüchtlinge aus Syrien und anderswo fanden damit ihren Weg. Das Smartphone scheint die physische Verlängerung unserer nicht-dominanten Hand zu sein. Was es uns liefert: digitale Zugänge, sicher. Mehr noch: die Befreiung von den Zudringlichkeiten einer Welt, die wir uns so nicht gewünscht, wohl aber genau so gestaltet haben. Die Verfehlungen der Vergangenheit haben unsere Gegenwart erreicht und machen diese zu einem unwirtlichen Ort: komplex in Beziehungsfragen, anspruchsvoll in der Kommunikation mit uns selbst, erst recht mit anderen.

Arbeit ist immer noch Wettbewerb. »The winner takes it all«, rufen uns die Samwer-Brüder zu und, tja, nehmen die Milliarden, die sie in die Spitzenklasse deutscher Großverdiener katapultiert haben, ohne uns davon etwas abzugeben. Dabei dachten doch vor allem die Jüngeren, dass mit der digitalen Technik auch eine neue Form von Arbeit stattfindet: eine, die sinnvoll ist, die in Gemeinschaft abläuft, die das Beste in uns aktiviert und bei der wir gern und großzügig unsere Talente zur Verfügung stellen.

Weit gefehlt: Gerade so ist die neue Arbeit gar nicht. Im Gegenteil: Sie macht viel mehr Mühe als gedacht. Gerade die Generation Millennium, von den Eltern verhätschelt und vom Alltag geschont, steht jetzt mit schwierigsten Formen erlernter Hilflosigkeit vor dem beruflichen Leben: Was um Himmels willen ist gefordert? Wie könnte das gehen? Eine Generation, deren Eltern sich zu den Servicekräften ihrer Kinder berufen fühlten, steht jetzt mit wenig Fähigkeiten und hohen Ansprüchen vor den Toren, die die Arbeitswelt öffnen: Fabriken, Hochschulen, Handwerksbetriebe.

Die jungen Leute sollen sich zurechtfinden und tun sich schwer. Die Älteren wollen sich zurechtfinden und sind oftmals nicht »digital native« genug. Denn im gesellschaftlichen Diskurs scheint die digitale Wirklichkeit deutlich vor der sozialen Wirklichkeit zu rangieren. Vielleicht, weil sie gerade so vorzüglich dabei behilflich ist, eben dieser gefürchteten sozialen Wirklichkeit zu entkommen?

Digitale Abhängigkeiten nehmen zu

Kurz vor Weihnachten 2016: Anis Amri raste mit einem Lastwagen in den Weihnachtsmarkt am Breitscheidplatz in Berlin. Es gab viele Opfer, der Täter befand sich auf der Flucht. Wir hörten auf allen Kanälen, dass alles getan würde, um diesen Mörder zu stellen. Was ist das, fragte ich mich, dieses »alles«? Ich erwartete, dass das Internet abgestellt würde – schließlich war es das zentrale Medium, mit dessen Hilfe sich Amri voranbewegen konnte. Doch nichts geschah.

In einem Kommentar in den Tagen danach las ich genau diese Frage und war entlastet; ich kam mir schon etwas dumm vor mit meinem doch eher völlig vernünftigen Ansinnen. Doch außer diesem Kommentar keinerlei Aufruhr zum Thema, keine Proteste, keine Nachfragen. Heißt das, Internet ist in etwa so relevant für uns wie Sauerstoff? Dann handelt es sich, mit Verlaub, definitiv um Zeichen von Sucht. Schließlich will ein Süchtiger auf seine Droge nicht verzichten und ist bereit, dafür einiges zu tun. Steht also die Abschaltung eines digitalen Netzes aufgrund einer übergreifenden gesellschaftlichen Abhängigkeit nicht zur Disposition? Das liest sich schwarz auf weiß ein wenig nach Gehirnwäsche. Aber die Frage muss erlaubt sein und an dieser Stelle auch gestellt werden: Ist der Sog, der vom Bildschirm ausgeht, stärker als unser Wunsch nach Wirklichkeit?

Digitale Endgeräte gelten quasi als Fortsetzung von uns selbst – dürfen wir also deren Lebenshauch auf keinen Fall mehr stoppen oder unterbrechen? Die Zumutung des echten Lebens wird sofort deutlich. Es geht dann wieder darum, was nie hoch im Kurs stand: Erfahrungen machen, lernen, sich entwickeln, wachsen. In Kontakt gehen mit dem, wer oder was uns gerade zufällig begegnet. Diesem Zufall weichen wir aus und ersetzen ihn durch eine gewünschte Flut, vermittelt vor allem über die sozialen Medien.

Natürlich gibt es noch jene, die ohne Apps, ohne Smartphone am Leben teilhaben: ein Leben, das sich durchs digitale Wegbeamen zunehmend einschränkt. Denn was machen die, die sich eine Gesellschaft wünschen, in der man auf der Straße jemanden nach dem Weg fragen kann? Was tun jene, die sich darauf verlassen, gelegentlich und ganz zufällig jemanden zu treffen, der emotional prima als Partner passen könnte? Der öffentliche Raum wird entleert.

Ich spreche hier nicht von Rückwärtsgewandtheit, sondern ich spreche von Bedürfnissen. Ich spreche von Menschlichkeit und

Mitmenschlichkeit – statt Apps für alles und jenes. Ich spreche vom Blick in ein Gesicht statt auf einen Bildschirm. Für Menschen mit solchen Vorstellungen von Leichtigkeit, von Smartphone-freier Zone, von nicht ausgebeutetem Bedürfnis wird es immer enger in dieser Gesellschaft. Ja, es sieht fast so aus, als müssten sich die paar, die bereit sind, sich in der täglichen Wirklichkeit mit echten Menschen zu befassen, und die all die damit verbundenen Unsicherheiten finden, mangels Gesprächspartnern eine Plattform zum Kennenlernen besorgen. Die, die Fähigkeiten in Kommunikation, Umgang miteinander, Konfliktbewältigung und sozialem Austausch haben, müssen die sich jetzt dem beugen, was für die Menge funktioniert?

Nicht fühlen müssen, liken dürfen

Die Menge – das waren früher die über Massenkommunikation angesprochenen Zielgruppen, die heute aufs Schönste individuell zurechtgebastelt aus dem echten sozialen Leben ausgestiegen sind, sich in ihren Nischen mit Gleichgesinnten austauschen und sobald es ernst wird, liken statt lieben.

Ich betreibe seit einigen Jahren eine Facebook-Seite. Zunächst als »Mensch«, das heißt, man konnte sich mit mir befreunden. Das tat ich mehr oder weniger lustlos, bis ich merkte, dass meine Nichten hier präsent waren. Da wurde es etwas netter für mich: Ich »befreundete« mich mit ihnen virtuell und wusste fortan mehr von ihrem Alltag. Dazu gehörten auch Dinge, die ich lieber nicht gewusst hätte. So brachte ein Foto vom Unfall auf der Autobahn mein Tantenherz sofort außer Takt; allerdings sah ich es erst drei Tage nach dem Ereignis.

Alle anderen, die sich mit mir anfreundeten, strengten mich eher an. Meist wollten sie nichts von mir oder sich lediglich für ein Buch bedanken, andere eröffneten gleich ganze Gespräche auf diesem

Weg. Also entschied ich mich, die private Existenz nur noch für die Nichten zugänglich zu halten und für mich als Autorin eine Präsenz als »öffentliche Person« zu eröffnen. Ich ließ mir dabei helfen und begriff: Aha, interessiert mich persönlich auch nicht. Ab jetzt konnten Menschen meine Beiträge liken, aber ich stand nicht mehr als Freundin zur Verfügung.

Es gab jetzt »Follower«, was natürlich sofort die angebliche Augenhöhe des »normalen« Internets aufhebt und ein schlechtes Gefühl bereitet. Zunächst einmal mir – ich tauge nicht als Guru –, aber auch meinen »Followern« selbst. Die kamen von nun an mit ebenso merkwürdigen wie unsinnigen Anliegen auf mich zu: schrieben mir lange Mails in der Chat-Funktion über die eigenen Talente, forderten nachdrücklich kostenlose Unterstützung und Hilfe von mir oder etwa Verlagskontakte für das Buch, das sie immer schon mal schreiben wollten.

Was an der Facebook-Präsenz am meisten nervt: Ich werde unentwegt von Facebook aufgefordert, meine Seite zu bewerben. Man hält meine Zugriffszahlen für zu gering, man schlägt mir Werbesummen von kleinen 5 Euro vor, um mich endlich mal in Bewegung zu bringen. Einmal entschied ich mich: Ein Versuch sollte sein, ich investierte sogar 15 Euro. Leider konnte Facebook nur 12,50 Euro davon ausgeben; die von mir angesprochene Zielgruppe ließ sich so nicht einkreisen. Facebooks Vorschläge, wie ich mich ändern könne, damit die Werbung besser passte, klickte ich großzügig und entspannt weg.

Gut, Tausende von Zugriffen, wie von Facebook angedroht, landeten nicht auf meiner Seite, aber immerhin zwanzig. Dann verließ mich meine Energie, die ja sowieso nicht so richtig stabil stand. Denn ganz ehrlich: Wer braucht schon Menschen, die liken – außer der Wirtschaft, außer den Unternehmen, die ein Produkt bewerben, verkaufen, promoten wollen? Schließlich ist Reichweite die aktuell gültige Währung des Erfolgs. Brauchte ich Leute, die mich liken, um meine Bücher zu verkaufen? Ich traue den Likes nur begrenzt. Wenn ich mir anschaue, wer diese Likes spendiert, sind es am Ende meist Menschen, die mich damit freundlich unterstützen wollen und die wissen, was sie tun.

Sicher: Wer schaut schon noch genau hin, wenn er doch nur ein Emoticon anklicken muss. Mich interessieren andere Dinge mehr als Likes. Ich kümmere mich lieber um sozialen Austausch in der guten alten Realität. Da, wo immer noch viele unterwegs sind, die eben ganz anderes benötigen und auch beherrschen: Nähe oder Distanz, Kontakt oder Grenzsetzung, Austausch oder Schweigen. Anders gesagt, Menschen mit der Fähigkeit, mit sich selbst und anderen angemessen umzugehen. Das ist und bleibt eine komplexe Sache.

Gerade in der Vermeidung dieser Komplexität liegt eine Nähe zur Sucht: Überlasse ich mich passiv einem sozialen Netzwerk? Laufe ich einfach mit? Möglicherweise ist es nur ein Übergangsphänomen im Leben, das kurzfristig hilfreich ist und dann wieder abgelegt werden kann wie eine zu enge Hose. Möglicherweise aber liegt in der Überlassung auch das süchtige Verhalten. Entscheiden kann das nur der Einzelne selbst.

Soziale Netzwerke sind ziemlich asozial und empathiefrei

In der Bahn unterhielten sich zwei junge Männer um die sechzehn. »Ich habe übrigens mit Anna Schluss gemacht«, so der erste. »Ach!«, erwiderte der zweite, »wie denn? Per SMS oder per WhatsApp?« »Nee, ich hab sie angerufen.« »Krass!« Menschen, die im letzten Jahrhundert geboren sind, halten das für eine eher schnöde, charakterlose Art, eine Liebesbeziehung oder Freundschaft zu beenden. Ich habe noch gelernt, es sei nötig, mit möglichst viel Anstand gerade in solchen Situationen zu handeln. Gelernt, ja, aber: Ich habe es als junge Frau selbst nicht vermocht und kann gut verstehen, wenn hier »abgekürzt« wird.

Heute, in den Zeiten sozialer Medien, beginnen Freundschaften oder Liebeleien oft online – und können offenbar ebenso online enden. Allerdings hat das Konsequenzen: Die Empathie-Fähigkeit heutiger Studenten in den USA ist massiv zurückgegangen. Laut einer Studie der Universität Michigan,[12] die mehr als siebzig Teilstudien zusammenfasste, liegt der Rückgang von Empathie seit den 1970er-Jahren bei etwa 40 Prozent. Was auch immer diese Zahl uns sagen mag: Fakt ist, dass Studenten heute weniger bemüht sind, die Perspektiven anderer, auch nicht die ihrer Freunde, nachzuvollziehen. Sie sorgen sich zudem viel weniger um die, denen es schlechter geht. Als Gründe wurden unter anderem Online-Freundschaften angegeben, bei denen man einfach »nicht antworten« könne – solches Verhalten würde auf zwischenmenschlichen Kontakt übertragen. Die Studienleiterin nannte die jetzige Studentengeneration zudem »selbstzentriert, narzisstisch, wetteifernd und individualistisch«.

Wenn ich an die Entfremdungsdiskussion der 1970er- und 1980er-Jahre denke, steht vor meinen Augen der Satz: »Entfremdung bedeutet, dass Menschen Gewalt gegen andere Menschen anwenden.« Ich dachte damals an Krieg, jetzt sehe ich täglich, was Marcuse meinte.

Die Sucht, die vom digitalen Endgerät kommt

Ich lebe seit mehr als dreißig Jahren mit Computern und habe hier nur eine einzige Schwäche entwickelt, die das Computerspiel *Mission Impossible* für den Commodore 64 betraf. Das spielte ich zwar selten, aber wenn, dann nächtelang – ein temporeicher Lauf durch irritierende Räume, immer auf der Jagd nach einem Puzzleteil, das am Ende zum Lösungswort führte. Eine Runde dauerte etwa 50 bis 60 Minuten; hatte ich das Wort nicht gefunden, wurde die nächste Runde angehängt. Hatte ich es jedoch gelöst, war ich gern bereit, noch einmal dem Weg zu folgen – bis der Morgen graute.

Damit gehöre ich sicher zu den Ausnahmen. Denn ich schaue kein Fernsehen – ich habe dafür einfach keine Zeit. Das passt nicht zu meinen Hobbys, nicht zu meinen Interessen, schließlich brauche ich meine Zeit für viele andere Sachen: Ich lese, singe und schreibe Tagebuch, male, gucke Löcher in die Luft oder lasse den Tag Revue passieren. Und ruckzuck ist so ein Abend um, jedenfalls bei mir.

Das Fernsehen hat unsere Welt stark im Griff und damit eine Art der Kommunikation, die als Einbahnstraße funktioniert. Wenn wir nicht mehr wollen, können wir nur wegschalten oder gar abschalten, sonst ist wenig möglich. Alle anderen Einflussmöglichkeiten sind indirekt, langwierig und wenig wirkungsvoll; ich spreche hier von Zuschauerbriefen, Rundfunkbeiräten oder politischer Arbeit. Das Fernsehen bespielt uns – und das auch, wenn die Kids sich auf dem Smartphone über genau diese Art von TV amüsieren. Die Zuschauer der öffentlich-rechtlichen Sender sind im Schnitt sechzig Jahre alt, was heute kein Alter ist – aber die Jüngeren sind nur mit einem Auge dabei und ansonsten woanders: am Smartphone, im Internet, im Chat …

Spiel-, Handy- und Internetsucht sind gut untersucht, gehören zugleich so stark zu positiv bewerteten gesellschaftlichen Fortschrittsmustern, dass es für die Betroffenen schwierig ist, den Suchtgehalt zu erkennen. In meinem Freundeskreis gibt es zwei dominierende Muster im Alltag, mit denen Wartezeiten »totgeschlagen« werden: Die einen nutzen Spiele-Apps auch der ganz einfachen Art, die anderen sind unentwegt im sozialen Netz unterwegs, um bloß keine wichtigen Abenteuer in den sozialen Medien zu verpassen.

Die gerade neu in den Fokus rückenden Süchte, deren Anhänger »Gamer«, »Socialiser« und »Cyberporn« genannt werden, nehmen schon nach kurzer Zeit viel freie Zeit in Anspruch und lassen kaum Raum für etwas anderes im Leben. Es ist für junge wie für erfahrene Leute nicht leicht, sich darüber im Klaren zu werden: Was ist hier Sucht, was ist noch Freiheit?

Wenn das Leitbild »Funktionieren« heißt

Wann genau die Sucht beginnt, ist auch die Frage bei zwei grandiosen Wachstumsbereichen der Wirtschaft: Zum einen geht es um Sport zwischen Bootcamp und Ironman, mit dem der eigene Körper doch bitte in den Griff zu bekommen sein sollte, und zum anderen – mit gleichem Ziel – um Schönheitsoperationen und den hiermit einhergehenden Körperkult. Ob für die Schönheit oder für die Fitness: Die meisten Leute erwarten von sich, dass sie einwandfrei funktionieren.

Wir vergleichen uns manchmal mit einem Auto: Beim Essen beispielsweise geht es selten um seelische Ursache oder emotionale Gründe, sondern eher um die Frage der zweckmäßigen »Betankung«. Wer nur die richtige Menge zu sich nimmt, darf eigentlich kein Problem haben! Doch der Stoffwechsel ist sehr viel komplexer als ein Dieselmotor; ein weitgehend schlecht erforschtes System, das aber unter ebenso vielen Widersprüchen leidet wie das Autothema. Natürlich nimmt man ab, wenn man weniger isst; aber leider nicht immer gemäß der Kalorienreduktion. Unser System weiß, was gut ist für den Körper; die Wissenschaft und die Ratio wissen das oft genug nicht.

Wer sich mit Sport selbst optimiert, schraubt am eigenen Körper herum, ob bei Yoga oder schweißtreibenden Wettkämpfen. All diese Aktivitäten suggerieren, man habe seinen Körper im Griff, halte ihn bestens am Laufen – und so lässt sich der Blick auf das eigene Leben schon einmal verlieren. Hält der Sport einen fest gefangen, oder gehört Sport auf leichte Weise ins eigene Leben?

Und in Sachen Schönheit lassen wir Fachleute ran, die mit Spritzen, Silikon und unsichtbaren Fäden dafür sorgen, dass wir das gute Gefühl entwickeln: Hier wurde alles getan! Wir haben Defekte und typische Alterserscheinungen solide repariert und können auf dem Markt unseres Lebens noch einmal gute Preise erzielen – sei es unter den Fittichen eines Ehemanns mit finanziellem

Potenzial, sei es bei der Stärkung des eigenen geschwächten Selbstwerts.

Sport und Schönheit – beide haben beste Chancen, sich zur Sucht zu entwickeln. Ganz sicher handelt es sich schon heute um einen Körper- und Funktionswahn, der gesellschaftlich voll akzeptiert ist. Dabei können wir allein über unseren Körper in Kontakt zu uns kommen, lässt sich nur körperlich etwas fühlen und nur über unser Gefühlsleben eine individuell relevante und handlungsleitende Orientierung entwickeln: Was will ich wirklich? Was tut mir jetzt gut? Diese Fragen beantwortet der gesellschaftliche Diskurs nicht.

Möglicherweise hat diese Selbstoptimierung, der Wunsch nach Funktionieren damit zu tun, dass wir immer noch nicht wissen, was eigentlich mit unseren Gefühlen los ist, wozu diese gut sind, was wir mit ihnen anfangen können. Im Land der Ingenieure und Techniker ist dieses Thema einfach extra stark verpackt, verborgen, ja, tabuisiert.

Zwei Arten Denken: emotional und rational

Er war auf dem Weg von der Firma nach Hause. Freunde würden abends da sein, und er musste noch etwas zu essen besorgen; dabei ließ er sich von Billie Holiday inspirieren, laut mitzusingen. Plötzlich trat ein Reh auf die Straße, direkt vor ihm, rechts, aus der Böschung. In der gleichen Sekunde waren Billie Holiday und ihre Freunde aus seiner Wahrnehmung gelöscht; sein Zeitgefühl verlangsamte sich, die Wahrnehmungsschwelle ging insgesamt hoch. Er riss das Steuer herum – geschafft! Das war gerade noch mal gut gegangen.

An dieser Sequenz ist gut zu erkennen, was Daniel Kahneman mit *Thinking, fast and slow* meint.[13] Er räumt in diesem Weltbestseller der Wirtschaftsliteratur damit auf, dass das schnelle Denken, die

Ratio oder der nüchterne Verstand, allem anderen überlegen sind. Das Gegenteil ist der Fall: Das schnelle Denken wie im Beispiel des Rehs ist ein rein emotionales Denken und oft lebensentscheidend in Situationen, die rasche Reaktionen erfordern. Der nüchterne, rationale Verstand dagegen kann dann zwei Stunden später am Abend mit den Freunden dabei behilflich sein, die schwierige Situation zu verarbeiten. Denn der Verstand beherrscht ja gerade das: Dinge unpersönlich sehen, also nicht Sorge und Not berücksichtigend, und dazu Dinge global und zeitunabhängig betrachten, also nicht das ans Hier und Jetzt geknüpfte Leben in seiner Relevanz für das eigene Empfinden achtend.

Das heißt konkret, dass sich zwei Stunden nach einem Autounfall trefflich darüber reden lässt, was man beim nächsten Mal besser machen wird. In der Situation des Unfalls selbst aber steht nur das schnelle Denken, nämlich das emotionale System, zur Verfügung. Es hilft durch diese Unfallsituation, und mit ihm muss man nach dem Unfall zurechtkommen. Schock, Angst, Erschrecken, all das lässt sich eben nicht intellektuell bewältigen, im Gegenteil.

Die größte Schwierigkeit liegt in der überwältigenden gesellschaftlichen Dominanz des rationalen Verstands, der gesellschaftlich hoch geachtet ist, aber dem Einzelnen in der jeweiligen Situation persönlich nicht hilft. Hier sind Gefühle die einzig nützliche Option. Diese so wichtigen Gefühle, dieses emotionale, schnelle Denken ist aber leider überhaupt nicht ohne unseren Körper machbar. Gefühle lügen nicht. Doch die werden meist nicht besonders geschätzt.

Menschen folgen ihren Gefühlen? Das wäre ja mal was ganz Neues. Die wenigsten Menschen folgen ihren Gefühlen, sondern fast immer Emotionalisierungen. Die wiederum sind ein zentraler Bestandteil der Aufmerksamkeitslenkung durch die Medien, insbesondere durch Werbung. Emotionalisierungen finden ständig statt; wir erleben das sehr praktisch, wenn wir etwa beim Anblick von Cola im Fernsehen zum Kühlschrank gehen und uns dort eine

Flasche holen. Emotionalisierung heißt, beim Zuschauer, Leser oder Konsumenten einen Bedarf zu wecken. Der beschreibt die Menge, die von einem Produkt abgesetzt werden können. Wir Menschen orientieren uns aber nicht am Bedarf, sondern an Bedürfnissen. Diese gehen allerdings vollständig unter, wenn gar kein Durst mehr aufkommen kann, weil die Cola schon ausgetrunken wurde.

Bedürfnisse also erfahren wir über unsere Gefühle. Doch warum tun wir uns überhaupt so schwer mit ihnen? Weil immer wieder unterstellt wird, dass Gefühle unberechenbar sind und aus einem nüchternen Menschen eine Furie machen können? Hier kann ich sagen: Ja, das stimmt – muss aber nicht. Wer sich mit seinen Gefühlen vertraut macht, entscheidet selbst. Das Problem ist nämlich keineswegs, diesen zu folgen. Das Problem ist, wenn die Gefühle den Menschen im Griff haben und nicht der Mensch seine Gefühle. Noch schlimmer: wenn Menschen keinen Zugang zu ihren Gefühlen haben. Dann haben sie keine Orientierung, wie sie die Welt innerhalb und außerhalb von sich selbst finden.

Wer aber nur seinen Gefühlen folgt, dem fehlen die Erkenntnisse des rationalen Verstands: Der greift nicht auf Wissen zu, nicht auf wissenschaftlich erzeugte Lösungen und Erkenntnisse und nicht auf sogenannte harte Fakten. Die aber sind oft genug nur quantitativ und haben mit der Realität des einzelnen Menschen nichts zu tun. Diese subjektive, einzigartige Wirklichkeit kommt abhanden.

Auch Erfahrungen, von denen wir alle profitieren, werden nur durch Gefühle ermöglicht: Ohne emotionalen Impuls lernen wir nicht und entwickeln kein Erfahrungswissen, das uns – je älter wir werden, umso besser – hilft, uns einen Weg durch die Wirklichkeit zu bahnen. Wissenschaftliche Erkenntnis ist dafür ein Ansatz, überzeugend aber ist die eigene Erfahrung.

Nicht zu wissen, wie Gefühle funktionieren, ist ein Vierteljahrhundert nach den ersten Durchbrüchen der Neurologen und *Des-*

cartes' Irrtum schwer zu entschuldigen. Die Abwertung der individuellen Meinung, des untrüglichen Gefühls für das Falsche oder für schwierige Situationen, ist keineswegs hilfreich für die Akzeptanz der Realität. So steht es heute um unsere Gesellschaft.

Wahrheit erkennen wir typischerweise mit unserem Körper. Dieser ist in der Lage, die eigene sinnliche Wahrnehmung ins neuronale System unseres Gehirns einzuspeisen, Gefühle also auszuwerten und zugänglich zu machen. Wer seine Gefühle nicht kennt oder nicht mit ihnen in Kontakt ist, leidet vermutlich. Manchmal handelt es sich um eine Krankheit, die mit Autismus oder dem Asperger-Syndrom beschrieben wird, für die meisten dürfte es aber eher darum gehen, dass ihnen Gefühle nicht geheuer sind und die Idee des Funktionierens so leicht zugänglich ist. Autos kommen schließlich auch ohne Gefühle aus, allerdings nicht bei deren Kauf.

Wie Sport und Körperkult uns in den Griff nehmen

Beim Joggen mit dem Fitnesstrainer merke ich deutlich, wie meine mit seiner Hilfe verbesserte Technik mich schneller macht, wie mein Laufstil dynamischer wird und ich insgesamt mehr Freude an meinen Waldläufen entwickele. Ich liebe es sowieso, im Grünen eine Stunde still zu traben – jetzt wird das auch für Herz, Kreislauf und Muskulatur zu einem Vergnügen. Das Tempo erhöht sich, der Laufspaß ebenfalls, und der Stoffwechsel freut sich.

Wir beide, Trainer und ich, sind in der Zeit des Aufbautrainings immer wieder auf Kommunikationsprobleme gestoßen. Deren Ursache: Während ich meinem Körper traue und vertraue, glaubt er Zahlen und der Wissenschaft. Anders formuliert: Ich werde langsamer, sobald mir die Luft ausgeht. Er bittet mich, langsamer zu werden, wenn mein Puls ihm das signalisiert. Auf gut Deutsch: Meine Auskunft über meine Kondition reicht ihm nicht.

Ich mochte, trotz dieser Dissonanz, nicht auf Begleitung verzichten. Um ihm die Chance zu geben, die richtigen Entscheidungen zu treffen, habe ich also Laktattests gemacht, trage ich einen Pulsmesser (und er die empfangende Uhr) und richte mich nach seinen zeitlichen Vorgaben. Das führt zu lustigen Dialogen: Wenn ich nach Luft schnappe und das aktuelle Trainingsintervall beenden will, ist er einverstanden, weil mein Puls bei 135 und damit auch meine Laktatgrenze fast erreicht ist. Mein Körper wird sehr von ihm gelobt, weil er das macht, was er machen sollte.

Ich habe mit einigen Bekannten, die ebenfalls auf Trainersuche sind oder waren, darüber gesprochen und festgestellt: Viele Menschen verblüfft das überhaupt nicht, weil sie nicht dem Körper trauen, sondern nur den Zahlen. Ein riesiger Unterschied: Für mich ist und bleibt immer noch mein Körper die qualitative Einheit. Solange die Zahlen von Pulsuhr und Laktatmessung das wiedergeben, was ich auch körperlich erlebe, ist alles in Ordnung.

Die quantitative Messung sagt ja nur eines: Die qualitativen Prozesse meines Stoffwechsels, meines Körpers mit allem Drum und Dran, werden in Zahlen umgewandelt und entsprechen dort einem Normbereich. Super, Norm! Gaußsche Normalverteilung, vermutlich. Wie gut ich funktioniere, darüber sagen dem Trainer die Zahlen etwas. Mir aber sagt das mein Körper, ganz direkt und ohne jede Zahl. Ja, ich weiß, ich habe totale Freude. Ja, ich spüre das Gleichmaß, die Geschmeidigkeit, den geraden Rücken mit großem Wohlbehagen. Sollte sich hier einmal etwas anderes ergeben, ist für mich klar, wer der Chef ist: mein Körper – und auf keinen Fall der Rennmeister. Das ist nicht immer leicht auszuhalten für eben diesen Trainer, der solche Verhältnisse nicht gewohnt ist. Und für mich, die ich immer wieder für mich und meinen Körper Stellung beziehen muss, als wäre das nicht ganz selbstverständlich, nicht ganz »normal«.

Aber dieses »normal« ist oft genug gleichbedeutend mit süchtig: Man entwickle ein Trainingsprogramm nach Zahlen, dokumentiere alles am besten noch per App – und schon bin ich mittendrin im Leisten, Leisten, Leisten. Aus dem Blick gerät leicht, wo was genau wirklich guttut, was dem Wohlbefinden hilft, wenn Zahlen, Leistungserwartung und möglicherweise noch Wettbewerb die Oberhand bekommen. Was aber ist das Suchtmittel? Der Sport selbst? Diese Frage muss jeder für sich selbst beantworten. Vielleicht geht es darum, etwas zu leisten, vielleicht geht es ums Funktionieren, mit dem Ziel, alles richtig zu machen.

Extremsport hilft auch nicht beim Fühlen

Nach Norwegen schaut fast jeder Europäer gern: Hier gibt es keine Staatsverschuldung, die Menschen führen ein gutes Leben, die wenigsten haben materielle Sorgen. Selbst die Frauen sind halbwegs zufrieden, gibt es doch in den Aufsichtsräten der norwegischen Industrie die »Golden Girls«, eine Gruppe von Frauen, die quasi als feste Quote in allen Aufsichtsräten auftauchen. Was aber lernen wir in diesem Jahr von Norwegen? Dass Marathon nicht reicht, sondern bitte Ultra-Marathon zu laufen ist. Dass Hawaii ja jeder kann, weshalb ein Ultra-Marathon auf Grönland die Herausforderung stellt. Dass Winter keine Entschuldigung ist, nicht ab sofort Barbecue wöchentlich auf dem Plan zu haben und mit anderen starken Kerlen Ice-Cooking zu veranstalten. Heldentaten allerorten.

Mit Sucht verbinde ich das, weil hier offenbar eine Sehnsucht bedient und gestillt wird: Einfach nur leben, ohne Schulden, ohne Not, das scheint in unseren Breitengraden eine unfassbare Herausforderung zu sein. Stattdessen werden Extremerfahrungen gesucht, um sich zu spüren und sich lebendig zu fühlen – etwas, das möglicherweise im Alltag nicht erfahren wird. Adrenalin gehört bei Heldentaten zum üblichen Drogen-Cocktail, aber möglicherweise greift hier auch der hierzulande ständig vorangetriebene Wunsch nach »mehr«.

Es müssen deshalb neue Optionen her – sicher auch, weil die Wirtschaft mit bedarfslosen Konsumenten wenig anfangen kann. Wer sich nicht spürt, wer nicht weiß, was gut für ihn selbst ist und was nicht, wer also mit seinen Gefühlen auf Kriegsfuß steht, braucht neue Spielfelder, muss sich woanders erproben und, statt aus seiner Körperwahrnehmung Orientierung zu beziehen, seinen Körper immer wieder aufs Neue stählen, abhärten, optimieren und bloß nicht fühlen. Was zählt, ist das Ereignis, seine Bewältigung, den Körper im Griff haben.

Extremsportarten sind beliebt und passen ins Bild. Denn gerade der Körper ist offenbar zu bezwingen. Wenn ab Mitte vierzig unsere Kräfte nachzulassen beginnen und wir üblicherweise sinkende Energie mit wachsender Erfahrung kompensieren, wird so dem Alter der Stinkefinger gezeigt. Genau, geht doch, siehe Ironman! Was aber hat bitte der normale Mensch davon? Die simple Antwort: erstens Adrenalin, zweitens den Körper bezwingen. Adrenalin ist quasi ein körpereigenes Doping, das sich auch über Sport sehr gut erzeugen lässt – für all die, die im Arbeitsalltag nicht genug davon produzieren können.

Wer etwa im Privatleben oder im Beruf ruhiggestellt ist, sich dort nicht mehr lebendig einbringt, kann sich dann besonders kraftvoll und wirksam vorkommen. Dabei wäre es gerade im Alter ab Mitte vierzig hilfreich, sich der Wirklichkeit neu zu stellen und Optionen wie Mittagsschlaf oder Spaziergänge ins Repertoire aufzunehmen. Die Angebote der Schönheitschirurgie arbeiten ebenso gegen solche Erwägungen wie die der Sportstudios.

Schönheitsoperationen und Sportstudio

Eine liebe Bekannte hatte sich letzten Herbst entschieden, sich aufgrund ständiger Selbstkritik nach lebenslangem Ärger mit ihren aus ihrer Sicht zu dicken und dellenwerfenden Oberschenkeln

Fett absaugen zu lassen. Auslöser waren eine Dopplung der Zufälle: Sie hatte versucht, eine Lederhose in Größe 38 anzuziehen, was ihr nicht gelungen war. Und sie hatte in der gleichen Woche von ihrer Patentante eine Summe geerbt, die ihr genau diese OP finanzierte, ohne dass sie deswegen mit ihrem Gatten sprechen musste.

Doch als ich sie etwa vier Wochen später auf einen Kaffee besuchte, klagte sie mir ihr Leid: Erstens war die Operation unangenehmer als gedacht, sodass sie richtig leiden musste, entgegen der Ansage des Schönheitschirurgen. Zweitens taten ihr die Beine immer noch weh, waren geschwollen, und es passte gar nichts mehr aus dem üblichen Arsenal der auch Gewichtsschwankungen überstehenden Hosenpalette im Schrank. Und drittens war ihr Mann einerseits empört ob der unabgesprochenen Geldausgabe, andererseits erschrocken, ja entsetzt, weil ihr das Thema so sehr zu schaffen machte und er das offenbar massiv unterschätzt, in der gebotenen Ernsthaftigkeit rein gar nicht mitbekommen hatte. Das Ergebnis war Stress auf allen Ebenen: ein ratloser Mann, schmerzende Beine, dazu im ersten Oktoberregen Röcke auf dem Spielplatz statt Jeans, und das als Erzieherin. Vor mir saß ein Bild des Jammers. Gleichzeitig strahlte sie mich zwischendurch an und lächelte versonnen. Ich fragte nach: Ja, genau, endlich habe sie mal in sich selbst investiert! Das, so das einzige bislang positive Resümee, hätte ihr doch so richtig gutgetan.

Was sollte ich dazu sagen? Sie hätte auch ganz anders in sich selbst investieren können, in eine psychologische Stärkung, die die Oberschenkel in den Hintergrund beförderten, oder in eine Therapie, wo sie dem Problem auf den Grund ginge. Oder mit gezieltem Sport, einem Fitnesstrainer, mit Einzelstunden, nur für sich selbst. Stattdessen hatte sie sich für eine Operation entschieden – teuer, aber vermeintlich umgehend wirksam. Jetzt bin ich gespannt, wann die neuen schlanken Oberschenkel zur Wirkung kommen und ob sie halten, was sie versprochen haben – und wie lange.

Viele Menschen sind offenbar damit befasst, ihren Körper zuzurichten und ihn in individueller Weise daraufhin zu drillen, dass er bestimmte Dinge tut oder auf eine bestimmte Weise aussieht – deswegen Sportstudios, deswegen Schönheitsoperationen. Zu hören, was uns dieser Körper zu sagen hat, ist eine ziemlich unbeliebte und nahezu schon altertümliche Anforderung. Dass der Körper Auskunft gibt über das Leben, das wir haben und hatten, gehört zu einem offenbar überholten Konzept.

Falten, auch wenn sie vom Lachen kommen, sind längst nicht mehr gern gesehen. In Gesprächen lerne ich von Botox und Hyaluron, begreife, dass Schönheitsoperationen eben gerade nicht unsichtbar sein sollen – weil sonst ja kein Mensch merkt, wie viel Geld da investiert wurde. Es bleibt beim alten Spiel: Während Männer in ihre Karrieren investieren und ihre Frauen ebenfalls, allerdings meist in seine Karriere, investieren Frauen in eigener Sache zunehmend in ihr Aussehen. Kein Wunder also, dass die aufgespritzten Lippen in München etwa »Sparkassen-Lippen« heißen. Eine mehrfache Abwertung: Wer hat schon von den wirklich reichen Frauen Geld bei der Sparkasse? Diese aufgespritzten Lippen sind quasi der neue Kunstpelzmantel. Etwas mehr darf schon sein – um zu zeigen, zu welchen Investitionen Frau fähig und bereit ist. Sie und natürlich der Mann, der ihr Konto bespielt.

Das führt allerdings definitiv dazu, dass wir mit unserem Körper nicht mehr in persönlichem Kontakt sind. Er gibt uns nicht mehr Auskunft über unsere Befindlichkeit, unsere zarten Wahrnehmungen und natürlich auch die groben – er wird zum Objekt. Wir gleiten quasi aus unserem Körper heraus und schauen ihn uns an, überlegen, was wir mit ihm oder aus ihm machen können. Hier eine Unterspritzung, dort ein Silikonpölsterchen, und am Lid, da kann auch noch etwas gestrafft werden.

Der Körper ist unsere einzige Chance, etwas wahrzunehmen, etwas zu fühlen. Alles neuronale Geschehen in unserem Gehirn wird von diesen sinnlichen Körperwahrnehmungen ausgelöst. Wir brauchen den Körper, um zu spüren, um wahrzunehmen und dann in einem zweiten Schritt überhaupt erst zu wissen, wer wir sind. Wir sind nämlich genau diejenigen, die eben das spüren und nichts anderes!

Was aber passiert? Wir richten unseren Körper zu, damit er so aussieht wie die Körper aller anderen, möglichst attraktiveren Menschen. Wir stellen sicher, dass er nur noch funktioniert, wir machen aus einem lebendigen Organismus eine Maschine. Damit geschieht etwas eigentlich Unvorstellbares, sogar sehr Grausames: Wir verlassen uns und unseren Körper, um aus unserem höchst einzigartigen Körper mit all seinen Eigenarten, Spezialitäten und Besonderheiten etwas Genormtes, Alltägliches, Handelsübliches zu machen.

Aus einem einzigartigen Körper wird eine Sache. Diese Sache soll bitte gut funktionieren und möglichst lange halten, dabei gut aussehen, nicht an Form verlieren oder womöglich altern und im Wettbewerb mit anderen für gute Noten sorgen. Was wir dafür aufgeben? Ein extrem leistungsfähiges System aus sinnlichen Wahrnehmungen, eine Art Super-Hubble, mit höchst dezidierten Anweisungen für das eigene Wohlergehen, für die aktuelle Situation und für erforderliche oder gewünschte Veränderungen.

Tschüss, Körper! Diese Verdinglichung und Verobjektivierung ist im vollen Gang. Unsere Gesellschaft setzt quasi darauf. Warum will eigentlich gerade niemand so recht wissen, wie Körper, Geist und Seele zusammenspielen? Weshalb gibt es wenig Interesse für dieses höchst einzigartige Kunstwerk »eigener Körper«, weshalb steht das Funktionieren so im Fokus, im Scheinwerferlicht?

Klar, auch hier hat die Wirtschaft ein großes Interesse am menschenverachtenden Tun, denn da will offenbar ein großer Markt abgeschöpft werden. Oder besser gesagt: mehrere Märkte. Schönheitschirurgie, Sport, Nahrungsergänzungen – hier geht zurzeit richtig viel. Aber auch da, wo ganz simpel eingekauft wird.

Wenn die Sucht Shopping heißt

Ich erlebte mich immer als sehr positiv, entspannt und beglückt, wenn ich mit Geld und Kreditkarte bewaffnet in den Großstadtdschungel eintauchte. Shopping bedeutet nicht etwa, gezielt etwas einzukaufen, was ich benötigte. Nein, ganz im Gegenteil: Shoppen ist gerade der nicht zweckgebundene Einkauf. Selbstverständlich fand sich immer etwas, was mir stand oder mich schmücken könnte. Wenn ich mit mir nicht besonders zufrieden war, halfen Schuhe immer, mich besser oder zumindest gut zu fühlen und mich zu relaxen.

Mir geht es hier um die doppelte Verrücktheit bei diesem Frauen-Hobby: Ich wusste um seine Wirkungen und konnte doch während des Shoppens selbst davon total absehen. Unehrlichkeit, möchte ich das nennen, mir selbst gegenüber. Aber noch mehr: Wenn ich nicht shoppte, schüttelte ich gern moralisierend den Kopf über die Konsequenzen der Billigproduktion auch bei teuren Marken für die Menschen der Herstellerländer. Schließlich ist Shoppen volkswirtschaftlich ein ziemlicher Hammer; mittlerweile ist ja bekannt, dass etwa 40 Prozent der Kleidung nie getragen wird und auf den Müll gerät.[14] Das war mir vorher und nachher wieder wichtig und auf meinem Radar – beim Shoppen selbst ließ ich Fünfe gerade sein. Es gab quasi eine Spaltung zwischen Shoppen und Vernunft.

Was hielt mich also bei einer solch zwielichtigen Sache? Untersuchungen zeigen, dass Shoppen das Selbstwertgefühl stärkt – ein typisches Zeichen einer Sucht. Die Gründe dafür sind unterschiedlich: Menschen, die früher Mangel erlebt haben oder sich wenig leisten durften oder konnten, sind gefährdet, ihr Heil im ständigen, mehr oder weniger sinnlosen Konsum zu suchen. Das traf auf mich ganz gut zu, denn ich komme aus den bekannten einfachen Verhältnissen, als Arbeiterkind, und Kleidung war stets rationiert. Auch für alle, die Konflikte scheuen oder mit diesen nicht umzugehen wissen, scheint punktuelles Shoppen ohne klare Notwendigkeit ein gutes Mittel zu sein, um mit dieser fehlenden Konfliktfähigkeit zurechtzukommen. Da Konsum und Einkaufen gesellschaftlich akzeptiert und wirtschaftlich erwünscht sind, stehen ständig alle Ampeln auf Grün, selbst wenn das eigene Konto eigentlich Rot signalisiert.

Ich fand irgendwann einen Fragebogen für Kaufsüchtige und stellte fest: Bingo! Ich gehörte wohl ebenfalls dazu. Aber halt, nicht so ganz! Ich probierte »Entzug« und konnte es tatsächlich sofort lassen, ohne mich zu grämen oder Angst vor einem Rückfall zu bekommen. Ich war über die Lernphase dieser Sucht offenbar nicht richtig hinausgekommen. Als Shopperin war ich genau das, was Sucht erzeugt: gewissenlos. Ich hob meinen Selbstwert mit Shopping-Erlebnissen und verbesserte mein Lebensgefühl. Dabei vergaß ich alles, was ich über Kinderarbeit, Diktaturen in Afrika und sonstige Rahmenbedingungen zur Herstellung unserer Wohlstandsprodukte vorher wie nachher wusste.

Als ich mir das nüchtern anschaute, kam mir das Merkel-Wort »alternativlos« in den Sinn. War mein Shoppen alternativlos in dem Moment, da ich keinen anderen Weg wusste, um mich selbst aufzubauen, da meine angeschlagene Ich-Organisation nach einem Pflaster suchte, weil ich es nicht besser vermochte?

Fazit: Sucht ersetzt das gute Leben

Die Ursachen von Sucht sind erforscht. Relativ einhellig werden die Gründe in der Kindheit oder aber in einer Gegenwart gefunden, in der Erfahrungen von mangelnder Wertschätzung bis hin zu überbordenden Gefühlsbewegungen nicht aufgefangen wurden oder nicht möglich waren. Deshalb wird Sucht auch »eine Krankheit der Gefühle« genannt. Für die meisten Süchtigen im Genesungsprozess dürfte klar sein: Immer geht es um Gefühle und um deren Auswirkungen auf Beziehungen, auch der Beziehung zu sich selbst. Süchtige trauen lebendigen Beziehungen nicht.

Wer als Kind mit Gefühlen allein gelassen wurde, seien es die eigenen oder die der Erwachsenen, lernt, dass Beziehungen nicht zu trauen ist. Menschen verlassen Menschen, ob das der Weggang eines Elternteils für das Kind, ob das ein tödlicher Unfall für einen Erwachsenen ist, und sie lassen einen in Schmerz, Selbstanklage, größter emotionaler Not zurück. Es liegt quasi auf der Hand, dass es sehr viel einfacher und sicherer ist, eine Sache zu lieben als eine Person.

Die Lösung lautet also: Vermeidung der größtmöglichen Verletzung, Vermeidung von unsicheren, überwältigenden Gefühlen, in Summe Vermeidung von Beziehungen mit all ihren Unwägbarkeiten. Statt auf Menschen verlegen sich Süchtige auf Objekte. Das wiederum können Substanzen sein, die nach Belieben einzunehmen sind, oder Verhaltensmuster, denen man sich ausliefert – beim Glücksspiel, beim Alkohol, beim Cyberporn.

Diese Vermeidung endet in einer intimen Kombination aus Passivität und einem »Sich-einer-Sache-Überlassen«, in Sucht. Passiv, weil die Sucht nicht mehr infrage gestellt, im Gegenteil als solche lange negiert wird und jede Gegenwehr erloschen scheint. Sich überlassen, weil man sich ganz leicht hingibt, damit völlig ausliefert und so den Boden der Tatsachen verlässt. Sucht ist immer eine Flucht vor der Wirklichkeit, eine Flucht vor der Welt.

Temporäres Suchtverhalten dagegen hilft als Übergangsphänomen bei der Bewältigung von Realität, wie etwa das Glas Alkohol, das dem Jugendlichen den Mut gibt, auf eine andere interessante Person zuzugehen. Sobald die erforderliche eigene Reife da ist, wird das süchtige Verhalten überflüssig und meist leicht aufgegeben. Oft genug ist dieses Verhalten zwar schädigend für die Gesundheit, aber keine Sucht.

Auch Routinen entlasten uns ja in unserem Alltag und ermöglichen, dass wir uns während typischer Verrichtungen zwischen

Autofahren und Wäschebügeln nicht ständig entscheiden müssen, sondern unser System dem erprobten Prozess anvertrauen können. Doch sobald unser Gefühlshaushalt Alarm signalisiert, bricht die Routine ab und holt uns emotional wieder in die Gegenwart und zum Problem: Das Reh, das auf die Straße tritt, aktiviert beim Autofahrer sofort dessen gesamtes emotionales Reaktionsschema.

Sucht dagegen heißt: Wir überlassen uns einer Sache oder einem Muster, nicht etwa einem vitalen Prozess. Und Gefühle sind immer Prozesse, die in Wellen, in Kurven auftreten, bis sie verflachen und ausklingen. In der Sucht aber ist, perfide genug, eine eigene Dynamik zu erwarten, und zwar eine Abwärtsspirale, die unweigerlich dazu führt, dass im Verlauf der Sucht kein Glücksgefühl mehr mit dem Suchtmittel erreicht wird. Im Gegenteil reiht sich Enttäuschung an Enttäuschung, und die Spirale dreht sich in aller Ruhe nach unten.

Damit ist die Illusion eigentlich am Ende: Es geht uns nicht besser mit der Sucht, sondern es wird immer schlimmer. Im Zweifelsfall führt sie in den Tod – und selbst das könnte ein beim Süchtigen durchaus vorhandener Wunsch sein. Weitaus häufiger sind andere Wirkungen. Das, was Süchtige tun, ob mit Rotwein, Heroin, Sex oder Benzodiazepinen, hat seinen Preis: Die Energie, die Sucht kostet, ist stets größer als die Energie, die sie freisetzt. Zu Beginn der Abhängigkeit sah das anders aus, aber später verändert sich die Situation grundlegend – zum Nachteil des Süchtigen.

Sucht hebt den Selbstwert und schafft Schutzschilder

Beziehungen nicht trauen können, überbordenden Gefühlen ausgeliefert sein, Schuld bei sich suchen – all das kann zu einem wackeligen, geringen Selbstwert führen. Die Psychoanalytiker sprechen davon, dass die intrapsychische Ich-Organisation nicht entwickelt ist. Das heißt, es gibt keine erfolgreichen Muster für die

Bewältigung schwieriger Situationen wie Angst, Selbstwertmangel oder Zorn. All diese Themen gehören in eine Psychotherapie, welche die »Krankheit der Gefühle« aufarbeiten und die Nachreifung der Person ermöglichen hilft.

Im Alltag reicht es nicht, körperlich zu entziehen. Denn Sucht bedeutet, als Erwachsener für viele Bereiche des Lebens keine Lösungsansätze entwickeln zu können, kein Repertoire zu haben für das, was nun einmal zum menschlichen Alltag gehört: Konflikte mit Nachbarn, Freunden oder Partnern, große und überwältigende Gefühle, das Aushandeln von allem und jedem für ein gemeinsames Leben. Auch gesunde Menschen müssen nach einem Konflikt möglicherweise einen Abend lang ihre innere Ich-Organisation wieder in ein gutes Lot bringen. Auch sie sind aufgerufen, sich Erfolge und gelungenen eigenen Umgang mit ähnlichen Situationen vor Augen zu führen, sich ihre Selbstwirksamkeit in anderen Gemengelagen zu bestätigen, sich also zu sammeln und als kompetenten Menschen wiederzuerkennen. Seelische Verletzungen bedürfen genauso wie äußere Wunden eines Ordnungs- und Heilungsprozesses.

Für mich gehörte vor allem dazu, meinen Körper unter Kontrolle zu bringen und damit meine Antennen für die Welt. Als Jugendliche war alles, was ich fühlte, immer entweder positiv oder bedrohlich. Es erwies sich als vorteilhaft, nichts zu fühlen oder nur begrenzt. Das führt wie bei mir dazu, dass Süchtige sich – nüchtern wie im Rausch – vor allem mit Sentimentalität auskennen, mit verkürzten Gefühlen, die nicht im Handeln enden.

Ebenfalls wenig verwunderlich ist, dass zur Sucht Konfliktscheu gehört. Diese Konfliktscheu kannte in meinem Fall nur ich selbst, alle um mich herum hätten mich als scharfe Argumentiererin beschrieben, als hart im Konflikt, als mutig mit Problemen und Schwierigkeiten. All das kam bei mir aus dem Kopf, aus meinem Intellekt, und bezog sich nicht auf meine Wirklichkeit oder die eines anderen. Im Kopf konnte ich meinen Illusionen nachgehen und sie dort bestens verteidigen, mit allen Mitteln intellektueller Schärfe.

Einen Konflikt von verschiedenen Seiten betrachten, eigene Anteile erkennen, die Spannungen darin auflösen? Das konnte ich damals nicht. Dazu fehlte mir einerseits das Repertoire, andererseits mangelte es mir am Selbstwert – den wiederum mir jeder in meiner Jugend zweifelsfrei bescheinigt hätte. Zu Hause hielt man mich für viel zu kess, viel zu selbstsicher, viel zu stark. Das war ich nicht, aber meine Show stimmte. Heute weiß ich: Ich konnte mir mit vielen Elementen meines Suchtverhaltens meinen Selbstwert auf beliebige Größe aufblasen – eine Fähigkeit, die in unserer marketingdominierten Welt schnell positiv wirkt.

Hin- und hergerissen: Größenwahn oder Versager?

Ich hing fest zwischen dem äußeren, wehrhaften Bild einer kraftvollen klugen Frau und meiner inneren Wahrnehmung, die mich als erfolgreiche Versagerin sah. Natürlich trieb mich immer wieder die Angst um, dass andere begriffen, was ich längst wusste: Dass ich viel Wind machte, um mein Unvermögen, diese oder jene Situation zu bewältigen. Dass ich das gut kaschierte. Dass ich um Himmels willen vermeiden wollte, dass jemand dahinterkam.

Heute weiß ich: Sucht führt zu Selbstentwertung, zur inneren Abwertung der eigenen Objekte. Der Süchtige macht nichts gut, alles ist nichts Besonderes – außer in den Situationen von Sucht, in denen sich Größenwahn oder Allmacht zeigen dürfen. Dafür hatte ich in meiner Wirtschaftskarriere später durchaus Gelegenheit.

Hinter allen Masken bleibt es dabei: Wer süchtig ist, dem ist ein grundsätzlich schlechtes Lebensgefühl zu eigen, das sich durch kleinste Kränkungen jederzeit wieder ins Bewusstsein bringen lässt. Jede marginale Kränkung droht dann schnell, übermächtig zu werden. Auch ich hatte dem nichts entgegenzusetzen.

Als ganz normale Süchtige war ich angewiesen auf Mittel und Wege, um mich besser, stärker, erfolgreicher zu fühlen, als ich es tatsächlich war. Das galt auch für die Partnersuche. Hier konnte und durfte ich mich nicht auf meine Gefühle verlassen, sondern installierte eine innere Statusliste, die sicherstellen sollte, dass ich nicht »an den Falschen« geriet.

Außerdem hieß es für mich zwingend, meinen Selbstwert zu erhöhen. Dafür konnte ich auf mein gut funktionierendes Hirn zurückgreifen und da vor allem auf zwei Techniken, die immer Eindruck machten: das *Intellektualisieren* und das *Rationalisieren.* Beides ist in unserer Gesellschaft hoch geschätzt, und beides führt, wenn mit viel Verve betrieben, unweigerlich zu Anerkennung und Respekt. Leider sind beide wenig hilfreich für die Selbstwahrnehmung, für das sichere Gefühl, sich selbst zu kennen, mit sich selbst identisch zu sein.

Wenn es eng wurde mit anderen, wenn mir Menschen zu nah kamen, setzte ich darüber hinaus noch auf *exklusives Verhalten* – indem ich mich zu etwas Besonderem stilisierte. Exklusiv sein bedeutet anders sein, nicht zugehörig sein und damit auch: sich nicht an die Spielregeln halten müssen, weil man ja quasi nicht mitspielt. Damit konnte ich alle Erwartungen einer Gruppe, in der ich mich befand, jederzeit aushebeln und doch mein Gesicht wahren.

Es gibt weitere Merkmale, an denen man sich selbst und sein süchtiges Verhalten erkennen kann:

- *Unehrlichkeit,* die durch das Verstecken von fehlendem Selbstwert ebenso gestärkt wird wie durch die Priorisierung des Suchtmittels im Alltag, die unbedingt verborgen werden muss.
- *Moralisieren* kaschiert ausgezeichnet die eigene Unehrlichkeit, die Priorität von Sucht und hilft dabei, anderen vorzugaukeln, dass diese ihren Wahrnehmungen nicht trauen können.

- *Kontrollillusionen* führen dazu, andere in Schach zu halten, ihnen nicht zu trauen, sondern sie zu manipulieren und für trivial zu halten. Um Kontrolle über Menschen zu erlangen, ist es vorteilhaft, sie stark von sich abhängig zu machen.
- *Polaritäten leben* bedeutet ein Leben zwischen Schwarz und Weiß, ohne Grauwerte und erst recht ohne Farbe. Entweder ist jemand für mich, wenn nicht, dann ist er gegen mich. Polaritäten führen dazu, dass man alles auf sich bezieht und ein Bewertungssystem entwickelt, in dem der Süchtige der Mittelpunkt der Welt wird.
- *Verwahrlosung* kann äußerlich und innerlich spürbar werden. Wer immer unehrlich ist, wird zunehmend innerlich verwahrlosen. Wer nichts mehr von sich hält, dem wird man es äußerlich ansehen: Der Anzug sitzt nie, die Kleidung ist unpassend und Körperhygiene wird eher auf Druck als freiwillig betrieben.

Diese Eigenschaften beschreiben Menschen, die sich in einer Sucht befinden. Die Liste lässt an Klarheit und Deutlichkeit nichts zu wünschen übrig, und doch: Wie schwer ist es, sich daraus zu befreien! Wie weit entfernt scheint das gute Leben jenseits der Sucht zu sein!

Wie lässt es sich herausfinden aus der Sucht? Mir hat es geholfen, einen Stopp in meinem bewegten Leben einzubauen, meinen Gefühlen und Gedanken Raum zu geben und mich so gestärkt meinen inneren Bedürfnissen und Prozessen zuzuwenden. Anhaltspunkte dafür, was das heißt und wie es gehen könnte, bietet das folgende Kapitel, das stilistisch und inhaltlich mit dem Sachbuch-Stil bricht und unter dem Titel »Innehalten« drei Texte als Reflexion und Impuls anbietet.

Innehalten

Alle Welt sucht

An Walt Whitman
Von oben gesehen, sieht das ungefähr so aus:
Alle gehen um einander herum und suchen,
Fressen.
Der Bär tappt nachts durch den Wald und brummt, weil er hungrig ist – er sucht ein Bienenloch oder etwas andres zur Aufplusterung seiner Speckhülle;
der Arbeitslose wickelt mit frostzitternden Händen ein zerfetztes Zeitungspapier auseinander – vielleicht ist ein angebissenes Brot darin?
der Japaner rülpst höflich und nimmt noch ein hochwohlgebornes Schüsselchen Reis – mit den Augen sucht er das minder schöne, weil er wohlerzogen ist;
der Säugling stößt ungeduldig an der Mutter Brust.

Liebe.
Der Bankprokurist schwätzt schon zwei Stunden über Picasso und überhaupt die moderne Kunst – dabei zieht er sie mit den Augen aus;
Feldwebel greifen dem Bauernmädchen unter die Röcke;
ein Herr fragt zwinkernd den Hotelportier, wo man denn hier mal repunsieren könne;
ein Weicher sucht einen Weichen;
die harrende Lehrerin bestellt ihren inzwischen erwachsenen Schüler auf Dienstag abend;
die Tänzerin wirft während des Tanzes merkwürdige Blicke in die Loge, wo die Frau des Warenhausbesitzers geschmückt strahlt;

Hans sucht Grete;
Mätzchen, der Kanarienvogel, hüpft aufgeregt auf der Stange hin und her und schlägt mit den kleinen Flügeln, er muss mal.

Geld.
Millionen strömen morgens aus den grauen, rußigen Vorortbahnhöfen in die Stadt, ihre Schritte schlurren, eine Wolke von Menschendunst liegt auf ihnen;
Freunde verraten ihre Freunde, während sie suchen; der Rentier entfaltet die Gewinnliste;
der Bettler sucht einen, der ihm glaubt, dass er blind ist;
Spieler suchen, halbirr, einen Pump unterzubringen; der Bankier sucht fremdes Geld.

Alle suchen.
Das vom Sessel herunterrutschende Geldstück und das abstürzende Flugzeug suchen die Erde – geliebte Schwerkraft!
ein Mann sucht seinen Hund und der ihn;
meine Mama sucht ihren Schlüsselkorb;
Familien suchen eine Wohnung;
ein Verzweifelter sucht einen Grund, weshalb er auf der Welt ist.

Von oben gesehen, sieht das ungefähr so aus:
Niemand hat das, was er eigentlich braucht.
Alle Welt sucht.

(Theobald Tiger, *Die Weltbühne*, 11.8.1925)

Leben bei »Licht an«

Als ich den Schritt aus meiner Sucht wagte, war mir überhaupt nicht klar, was das für Folgen haben würde. Ich stellte mir das Leben ohne Sucht in etwa so vor wie ein Leben bei »Licht an«, dabei voraussetzend, jetzt sei das Licht halt aus.

Heute weiß ich es besser. Ich kenne nur noch zwei Menschen aus der Zeit der Sucht. Alle anderen – Familie, Freunde, Kollegen, aber auch Tätigkeitsfelder und Arbeitsumgebungen, ja, selbst Städte – habe ich verlassen, hinter mir gelassen auf meinem Weg. Ich war jahrelang einsam bis auf die Knochen, weil ich mir selbst nicht trauen konnte, in Beziehungen nüchtern zu sein und für mich zu sorgen.

Ich war einsam. Die Menschen, die ich mochte, wollte ich nicht enttäuschen – und wie eine lebendige Beziehung geht, das war gar nicht so einfach zu verstehen und dann auch noch zu tun. Es dauerte lange, bis ich verstand, was es heißt, sich jemandem zuzumuten. Wie das geht, gerade da, wo ich schwach und ängstlich und unsicher war, von mir zu sprechen und mich schutzlos und bedürftig zu zeigen.

Es war bitter, aus meiner Herkunftsfamilie herauszufinden und die Menschen, die ich am längsten, am intimsten, am besten kannte, zu verlassen. Mein Herz blutete, als ich den Kontakt zu meiner Mutter abbrach, die krank war, aber es mir nicht erlaubte, dass ich bei mir sein durfte. Damals wusste ich noch nicht, wie das geht, eine Grenze ziehen. Ich konnte nur »ganz mit« oder »ganz ohne« Familie. Und ich entschied mich für »ohne«.

Schmerz hat jeden dieser Schritte begleitet. Immerhin, ich machte Schritte, einen nach dem anderen. Jeder brachte mich heraus aus dem vertrauten Elend und katapultierte mich stattdessen auf eine Art unbewohnten Planeten. Entlastung, Erleichterung – und es blieb die Frage: Würde ich jemals Menschen treffen, mit denen ich eine Beziehung eingehen könnte und mir zugleich selbst treu bleiben? Nichts war sicher.

Nichts ist sicher, auch heute. Immerhin habe ich Menschen, mit denen ich aufrichtig bin, habe ich Freundinnen, mit denen ich meine Wahrheit, meine Sicht der Dinge teilen kann und von denen ich gehört werde, umarmt und bedacht. Ich liebe meine Nichten und darf heute ehrlich sein.

Innehalten ist ein wesentlicher Bestandteil meiner Gesundung: Immer, wenn das Machen mich in den Griff nimmt, halte ich an. Schaue in einen Baum. Auf einen Grashalm. Verfolge eine Ameise. Atme. Wiege mich. Male mit den Fingern ein kleines Bild. Summe ein Lied. Das tut mir gut, hilft sofort. Heilt.

Ich bin hier und wach und »ganztags leben« ist die einzig echte Option.

Wie ich leben will

Anschlussfähig · mit anderen · mit Raum für Rückzug · prall · in Stille · im Fluss · genau · nehmend, was kommt · wesentlich · luftig · im Grünen · mit Musik · in Kunst · jenseits der Weltformel · mich entwickelnd · in meinem Tempo wachsend · mit der vollen Erlaubnis, störrisch, langsam, zu viel zu sein · mir guttuend und andere dabei beachtend · kraftvoll · entspannt · in der ganzen Bandbreite meiner Möglichkeiten · unter Bussarden · mit Spatzen im Sandbad · mit dem Geruch von frisch geschnittenem Gras · mit dem Blick auf einen alten Baum · als Wirtschaftspoetin · in Vielfalt · mit sich verändernden Themen · unter Freunden und Freundinnen · mit Haut an meiner Haut · mit den Fragen, die mich angehen · in Respekt vor Fragen, die mich nicht angehen · mit Menschen · weiser werdend · mit dem Geruch von reifem Käse · in Freiheit und doch bezogen · mit Raum, Zeit und Welt, die ich auf meine Weise gestalte · frei von Trance · jenseits von Konsum · ohne Spektakel · mit dem Geschmack von Roter Bete · mit Essen, das meinen Hunger stillt · in Verbindung mit fliegenden Teppichen · unvernünftig · vernünftig · wild und gefährlich und leise und achtsam · mit Gefühlen jeder Art und Sorte · klug und wahrhaftig · aufrichtig mit mir und anderen · in der Natur · in der Stadt · am Kamin · neugierig · wach · ansprechbar · auf Augenhöhe mit anderen · mit dem Geheimnisvollen und Magischen in der Welt · verbunden mit allem · mit klarer Sprache, pointiert und eindeutig · mit Nachtigallen · weitergebend, was ich verstanden habe · lernend, auch noch uralt · froh und heiter · leichter werdend · gewichtig im Sein · indem das Feine führt · nehmend, was kommt · mit Farbe an den Fingern · mit dem großen inneren Ja · mein eigenes Lied singend · annehmend, was ist · beweglich · wirksam · in mir ruhend · in voller Verantwortung · gesund · Konflikte schätzend · bereit für Zufälle jeder Art · Probleme erfreut betrachtend · und vielleicht lösend · zwischen wichtig und unmöglich trennend · einen Unterschied machend · mit hoher eigener Dichte · in Komplexität, die sich mir schenkt.

Teil 2
Zerstörung der Wirklichkeit

Sie will, daß er sie will
Er will, daß sie ihn will

Damit er sie will
gibt sie vor ihn zu wollen

Damit sie ihn will
gibt er vor sie zu wollen

Jack will
daß Jill Jack will
also
sagt Jack zu Jill
Jack will Jill

Jill will
daß Jack Jill will
also
sagt Jill zu Jack
Jill will Jack

ein perfekter Vertrag

(Ronald D. Laing: *Knoten*. 1983)

Koabhängigkeit verrückt die Verhältnisse

Ein Topmanager, mit dem ich seit vielen Jahren arbeite, beschrieb seine Herkunftsfamilie einmal so: Der Vater trank, die Mutter reagierte darauf einerseits mit Vorwürfen, andererseits kaschierte sie die Folgen der Sucht – sie räumte die leeren Flaschen hinter dem Sofa weg, wenn Besuch kam, und lief ihrem volltrunkenen Mann hinterher, wenn dieser kaum bekleidet in die kalte Winternacht wankte. Sie tat gegenüber allen so, als sei mit ihm, mit der Ehe, mit der Familie alles in bester Ordnung. So handeln Koabhängige.

Die Kinder konnten beiden Eltern nicht trauen: Der Vater bog Versprechungen immer wieder um, wenn er Trinken wichtiger fand, die Mutter stand stets auf der Seite ihres Mannes und verpflichtete vielmehr die Kinder, nicht über das Thema zu sprechen und so »das Schlimmste zu verhindern«. Die waren angesichts der Streitigkeiten der Eltern oft ängstlich und voller Unruhe. Was dieses Schlimmste genau war, blieb offen.

Vermutlich ging es wie oft in ähnlichen Situationen um die Sichtbarkeit des Alkoholismus oder um die Folgen des Alkoholkonsums durch den Vater: Er sollte nicht irgendwann für alle sichtbar betrunken auf der Straße liegen – und natürlich im sozialen Gefüge des Dorfs, in dem sie lebten, nach wie vor ein respektiertes Mitglied bleiben. Schließlich bekam es auch der Familie nicht gut, wenn der Vater aus der Achtung fiel.

Koabhängigkeit trifft dabei auf Sucht wie ein Druckknopf auf seine andere Seite. Es entwickelt sich im Lauf der Zeit eine Verzahnung und Verstrickung, die zu individuellen und oft überraschenden Familienmustern führt. Das gemeinsame Verhalten einer solchen Familie ist einerseits darauf ausgerichtet, dass der Süchtige stabil als akzeptables Mitglied der Familie erhalten bleibt, und baut andererseits darauf, dass über die Sucht möglichst nicht gesprochen wird. Was nicht ansprechbar ist, existiert nicht – so lässt sich der Wunsch dahinter beschreiben.

Ein Tanz in den Abgrund: Enabler und Süchtiger

Der Begriff Koabhängigkeit entstand aus Erkenntnissen von Entzugsnachsorge bei überwiegend männlichen Alkoholikern; aufgrund der damaligen Beziehungsstandards waren die Koabhängigen entsprechend in erster Linie weiblich. Die Ehefrau des Trinkers bildet das Ursprungsparadigma mit folgenden Szenarien: War er betrunken eingeschlafen, stand sie nachts auf und prüfte, ob alle Zigaretten aus, die Aschenbecher ungefährlich waren. War er zu oft im Keller, checkte sie die Schnapsvorräte. Daraus resultierte ein typischer Teufelskreis, der beispielsweise so aussieht:

- Sie fordert, dass er die Sucht sein lassen soll.
- Er verspricht es (immer wieder).
- Sie kontrolliert ihn ab sofort und bleibt zuerst achtsam, später misstrauisch.
- Er gibt ihr daraufhin die Schuld, dass sie ihn mit ihren Vorwürfen und ihrer Kontrolle in die Sucht treibe.
- Bei ihr entwickelt sich ein Gefühl aus Schuld und Scham, aus Verzagtheit und Verzweiflung.
- Bei ihm entsteht das Gefühl der totalen Abhängigkeit von ihr, des Versagens, des Selbstmitleids.
- Diese Gefühle von Minderwertigkeit, Schuld und Scham verzahnen sich immer weiter, mit jedem Nachgeben der Sucht, mit jeder neuen Kontrolle durch den Koabhängigen.

Koabhängigkeit steht immer für Verwirrung, Verwicklung und unklare Situationen. Meist übernahmen die Ehefrauen in Zeiten, als Alkoholismus vor allem Männer betraf, die Rolle des Enablers. Der Enabler ist die Person in der Familie, die die Sucht des Süchtigen zulässt und ermöglicht. Diese Rolle übernehmen oft die Partner, sie kann aber auch bei anderen Familienmitgliedern liegen – etwa bei einem Kind, das die Spritzen reinigt und dafür sorgt, dass der Heroinsüchtige ein sauberes Besteck für den nächsten Schuss hat.

Beschränkter Lebensraum: der Elch im Wohnzimmer

»War Onkel Paul schon gestern Mittag wieder betrunken?« »Pst, er hatte doch nur ein paar Schnaps getrunken, weil er seine Kinder so vermisst, die ja nicht jedes Wochenende bei ihm sein dürfen.« So etwa lief es in meiner Familie. Die Lautstärke wurde sofort gedämpft, und wir durften, wenn überhaupt, nur im Flüsterton von der Sucht eines nahen Familienmitglieds sprechen. Uns Kindern wurde im Fall von Aufbegehren oder Widerstand das Weitersprechen verboten und angeordnet, sich »um die eigenen Belange« zu kümmern.

Da in koabhängigen Familien geschwiegen wird über das, was wirklich wichtig ist, und gesprochen wird über das, was nur am Rande relevant ist, ist es für Kinder aus Familien mit einem Süchtigen oft sehr hilfreich, sich mit einer Fachperson zu verständigen: Therapeut oder Psychiater können meist klare Unterscheidungshilfen geben und haben aus professionellem Selbstverständnis ein offenes Ohr für die Probleme anderer.[15]

Wir haben bei Kindern das doppelte Thema: Zum einen lieben sie ihre Eltern und sind auf diese angewiesen, zum anderen fehlt ihnen das sogenannte »Beziehungsohr«.[16] Deshalb können sie erst mit zunehmender Reife erkennen, dass die Krankheit des Vaters oder die Sucht der Mutter nicht von ihnen selbst verursacht ist. Zunächst geht das Kind davon aus und vermag es gar nicht anders: Ich bin schuld am Zustand des geliebten Erwachsenen. Aus diesem Dilemma kommt es anfangs nicht heraus. Das allgegenwärtige Schweigen bestärkt es in dieser falschen Grundannahme und lässt es in seiner Verunsicherung allein.

Worüber wird hier nicht gesprochen? Über die Sucht, über Scham und Schuld, über Schläge, Gewalt, über Missbrauch, über alle möglichen Störungen, die zu Hause, durch die Zwischenwände der gemeinsamen Wohnung hörbar, an Blessuren oder Brüchen sichtbar, für viele oder alle Angehörigen erlebbar sind. Im Sprachgebrauch genesender Koabhängiger wird das nicht Angesprochene »Elch im Wohnzimmer« genannt. Dieser Elch nimmt den ganzen Raum ein; die Familie muss sich mit dem begnügen, was um ihn herum übrig bleibt. Das ist nicht viel. Alle tun stets so, als sei der Elch nicht da.

Der Elch steht für eine Suchterkrankung, die in der Familie geleugnet wird und deshalb nicht ansprechbar ist. Wer zum System gehört, lebt um die Krankheit und ihre Wirkung herum, um diesen »Elch im Wohnzimmer«. Man kann etwa nicht sagen, dass man nicht schlafen konnte, weil der Vater wieder die ganze Nacht gebrüllt und getobt hat – im Gegenteil, die Kinder werden ums Wegdenken oder ums Weghören gebeten. Wer sich anders verhält, handelt illoyal und setzt sich außerhalb des gegebenen Rahmens, verletzt eine unsichtbare Grenze. So bleibt die nicht ansprechbare Wirklichkeit als unantastbares Damoklesschwert über dem derart fest betonierten Frieden hängen. Der unsichtbare Elch wird von allen »umkurvt«.

Viele Kinder aus Suchtfamilien verdrängen diese Situation komplett und widersprechen energisch auf die Frage, ob sie aus einer Trinkerfamilie stammen. Sie haben gelernt, auch vor sich selbst zu verbergen, wie es in der Familie wirklich zugegangen ist. Es trank doch »nur einer«, und das hörte doch irgendwann auf – dann wurde der Alkohol durch eine andere Sucht etwa nach Arbeit, nach Adrenalin oder Sport ersetzt. So oder ähnlich höre ich es, wenn ich mit Kunden über ihre Familien spreche, die darum ringen, ob Koabhängigkeit als Muster auch bei ihnen eine hilfreiche Diagnose wäre.

Es muss ja auch nicht unbedingt einer trinken. Einige Autoren, die zur Koabhängigkeit publizieren, hier etwa Anne Wilson Schaef,[17] sind der Meinung, es reiche, wenn einer der Elternteile emotional für die Kinder nicht zur Verfügung steht, um Koabhängigkeit im System entstehen zu lassen. Das ist der Fall, wenn beispielsweise Väter nicht anwesend sind, sei es aufgrund eines Kriegs, sei es aufgrund ihrer Arbeitsbelastung. Das gilt also für die Kriegsgenerationen, aber auch für die in Zeiten der boomenden Wirtschaft der 1970er-Jahre aufgewachsenen Kinder.

Überlebensmodus baut aufs Patriarchat

Stellen wir uns etwa einen traumatisierten Kriegsheimkehrer vor, ob 1948 aus dem Zweiten Weltkrieg oder heute aus Afghanistan ist nicht wichtig: Wie verhält sich die Familie? Sie schützt den, der psychisch lädiert zurückgekehrt ist. Und wenn das nicht reicht, nicht gut geht und beispielsweise keine therapeutische Hilfe geleistet wird, lässt sich beobachten, wie sich auch hier der Elch entwickelt – aus Sprachlosigkeit, Verletzung, Traumatisierung heraus und in dem Bemühen, absolut solidarisch mit dem Heimkehrer zu sein, ihn ohne Wenn und Aber zu bergen. Es wird nicht mehr über das gesprochen, was so schmerzt.

Viele heute Erwachsene, die in den 1950er-Jahren Kinder waren, erinnern sich zwar an vaterlose Familien und stumme Väter, sobald es um emotional anspruchsvolle Anliegen ging, aber die wenigsten wollen wahrhaben, dass ihre Herkunftsfamilie nicht die meiste Zeit aus achtsamen, zugewandten Eltern und Großeltern bestand, die im Wesentlichen fair und liebevoll mit ihnen umgingen. Im Gegenteil: Hier zieht gerade ein Muster der süchtigen Koabhängigkeit sehr gut, die Polarisierung. Dann wird entweder geschwiegen über die Sucht des Vaters, oder die Familie bricht auseinander. Entweder man macht gute Miene zum bösen Spiel, oder alle stehen auf der Straße, und das soziale Elend ergreift einen sofort. Wo Koabhängigkeit wirkt, greift dieses Entweder-oder; dort verhindert dieser Wirkmechanismus von Schwarz-Weiß-Denken jede Veränderung.

Koabhängige Familien sind innerlich erstarrt; es gibt so gar keinen Ausweg, keine Bewegung, keine Lebendigkeit. Das passt zum Bedürfnis des Süchtigen, der Beziehungen in ihrer Lebendigkeit vermeidet, sich aber stattdessen in Verbindungen einreiht und dort »zu Hause« fühlen kann. Ein zentraler Grund für dieses Heimatgefühl: Seine Sucht wird nicht thematisiert.

Tabus und Teufelskreise

»Ich kann aber doch meiner Frau nicht sagen, sie möge wiederkommen, wenn sie nüchtern ist!« Der Ehemann war sprachlos und schaute mich betroffen an. Wie ich bloß so herzlos sein könne angesichts seiner stets betrunken davonlaufenden Gattin; das wäre doch unmenschlich und total theoretisch! So jedenfalls reagierte mein Kunde, als wir das erste Mal über die langjährige Alkoholkrankheit seiner Ehefrau sprachen. Im Verlauf der nächsten Monate gingen diese Gespräche Schritt für Schritt weiter, verließen das Schwarz-Weiß-Denken und brachen damit nicht sofort ab wie zu Beginn.

Diese absolute Bereitschaft, jede noch so kleine Bewegung im halbwegs stabilen System der Familie zu verhindern, ist ein klarer Hinweis auf Koabhängigkeit. In einigen Institutionen, die mit Koabhängigen arbeiten, werden zur Verdeutlichung Familien-

Mobiles aufgehängt: Alle Mitglieder der Familie stehen mit den anderen in Beziehung; ein Gleichgewicht entsteht und wird immer wieder aufs Neue erzeugt. So jedenfalls sieht das bei gesunden Familien aus.

Gibt es jedoch in einer Familie einen Süchtigen, verändert sich dieses Gleichgewicht: Alles wird starrer, jeder engagiert sich stärker, die Leichtigkeit geht verloren – der Süchtige erhält viel mehr Gewicht, wird schwerer als die anderen Familienmitglieder, und alle sind auf diese Figur im Mobile ausgerichtet. Die Verbindungen werden fester, fixierter, stärker, die Beweglichkeit kommt abhanden. Aus dem Mobile wird eine Art Kronleuchter. Ohne Licht.

Was bedeutet das? Zunächst einmal: Die Beziehungen eines unbehandelten Süchtigen sind statisch, unlebendig und starr. Die Familie formiert sich um den Süchtigen herum, verliert an Lebendigkeit. Natürliche Veränderungen, alltägliche kleine Bewegungen werden unmöglich, filigranes Tasten und Suchen sind tabu. Die anderen Familienmitglieder suchen stets die Stabilität des Systems, den Erhalt des hoffentlich länger währenden Normalzustands.

Koabhängig handeln heißt, sich an den Interessen eines Süchtigen ausrichten. Das bedeutet, ihn in seinem Selbstwert zu stärken und seine Bedürfnisse zu erfüllen statt der eigenen. Wer koabhängig ist, orientiert sich zunehmend weniger an den eigenen Interessen und der eigenen inneren Klarheit, sondern beginnt damit, eher um die Ecke zu denken und sich wegen des anderen auf bestimmte Art zu verhalten. Aufrichtigkeit ist schwierig, weil die drohenden Folgen schon im Raum stehen. Er kann also beispielsweise nicht direkt sagen, was ihm an einer bestimmten Sache nicht gefällt – weil er sich zuvor darüber Gedanken gemacht und das Ergebnis des Gesprächs schon vorweggenommen hat. Dieses Abrücken von der Wahrheit und der eigenen Klarheit lässt sich an der folgenden Abbildung gut erkennen, die die Verstärkung des Prozesses deutlich macht:

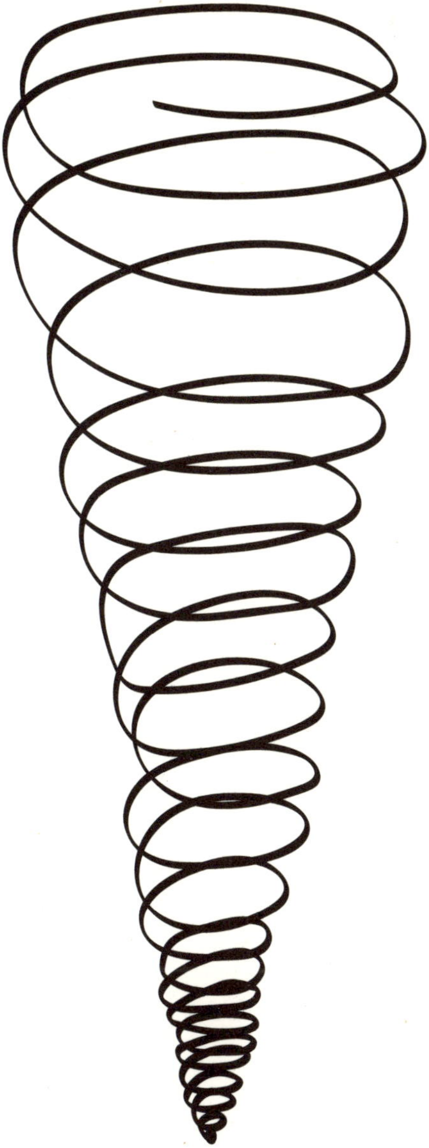

Sporadisch koabhängiges Verhalten

Die Entscheidung wird als möglich empfunden, nicht immer bewusst getroffen: »Ich mache das jetzt einmal, aber immer will ich das auch nicht.«

Gewohnheitsmäßig koabhängiges Verhalten

Die Entscheidung wird zwar als möglich empfunden, aber nicht als solche erwogen bzw. getroffen: »Ich mache das eben so, das fällt mir gar nicht mehr auf, ich denke nicht darüber nach.«

Zwanghaftes koabhängiges Verhalten

Entscheidung als unmöglich empfunden: »Ich muss das doch machen. Ich kann doch nicht anders. Ich habe doch keine Wahl.« – Es gibt keine andere Möglichkeit.

Süchtiges koabhängiges Verhalten

Entscheidung als unmöglich bzw. als existenziell bedrohlich empfunden. (Echo: »Ich bin nur durch dich!« – Es darf keine andere Möglichkeit geben.

Von sporadisch koabhängigem Verhalten zur Sucht[18]

Ein typischer Koabhängigkeitskreislauf entwickelt sich etwa wie folgt: Die Großeltern fragen den Enkel, ob ihr alkoholkranker Sohn jetzt meistens nüchtern ist. Der Enkel traut sich nicht, die Wahrheit zu sagen, und lügt – ausnahmsweise, wie er sich selbst verspricht. Beim nächsten Mal erweist es sich aber als schwieriger, die Wahrheit zu sagen, als den Süchtigen erneut zu decken. So wird aus einer sporadischen Lüge für den Vater ein gewohnheitsmäßig koabhängiges Verhalten. Denn im nächsten Schritt scheint es fast unmöglich, sich anders zu verhalten. Die Existenz der Familie, die Loyalität zum Süchtigen, der heftig kämpfende Partner – alles scheint auf dem Spiel zu stehen. Die Koabhängigkeit wird zwanghaft und ist nicht mehr so einfach abzustreifen. Hier ist ein anderes Verhalten undenkbar, im Gegenteil: Der Enkel lügt in voller Überzeugung, dass es gar nicht anders geht, oder letztlich in der Verblendung, dass das, was er sagt, tatsächlich die Wahrheit ist.

Koabhängigkeit wird so stabil, süchtig. Sie sichert auf diese Weise, dass sich die Familie stabil und normal fühlen kann; sie mindert die Wucht einer Sucht für die nicht süchtigen Familienmitglieder. Sie dient aber nicht dem eigenen Wohlgefühl oder Selbstwert, sondern erhält stattdessen die Illusion einer intakten Familie für alle Beteiligten aufrecht.

Zum Elch kommt der Frosch

»Wenn ein Koabhängiger einen Frosch küsst, was bekommt man dann? Zwei Frösche.« Dieser Spruch aus CoDA[19] wird meist von großem Gelächter begleitet und macht deutlich, hier liegt Gesundheit in der Luft. Heiterkeit und gute Stimmung finden sich nämlich definitiv nicht in koabhängigen Familien. Da erlebt man eher Sentimentalität statt Gefühl, Weinerlichkeit statt Trauer, für Witze und gute Laune ist das Leben einfach zu anstrengend – stattdessen werden Durchhalteparolen laut.

Wer über so einen Spruch lachen kann, ist also vermutlich schon an einem anderen Ort, zumindest innerlich. Das Bild selbst zeigt neben aller Heiterkeit, wie mächtig koabhängiges Verhalten zu sein scheint: Koabhängige scheinen mit traumwandlerischer Sicherheit bei der Partnerwahl gerade einen Süchtigen zu finden, den Frosch, der sich eben nicht als Prinz entzaubert, sondern stattdessen den Koabhängigen ebenfalls in einen Frosch verwandelt und ihn in die eigene Sucht hineinzieht. Der Koabhängige lässt sich ziehen.

Koabhängige binden sich bei ihrer Partnerwahl immer wieder an die falschen Menschen. Sie bevorzugen entweder Helden, Menschen, die strahlend im Licht stehen und alles können, die über ihre Gefühle nicht reden, sondern machen. Menschen, die den Eindruck vermitteln, sie hätten alles im Griff. Dieses Auftreten ist in unserer Gesellschaft gefragt und entsprechend verbreitet. Aber schon in einem ersten vertrauensvollen Gespräch lässt sich leicht herausbekommen: Ist der Mensch mir gegenüber in der Lage, über Gefühle zu sprechen? Und ist er darüber hinaus daran interessiert zu erfahren, wie ich als sein Gegenüber bestimmte Situationen gefühlsmäßig bewältige?

Alternativ fällt ihr Auge auf die stillen Typen, die irgendwo in der Ecke stehen, die quasi darauf warten, dass jemand sie ein bisschen poliert und ins Licht rückt. Die Typen, die nur »etwas Aufmerksamkeit« brauchen. Die, die nicht von sich aus aufdrehen, sondern romantisch-verklemmt reagieren oder naturtrüb-schweigsam auf sich aufmerksam machen und quasi nach Anerkennung rufen. Hier kann man jemanden umsorgen, aufpäppeln, aufbauen – seinen Selbstwert stärken eben.

Du die Gefühle, ich das Geld

In der Art und Weise, wie mit Gefühlen umgegangen wird, findet sich ein Schlüssel, der Koabhängigen nicht zur Verfügung steht: Sie bleiben beim äußeren Schein. Liegt das an den heimlichen Regeln ihrer Herkunftsfamilien, die sie von klein auf verinnerlicht haben und von denen sie oft genug nichts wissen?

Beate etwa lebt in einer konventionellen Ehe: Ihr Mann Micha ist Unternehmer mit einer gut florierenden Eventagentur. Er arbeitet viel, ist viel außer Haus. Kein Wunder, dass die Familienarbeit völlig bei ihr liegt und sie die beiden Kinder, Tochter und Sohn, wie eine Alleinerziehende aufgezogen hat. Oft genug war ihr das recht, weil der Jähzorn ihres Gatten furchtbar und sie noch lange nach einem Wutausbruch damit befasst war, die Scherben wieder aufzusammeln, die er hinterlassen hatte. Oft kam er angetrunken nach Hause; zweimal hatte er schon den teuren Wagen beim Einparken beschädigt; schlimmer war aber, dass er sie in diesem Zustand beschimpfte und sie nicht wusste, wie sie ihn davon wieder wegbringen sollte. Auch hier kam sein schwieriges Temperament, so erzählt sie, wieder zum Vorschein: Er tobte, sie weinte still vor sich hin.

Beate war völlig klar, dass ihr Mann auf keinen Fall mit Gefühlen zu belasten war. Sie ging ganz konform mit der Aufgabenteilung des alten patriarchalen Paarkonzepts: Er macht die harten Sachen und bringt das Geld heim, sie kümmert sich um die weichen Dinge und ist damit auch zuständig dafür, seinen Zorn auszuhalten. Dass jeder Mensch Gefühle hat und diese für unsere Selbstwahrnehmung und unseren Selbstausdruck erforderlich sind, wusste sie nicht.

Die Art von Gefühlen, die in einer solchen Verbindung entstehen, ähneln denen einer Impulsstörung: Der eine hat alles weggedrückt, was an Gefühlen auftauchen könnte, und nur wenn der Alkohol die Hemmschwelle aufhebt, schaffen sie sich Raum. Die andere weiß ebenfalls wenig von sich und dem, was sie tatsächlich fühlt, sondern findet im Weinen die passende Antwort auf seine Härte und Menschenverachtung. So trifft Brutalität auf Sentimentalität – viel Energie wird frei, aber die wirklich entstehenden Gefühle hat niemand auf dem Radar. Sie weint und schwächt sich damit, er tobt oder rast und bleibt der harte Hund, den unsere Gesellschaft nach wie vor toll findet: ein Macher eben. Sentimentalitäten sind »passive Überlassungen« an äußere Anlässe: Der Fußballverein hat verloren, ich steigere mich in diesen äußeren Anlass hinein und schwelge in diesem dramatischen Gefühl, erlebe Sequenzen brutaler Stimmungen, bis diese von großer Melancholie abgelöst werden.

Wenn Psychologen von Emotionen als großem Komplex sprechen, dann gehören dazu vier Prozessschritte:

- *Das Gefühl*, als Ausdruck eines körperlichen Zustands: Was fühle ich? (»Ein Ziehen im Magen«.)
- *Die Kognition*, also die sinnliche Wahrnehmung dessen. Ich merke, was ich fühle. (»Hunger? Oder Angst?«)
- *Die Bewertung*: Was heißt das für mich? (»Ich vermute, es ist ein erster Anflug von Hunger.«)
- *Die Motivation*, die in Folge auf praktische Handlungsbereitschaft setzt. (»Ich gehe zum Kühlschrank.«)

Bei Sentimentalitäten fehlt dieser letzte Impuls und verhindert so, dass aus einem Gefühl sinnvolles Handeln wird. Es bleibt beim immer folgenlosen Schwelgen. Dieses lässt sich natürlich auch positiv interpretieren: Dann geht es vor allem um romantische Gefühle, um große Leidenschaften oder um Sehnsucht nach Liebe, nach einem – vorhandenen oder erträumten – geliebten Menschen.

Die passive Seite dieses Gefühls: das Fehlen einer Handlungsmotivation. So lässt sich, oft stoisch, dann aber wieder völlig sentimental, auch eine längere Periode großer Belastungen überstehen oder gar ertragen. So lassen sich Konflikte überstehen oder ignorieren, ohne dass aktives Handeln erforderlich wird. In Sentimentalitäten und Brutalität zeigt sich eine Spirale, die Schuld und Scham entspricht, aber nicht in einen Schritt hinaus aus der Illusion »der großen Liebe« führt – hinein in ein Leben mit eigener Verantwortung.

Gesellschaftlich bestens gebahnt

Natürlich muss nicht jede Ehe in Koabhängigkeit münden, selbstverständlich gibt es partnerschaftliche Beziehungen, die auf Augenhöhe angelegt sind. Aber diese haben Seltenheitswert. Es existieren bisher nur wenige Rollenmodelle, die uns den Weg aus den traditionellen Konzepten heraus und in neue, zeitgemäße und emanzipierte Optionen hinein erleichtern. Immer noch lässt unsere soziale Wirklichkeit auf die altbewährte Bahnung schließen: das klassische Paar als Kern der Familie.

Wie stark diese soziale Bahnung ist, lässt sich mit einem Blick auf das Ende des Zweiten Weltkriegs erkennen. Währenddessen hatten Frauen vielfach die Rollen der abwesenden Männer übernommen, machten Politik, leiteten Theater und räumten noch als starke Trümmerfrauen die Städte frei. Als die Männer zurückkamen, verschwanden die Frauen nahezu geräuschlos wieder »zurück im Haushalt« – und damit im Lager der vom verdienenden Gatten abhängigen Frauen.

Ein anderes Beispiel: Viele der gleichgeschlechtlichen Verbindungen, die ich kenne, orientieren sich an der konventionellen patriarchalen Aufgabenteilung. Fast immer gibt es den einen Partner, der die Frauenrolle übernimmt, den anderen für die männlich-dominante Rolle. Oft genug ist damit die Verbindung definiert; es gibt bei aller Modernität der Beziehungsform die gleichen Vor-

und Nachteile der alten patriarchalen Verbindung: nach außen gut sichtbar und als solche identifizierbar, nach innen die alte Praxis von oben und unten. Wenig Raum für Gespräche, für Aushandeln, für den Ausdruck von Gefühlen, stattdessen die gleichen Nöte wie in der guten alten Ehe.

Aufschluss darüber, wie eben diese Ehe und andere traditionelle Beziehungsgefüge Koabhängigkeit stärken, gab Robin Norwood schon 1987 in ihrem Langzeit-Bestseller *Wenn Frauen zu sehr lieben.*[20] Sie behandelt koabhängiges Verhalten nicht suchtspezifisch, obwohl sie Phänomene der Koabhängigkeit schildert, sondern beschreibt vor allem die sozialisationsbedingten Probleme von Frauen. Damit wird sichtbar, wie sehr Koabhängigkeit Resultat gesellschaftlicher Bahnung ist: Sie gehört gleichsam zur Verpflichtung der Frau zu absoluter Loyalität in der Ehe, weil die Frau ohne Ehe wirtschaftlich untergeht.

Systeme, die auf Ungleichheit und Abhängigkeit an sich gleichwertiger Menschen orientieren, erzeugen leicht koabhängiges Verhalten. Das Patriarchat und seine symbiotischen, auf Abhängigkeit basierten Beziehungskonstrukte von der bürgerlichen Ehe bis zur Kleinfamilie scheinen zum Glück ein Auslaufmodell. Wo aber sind die neuen Modelle des Miteinanders für Frauen und für Männer?

Achtung, große Liebe!

Anders gefragt: Wie geht das, eine glückliche Familie? Was macht froh und hat womöglich Bestand? Wie sonst kann man eigene Kinder bekommen? Und ist das wirklich gut, kann ich das? So oder ähnlich lauten die Fragen um mich herum, nicht nur im Kontext von Koabhängigkeit. Liebe ist also zum einen heiß ersehnt, zum anderen aber haben Koabhängige das klare Thema: Wie kann eine Beziehung überhaupt gelingen? Was ist möglich, was ist mir möglich? Wie finde ich einen Partner, der kein Süchtiger ist? Oder einen, der sich mir nicht nur passiv überlässt, sondern der einen Beitrag zur Beziehungsgestaltung liefert?

Wir lesen weder bei Parship noch in den *Zeit*-Heiratsgesuchen die ausdrücklichen Aufrufe, es möge sich eine Süchtige finden oder ein Koabhängiger melden zur Familiengründung. Dennoch höre und lese ich immer wieder den fatalen Wunsch nach »der Liebe auf den ersten Blick« und anderen schönen Überraschungen, die wenig mit dem Phänomen Beziehung zu tun haben, aber meist sehr viel mit einem ordentlichen Mangel an Fremd- wie an Eigenliebe.

Möchte sich da jemand am liebsten »bei Licht aus« verlieben? Hört sich an wie damals, als wir Teenager im schummrigen Diskokeller bei schmusiger Musik und Klammerblues ständig unsterblich verliebt waren. Voraussetzung damals wie heute für ein schnelles Matching: die unerlässliche Kombination aus nahezu standardisiert attraktivem Aussehen des anderen und einem schon länger andauernden Liebesmangel. Es gilt die Faustregel: je größer der Mangel, desto größer die Liebe.

Dass Liebe ein Prozess ist, der durch einen gemeinsamen Weg gestaltet wird und sich immer wieder neu entfalten und entwickeln kann, ist für Menschen mit Sucht- und Koabhängigkeitsnöten schwer zu verstehen. In ihre Welt gehört die Liebe für das ganze Leben, die eben fordert, dass wir auf ewig loyal sind, die uns abhängig hält, die uns auffordert, uns niemals mehr zu ändern.

Aber auch die Liebe in den traditionellen Hierarchien: Hier haben Frauen den Hut innerhalb der Familie auf und übernehmen die Rolle der Mutter für alle, Kinder und Gatten, in Sachen Gesundheit, Ernährung, Mode, Bildung und Freunde, während die Männer sich im trauten Kreis zu Hause verwöhnen lassen. Sie sind hierarchisch übergeordnet, wenn es um die innere und äußere Sicherheit der Familie geht, also ums Materielle, Haus, Hof, Geld. Der Gegenwert dafür: Die Frau dekoriert den Mann aufs Beste.

	Frau	Mann
Nach innen	»Seine Mutter«: zuständig für Gesundheit, soziale Kontakte, Ernährung, Bildung, Mode.	»Ihr Sohn«: lässt sich versorgen.
Nach außen	»Seine Tochter«: lässt sich versorgen und dekoriert ihn aufs Schönste.	»Ihr Vater«: sorgt für materielle und persönliche Sicherheit Altersversorgung.

In dieser patriarchalen Aufteilung liegt ein klares Oben und Unten, sodass alle Beteiligten wissen, wie sie sich zu verhalten haben und was gesellschaftlich akzeptiert von ihnen erwartet wird. Ganz anders in lebendigen Beziehungen: Hier ist immer wieder auszuhandeln, wie es gerade jetzt für beide gehen kann, sodass es passend ist. Ganz schön herausfordernd – und ganz schön erwachsen!

Die heimlichen Familienregeln wirken, auch wenn man sie ignoriert

Um eine solche Freiheit zu erlangen, heißt es möglicherweise zunächst einmal, die Regeln der eigenen Herkunftsfamilie auf solch konventionelle Hierarchie zu überprüfen, aber auch weitere Regeln, die das Familiengefüge strukturieren.

Als mein Vater starb, saß ich bei der Beisetzung in der kleinen Kapelle meines Geburtsorts in der ersten Reihe neben meiner Mutter, die zum ersten Mal in meinem Leben weinte. Kein Wunder, dachte ich und drückte liebevoll ihre Hand. Nachher sprach ich ganz bewegt mit meiner Schwester über dieses Zeichen von Gefühl und Trauer – und wurde sofort und sehr scharf von meiner Mutter zurechtgewiesen: Ich hätte mich geirrt, ihr wäre eine Fliege ins Auge geflogen, basta. Ich war für einen Moment sprachlos, aber dann erinnerte ich mich daran, wie es eben bei uns zu Hause zuging.

Niemals wurden in meinem Elternhaus von irgendwem Gefühle gezeigt; das galt als übertrieben oder zeugte definitiv von Trunkenheit. Ganz im Gegenteil: Alle beherrschten sich unentwegt. Es war selbstverständlich, dass etwa ich als die älteste Tochter jetzt, zur Beerdigung, die richtigen Dinge tat – von denen ich, ehrlich gesagt, überhaupt nichts wusste. Auf der Trauerfeier, bei der gut vierhundert Menschen meinen Vater verabschiedeten, machte ich offenbar meine Sache gut; ich wurde nicht kritisiert – und natürlich nicht gelobt.

Alles in meiner Herkunftsfamilie kreiste darum, dass die richtigen Dinge getan wurden, ohne diese zu erklären oder zu lehren. Was das war, dieses Richtige, und wie es ging, musste man einfach von alleine wissen. An dieses Richtige war alles andere gekoppelt: Nur wer die richtigen Dinge tat, dem stand das Gute in der Welt zu, für den gab es Liebe, Sicherheit, Erfolg oder auch Rettung. Ich lebte seit zwanzig Jahren nicht mehr in meinem Elternhaus und kam nur zweimal im Jahr zu Besuch, entsprechend kalt erwischte mich diese rigide Regel erneut.

Zu Hause »wusste man«, wie die Dinge gehen – immer. Als ich als kleines Kind zum ersten Mal eine Kartoffel schälen durfte und diese sehr eckig geriet, war mir von da an bis zum Abitur das Kartoffelschälen verboten. Es war klar, dass ich es nicht konnte. Mein Vater seufzte, nahm mir das Kartoffelschälmesser aus der Hand und schüttelte den Kopf: Aus mir würde wohl nicht viel werden. Lernen – so etwas kannte man bei mir zu Hause nicht. Zur Beerdigung meines Vaters war ich erneut mit all dem konfrontiert: Ich hatte diese Enge, diese Rigidität unterschätzt. Mir wurde mit einem Schlag glasklar, welch menschenverachtende Regeln in meiner Herkunftsfamilie herrschten, die alle um mich herum ebenso selbstverständlich wie stillschweigend befolgten.

Passend dazu las ich damals ein Buch von Robert Subby, der sich damit befasste, wie sich Koabhängigkeit durch Erkenntnis dieser Regeln auflösen lässt.[21] Von Subby übernahm ich den Impuls, die heimischen Spielregeln möglichst genau zu benennen. Die Regeln für meinen Fall lauteten:

- Mach das Richtige! Du musst von alleine wissen, was das ist.
- Nie, niemals über Probleme sprechen!
- Auf keinen Fall Gefühle zeigen. Und auch nicht über Gefühle sprechen.
- Sei stark, perfekt und gut!
- Sei nicht albern oder kindisch!
- Mach uns keine Schande.
- Nimm dich nicht so wichtig, der andere ist wichtiger.
- Mach etwas aus dir, damit wir stolz auf dich sind.
- Tu, was ich sage – aber auf keinen Fall das, was ich tue.

Seine Idee: Koabhängige suchen sich immer wieder einen Partner, der ähnliche Spielregeln verinnerlicht hat, sodass das Leben für beide wortlos und leicht gelebt werden kann, sich quasi aus den Regeln wie von selbst ergibt. Das Erkennen eines ähnlichen, gut verinnerlichten Sets von Regeln vermittelt das Gefühl: Diesen anderen Menschen habe ich schon mein Leben lang gekannt. Sie vermitteln das Gefühl einer gemeinsamen Chemie, eines tiefen inneren Miteinanders: Da kommt der Deckel zu meinem Topf!

Natürlich passt da etwas: Regelset zu Regelset. Doch diese Regeln helfen vor allem dabei, dass jemand, der unter solchen Regeln aufwächst, keine eigene Persönlichkeit entwickelt, kein klares Selbstkonzept von sich hat, nichts von seiner Selbstwirksamkeit weiß: Wer sich nicht wichtig nehmen darf, dessen Gedanken dürfen auch nicht um die eigenen Talente, Stärken, Fähigkeiten kreisen. Der darf und muss gar nichts lernen, der verhindert und stoppt Veränderung.

Die stärksten Antriebskräfte von Lebendigkeit, nämlich Gefühle, lassen sich durch solche Spielregeln komplett ab- oder ausschalten. Gefühle stören in koabhängigen Verbindungen, sie stärken die eigene Wahrheit und schwächen damit die Partnerschaft beziehungsweise das Familiengefüge. Stattdessen tritt das immer schon Gewohnte in den Vordergrund und schafft eine Idee von Sicherheit – statt Gefühlen bleibt es bei Sentimentalitäten.

Liebe wie eine chemische Reaktion

Vor Jahren erhielt ich eine Einladung vom Inhaber einer mittelständischen Unternehmensgruppe, der auf Qualität baute und sein Team um einen Executive Coach erweitern wollte – gern auch um mich. Ich hielt dort bei einer internen Konferenz einen Vortrag, anschließend sprachen wir kurz miteinander, und ich wusste in der Sekunde: Wow, das ist er! Das muss er sein, der Mann für mein Leben! Wir redeten in der Konferenzpause weiter, dann wollte ich ein Taxi zum Flughafen ordern – er sprang sofort ein und brachte mich trotz seiner Gastgeberpflichten dorthin.

Während dieser Fahrt vertiefte sich das Gefühl, dass hier Topf auf Deckel passte. Wir sprachen über unsere privaten Situationen – er getrennt, ich alleine. Er erzählte von seiner Familie, von seiner Kirche, von seinem Alltag; ich hörte zu und war wie geflasht. Am Flughafen parkte er seinen Wagen irgendwo und bat mich, die letzte Viertelstunde noch mit ihm eine Kleinigkeit zu essen. Wir strebten ins Terminal, nahmen das erstbeste Restaurant, saßen vor billigem Fast Food auf lieblosen Tabletts und verständigten uns darauf, dass er nächste Woche zu mir käme, nach Berlin. Dass ich die Woche darauf zu ihm käme, zu seinem Geburtstag.

Ich erlebte das wie einen Orkan. Verheißung pur. Kein Kuss, nein, kein klares Wort, aber verbindliche Termine und offensichtlich auch bei ihm eine Priorisierung, die wohl mit mir zu tun haben musste. Ich flog nach Hause, in jedem Sinne auf Wolken. Ich sortierte mich, ich versuchte mit Mühe, Erdung in meine aufgewühlten Gedanken zu bekommen, die Schmetterlinge im Bauch nicht

Oberhand nehmen zu lassen. Es schien unmöglich, ich fand meine Nüchternheit nicht zurück.

Ich schrieb eine Mail, bedankte mich für das Geleit und bestätigte die Termine. Dann der Tag, an dem er kommen wollte: kein Mann, niemand. Am späten Nachmittag ein Anruf seiner Assistentin: Es wäre etwas dazwischengekommen. Ich war fix und fertig, hatte mir den Tag freigeräumt, war aufgeregt, ja, aufgelöst. Ich atmete durch, akzeptierte, fragte nach der Planung für die Folgewoche: Geburtstag noch frei. Okay. Ich buchte einen Flug, schrieb ihm eine elegante Entlastungsmail für den vertanen Tag. Am Geburtstagmorgen dann eine Mail der Assistentin: ein Kunde, eine Priorität, ein Notfall. Ich stornierte, schüttelte mich, dann buchte ich ein paar Stunden Therapie. Was war los, was hatte ich missverstanden? Wie sich mit der Zeit ergab: Ich hatte rein gar nichts missverstanden.

Ich begriff vielmehr, dass ich wie magnetisiert war von einem liebenswürdigen Mann, dessen Regelset dem meiner Familie bis auf den i-Punkt glich: Alles an seinem indirekten Reden war mir total vertraut, alles in mir hatte sofort »Yes!« gerufen – ich kannte das. So war mein Zuhause gewesen, meine Herkunft. Dem war ich zwar entwachsen, aber erst einmal fühlte ich mich wie endlich, endlich daheim.

Sprich: Ich hatte sofort und in der Sekunde wortlos akzeptiert, dass wir beide nicht über Gefühle sprachen, dass wir nicht über Probleme sprachen. Ich sah nur die große Geste, dass er sich von seiner Konferenz absentiert hatte, um mich zu chauffieren. Von da an begriff ich aber auch: Ich durfte seinen Worten nicht trauen, sollte ihnen aber mehr glauben als seinem Tun – ebenfalls ein Teil der mir ach so vertrauten Familienregeln. Ich sah, dass ich seinem Wort niemals trauen könnte. Ich begriff, dass ich es dazu noch mit jemandem zu tun hatte, der sich dieser Unverbindlichkeit, seines ebenfalls rigiden Regelsets und seiner Verhaftung in der Familie überhaupt nicht bewusst war.

Nach zwei Wochen und vier Stunden Therapie war ich fast kuriert. Zwar flashte immer wieder einmal kurz die so süße Idee von

Liebe durch meinen Körper, durch meine Gedanken, ergriff mein Herz, doch nach knapp zwei Monaten war ich auch hiervon befreit. Ich hatte »die große Liebe auf den ersten Blick« überwunden – eine Liebe, die nicht mehr und nicht weniger war als ein altes gemeinsames Regelset aus rigiden Verhältnissen. Ein Regelset, das mir das sichere und tiefe Gefühl vermittelte, meinen Soulmate getroffen zu haben, endlich angekommen zu sein.

Leider war ich dazu nicht mehr bereit und auch nicht mehr fähig: Schließlich war ich aus dem Regelset ausgestiegen und konnte jetzt nicht mehr zurück, nicht mehr dabeibleiben. Meine Vorstellungen von Beziehungen hatten sich verändert, waren freiheitlich, basierten auf Kommunikation, auf Wahrhaftigkeit. Ich dachte an Verbindlichkeit, an Augenhöhe. Mein Herz war geknickt, ich litt, ich akzeptierte: Das alte Leben wollte ich nicht zurück. Welche Wahl hatte ich? Da ich auch nicht seine Therapeutin werden wollte, hieß es also, das eigene Herz in die Hand zu nehmen und wieder aufzubrechen. Mich auf den Weg zu machen, zu Menschen, die mit Beziehung anders umzugehen vermochten.

Projektion und Verliebtsein könnten sehr gut wirken

Wer wie ich aus einer rigiden Familie kommt und ein Suchtthema hat, hält sich selbst zunächst nicht für besonders wertvoll. Und gerade dann, wenn wir uns selbst für uninteressant halten, ist das eine enorme Sensation, die größtmögliche Aufregung: sich in jemanden zu verlieben, mit dem zusammen wir in einer alchemistischen, geheimen Weise zu einem besseren, anderen, irgendwie interessanteren Menschen werden.

Verliebte sind für ihr Umfeld oft schwer zu ertragen, weil in der Beziehung und in ihrer Verliebtheit unantastbar, unbelehrbar und fern aller Realitäten. Sie verlieren sich in den besten Seiten ihres Gegenübers, glauben leidenschaftlich genau an deren Existenz,

Berechtigung und Relevanz. Sie sehen ihr Gegenüber durch eine rosarote Brille. Was geschieht dabei genau? Sie projizieren ihre eigenen besten Eigenschaften und all das, was sie sich von ihrem Partner wünschen, auf den anderen.

Und so strahlt das frische Glück. Eine geniale Chance, an sich das Beste zu erkennen und ins Leben zu bringen. Doch was geschieht? Stattdessen erwarten wir dieses Beste vom anderen – jedenfalls so lange, bis sich die Hormone wieder beruhigen und Realität in der Beziehung breitmacht: Dann ist der andere nicht so klug wie gedacht, nicht so mutig, nicht so wortgewandt, nicht so erfolgreich. Man selbst zieht sich wieder in sich zurück, ist längst nicht mehr so lässig, entspannt und großzügig wie unter der Sonne der ersten Verliebtheit. Beide trauen sich weniger, machen Abstriche, und oft genug endet die Liebe schon nach 12 bis 18 Monaten. Manche schleppen sich noch hin zu gemeinsam drei oder mehr Jahren weiter, halten vielleicht schon die Augen offen für ein neues Glück voller Liebesenergie. Sie trennen sich, wenn entweder der Mann eine Frau findet oder die Frau das Alleinsein für die bessere Lösung hält. So sind die typischen Muster unserer Gesellschaft. Etwa 39 von 100 Ehen werden in den ersten 25 Jahren geschieden.[22]

Natürlich ist dieses Muster unbefriedigend. Aber Lernen und Begreifen gehört nicht gerade zu unseren gesellschaftlichen Supersportarten. Im Gegenteil: Wir sind immer wieder gern bei »Mehr vom Falschen«, kleben am Traum, hängen an der Hoffnung. Es könnte diesmal doch wirklich die eine, die große Ausnahme sein.

Der netteste Mensch der Welt

Im Wanderurlaub lernte ich eine wirklich reizende Person kennen. Fröhlich, patent, handfest, klug – das war mein erster Eindruck. Dann unternahmen wir gemeinsam bei Regenwetter einen Ausflug in die benachbarte Stadt, wir wollten uns dort ein Bild vom Ort machen und schauen, ob das Museum geöffnet hatte.

Doch noch bevor wir irgendwas wirklich tun konnten, klingelte ihr Handy das erste Mal. Die Stellvertreterin auf ihrer Arbeitsstelle meldete sich mit gefühlt dreißig Einzelfragen, die meine Begleiterin klaglos und wirklich freundlich beantwortete. Kurze Zeit später rief ihr Exmann an, der darum bat, sie möge ihm aus dem Urlaubsort eine bestimmte Torte mitbringen, die gekühlt zu transportieren sei – weswegen sie noch für Kühlung zu sorgen habe. Sie stimmte fröhlich zu.

Das ging so weiter. Während unseres gesamten Stadtbummels hielt sie das Handy am Ohr. Am Ende fragte ich, was denn los sei. Hatte sie womöglich diesen Tag angegeben als »Beratungstag« für Freunde und Familie sowie Arbeitskollegen? Nein, sie lächelte, wenn auch mit Anstrengung: So sei ihr Leben immer. Alle würden sagen, dass sie die netteste Person auf der Welt sei, und sie bemühe sich auch sehr, das zu bleiben – aber manchmal wäre es schon ein Kreuz.

Ich war sprachlos. Wenn jemand die »netteste Person auf der Welt« sein kann, dann überhaupt nur einer, der koabhängig ist. Wie sonst lässt sich jedes eigene Bedürfnis übersehen, unentwegt für die Anliegen anderer einstehen, vielleicht sogar kämpfen, das eigene Leben vollständig für das Wohlfühlen anderer in den Ring werfen?

Mein Dilemma in der Situation: Sollte ich sie mit meiner Diagnose konfrontieren? Nein. Ich war nicht gefragt worden und auch nicht zuständig; auch wollte ich auf keinen Fall selbst in ein übergriffiges Verhaltensmuster preschen und unverlangte Lebensberatung erteilen. Also hieß es: Grenzen setzen, zu viel Vertraulichkeit stoppen und sicherstellen, dass ich einen solchen Urlaubstag nicht wiederholte.

Dafür fehlen in unserer Gesellschaft freundliche Grenzziehungen. Ich habe an dieser Stelle erfolgreich mit dem Satz gearbeitet:

»Das passt jetzt für mich nicht.« Um ihn mir zu merken, war ich gezwungen, mir diese paar Worte vorher in die Innenfläche meiner Hand zu schreiben – so fern war mir diese »Grenzziehung«.

Wünsche von den Augen ablesen – so öde!

Der Mann, den ich zum Dinner zu mir nach Hause eingeladen hatte, warb schon eine ganze Weile energisch und mit vielen reizenden Geschenken und Gesten um mich. Heute wollte ich ihn mir in meiner eigenen Wohnung anschauen und sehen, was das für mich hieß: Wie ging es mir mit ihm in meinen Räumen, beim gemeinsamen Kochen und Essen? Er war attraktiv und großzügig, ich fühlte mich durchaus geschmeichelt – doch trotz all seiner Geschenke hatte ich bislang keinen echten Draht zu ihm gefunden.

Eine halbe Stunde vor der vereinbarten Zeit bat ein Lieferdienst um Einlass und schleppte eine Kiste Rotwein sowie eine Kiste Champagner die Treppen in den vierten Stock hoch, Vorboten des erwarteten Mannes. Dann, zur rechten Zeit, klingelte es erneut, und in der geöffneten Türe erschien zunächst ein riesiger Blumenstrauß, dahinter der gut gelaunte Kandidat, todschick-leger und mit strahlendem Lächeln.

Sie ahnen es vermutlich und kennen solche Situationen: Daraus wurde nichts. Ich fühlte mich matt und leer, und das Kochen geriet zu einer Farce. Kein Wunder, denn es geht ja in Beziehungen gar nicht um Wunscherfüllung und um Konsum. Erwachsene wollen – wie Kinder übrigens auch – nicht nur fordern und nehmen. Wir wissen doch alle spätestens aus den eben gerade gar nicht romantischen Beziehungen, wie grauenhaft es ist, wenn einem ständig die Wünsche von den Augen abgelesen werden – bitte nicht!

Da behandelte mich einer wie eine Süchtige, dachte ich damals. Als wäre meine Beziehungsentscheidung an Status, an möglichst viel Geschenke gebunden! Also: beste Koabhängigkeit als Partnerwahlkonzept? Ich fühlte mich auf ein Podest gestellt. Doch Anbetung statt Nähe geht für mich gar nicht mehr, seitdem ich aus meiner Sucht ausgestiegen bin. Viele meiner Bekannten haben nicht verstanden, warum ich bloß diese gute Partie ausschlug. Kein Bedarf an Leere!

Genau das ist die Wirkung von »Wünsche-erfüllen«. Das Bedürfnis nach Zugehörigkeit, nach sozialem Miteinander oder das Bedürfnis danach, für jemand anderen bedeutsam und wichtig zu sein, wird über Nähe, Austausch, Blickkontakt, Gesten realisiert und nicht über die Erfüllung von Wünschen. Es geht sicher zunächst einmal um die Gratwanderung, die gegenseitigen Bedürfnisse zu kennen und sich darin zu unterstützen, diese zu befriedigen, aber zuvor geht es darum, sich selbst ins Spiel zu bringen.

Nur so lässt sich verhindern, dass eine Vielzahl erfüllter Wünsche zusammen nur eine schale Leere erzeugt. Ich zog den anfangs erwähnten Bewerber gar nicht weiter in Betracht. In einem nächsten Schritt führte das noch weiter, nämlich zu ziemlich viel Selbstkritik: Diese innere Leere, hatte ich die womöglich selbst ausgelöst? Der Mann wollte doch das Beste, eindeutig: Hatte ich ihn falsch informiert, war ich nicht klar genug gewesen? Woher bitte kam bei all der Fülle jetzt meine innere Leere? Als Erwachsene konnte ich das für mich klären.

Stellen wir uns eine ähnliche Situation für ein Kind vor, das mit Geschenken überschüttet wird und dennoch spürt, dass es nicht gesehen wird, dass die Mutter nicht mit ihm schwingt. Ein Kind könnte niemals der schenkenden Mutter die Schuld geben an der gefühlten inneren Leere, ganz im Gegenteil: Das Kind würde sich selbst kritisieren und die geliebte Mutter für unfehlbar halten. Die Konsequenzen? Atemberaubend. Wer alles bekommt, was er will, und sich doch nicht angenommen, geliebt, genährt fühlt, wird auf Dauer depressiv, zweifelt an sich oder am anderen. Das heißt: Wir alle, ob klein oder groß, werden von zu viel Eifer viel mehr geschwächt als gestärkt. Gut gemeint zwar, furchtbar in der Wirkung.

Tough Love: Wenn Kinder süchtig sind

Besonders hart ist Koabhängigkeit für Eltern von Drogensüchtigen. Diese Elternliebe wird in den Selbsthilfegruppen »Tough Love« genannt. Schließlich gehört es hier zur echten, weil hilfreichen und zielführenden Liebe, das süchtige Kind nicht weiter in seiner Sucht zu stützen, nicht länger den Ruf der Familie zu wahren, nicht immer wieder Geld und Energie in die Drogenexzesse des geliebten Sprösslings zu investieren.

Der Liebesdienst eines nüchternen Elternteils zeigt sich gegenüber dem Süchtigen im Nein. Hier wird der Gegensatz zur koabhängigen Beziehung besonders eklatant sichtbar, denn echte Liebe muss die Beteiligung an der Sucht verweigern, wenn sie wirksam werden will. Mit dramatischen Folgen, die Eltern erst einmal aushalten müssen, weil ohne das Geld aus der Haushaltskasse das geliebte Kind droht, in Prostitution oder Obdachlosigkeit zu fallen.

Die Eltern eines Süchtigen müssen für sich selbst sorgen und erst einmal lernen, dass sie das können: aus der Sucht des Kindes aussteigen, sich selbst in Verantwortung begeben. Das bedeutet, nicht auf die Spiele des Süchtigen einzugehen, der vielfach sowohl Mutter als auch Vater zu betören oder zu erpressen weiß. Für Gesunde offensichtlich, für Koabhängige nur schwer zu begreifen ist, dass die Koabhängigkeit für den Süchtigen fatale Wirkungen hat: Sie rettet die Sucht, aber der Mensch geht verloren.

Er bleibt in seiner Sucht stecken, ja, er wird vom Koabhängigen darin sogar stabilisiert, weil er sich trotz Sucht sozial akzeptabel verhält und so der Druck von außen zur Veränderung ausbleibt oder nicht ausreicht. Damit hilft Koabhängigkeit nur bei der Aufrechterhaltung der gegenwärtigen unzumutbaren Lage. Weder der Enabler einer Sucht noch die anderen Koabhängigen haben sich ihre Rolle ausgesucht; keiner von ihnen hat den Finger gehoben, als dieses suchtstabilisierende Muster verteilt wurde. Im Gegenteil: Die einen rutschen ins Muster hinein, die anderen werden hineingeboren. Meine Erfahrung als Coach zeigt allerdings auch, dass es für Menschen eine sofortige Erleichterung bedeutet, wenn ihre eigene unspezifische Erfahrung endlich einen Namen bekommt.

Hilfe oder Koabhängigkeit – zum Verwechseln ähnlich

Dass Koabhängige krank sein sollen, diese Idee stoße »in der Suchtkrankenhilfe auf sehr viel Widerstand«, schreibt Monika Rennert, profunde Kennerin der Suchtszene.[23] Einerseits kommt der Begriff der Koabhängigkeit gerade aus ihren eigenen Kreisen, andererseits erleben viele Betroffene die Zuschreibung als Abwertung und Pathologisierung. Selbst die professionellen Helfer sind nicht glücklich – weil der Begriff nicht aus der Wissenschaft stammt?

Vielleicht, weil Helfen und Koabhängigkeit sehr nah beieinanderliegen, geradezu Geschwister zu sein scheinen? In beiden Fällen geht es um die Bedürfnisse eines Zweiten, in beiden Fällen hat dieser Zweite Vorrang vor dem Helfenden selbst. Was macht das mit dem eigenen Selbstverständnis und der Selbstreflexion der eigenen Arbeit, wenn ganz nah an den gut und zielführend gemeinten Absichten etwas lauert, was diesem Hilfreichen ähnlich zu sein scheint, aber eine Verstrickung und völlige Unfreiheit bedeutet? Oder auch, weil selbst das Helfen zur Sucht werden kann?

Wolfgang Schmidbauer, Paar- und Familientherapeut mit großer publizistischer Wirksamkeit, hat sich des Themas in seinem Buch *Hilflose Helfer*[24] angenommen. Er beschreibt aus seiner Erfahrung, dass solche Helfer unter Menschen mit schwachem Selbstwertgefühl zu finden sind. Sie sind auf ihre Helferrolle fixiert, wollen gebraucht werden und gewinnen aus diesem Gebrauchtwerden ihren Selbstwert – mit dem bedeutenden Nachteil, davon abhängig zu werden.

Schmidbauer bezeichnet diese Abhängigkeit als eine Sucht: Die Hilfsbereitschaft überschätzt ihre eigenen Grenzen und schreckt in dieser Grenzenlosigkeit vor Vernachlässigung der eigenen Familie nicht zurück. Ob die angebotene Hilfe überhaupt erwünscht ist, will der süchtige Helfer nicht wissen, auch will er den Ruhm allein davontragen und schlägt Kooperation und Unterstützung in den Wind. Wo aber liegt der Unterschied zur Koabhängigkeit?

Die feinen Unterschiede

Mir stellte sich nach kurzer Zeit in der Therapie genau diese Frage. Was war ich denn nun eigentlich: eine Süchtige, die Nikotin missbraucht und nicht in Lage ist, den eigenen Nikotingebrauch zu kontrollieren? Oder doch eher eine Koabhängige, die aus einer rigiden und impulsgestörten, also einer im letzten Jahrhundert völlig normalen Familie stammend eben dieses Chaos vor sich selbst zu verbergen gelernt hat? Was war relevanter für mich und meine Genesung?

Meine Erkenntnis benötigte einige Jahre, in denen ich mich durch die gesamte Koabhängigkeitsliteratur arbeitete, sowie etliche Sitzungen bei Anonymen Gruppen. Meine Zusammenfassung: Auch Koabhängige nutzen Suchtmittel, aber aus anderen Gründen – um sich beispielsweise von ihrem durchaus schwierigen, oft herausfordernden Gefühlsleben abzulenken. Aber die Ursache, um Substanzen oder Verhaltensmuster süchtig zu gebrauchen, liegt in der Gegenwart. Für Kinder heißt das: Ja, es ist leicht, mit einer dysfunktionalen Herkunftsfamilie später in die Sucht zu fallen.

Für die Qualität meiner eigenen weiteren Behandlung, für vorhandene Konzepte und Analysen war die Frage nach dem kleinen Unterschied zwischen Sucht und Koabhängigkeit durchaus spannend, weil er schon in der Aufarbeitung einen großen Unterschied macht. So wird Sucht wissenschaftlich erforscht und der Weg aus der Sucht vom Gesundheitssystem finanziert. Koabhängigkeit dagegen ist ein vorrangig populärwissenschaftlich bearbeitetes Phänomen, das in der Behandlung Süchtiger nur nachrangig mit ergänzenden Beratungs- oder Heilangeboten integriert wird.

Ein Grund dafür liegt sicher darin, dass es bei Koabhängigkeit nicht nur um eine Person geht, sondern um das gesamte System, also die Familie. Hier gilt es, dem Einzelnen zu helfen und für die Therapeuten zugleich sicherzustellen, dass sie nicht selbst in die Verstrickung hineingezogen werden. Eine hoch komplexe und ziemlich aufwendige Sache, die über eine lange Zeit realisiert werden muss.

Ich jedenfalls erkannte mich als süchtig. Um es noch einmal deutlich zu sagen: Der Süchtige liebt eine Sache, er überantwortet sich dieser Sache, die in seiner tiefen inneren Überzeugung definitiv zuverlässiger ist, als es Menschen je sein können. Er überlässt sich also dieser Sache ganz und ist in diesem Sich-Überlassen völlig passiv, wenn auch bei der Beschaffung des Suchtmittels durchaus sehr aktiv.

So geht es auch den süchtigen Helfern: Sie interessieren sich nicht für den Menschen und seine Krankheit, dem sie helfen wollen, oder nur insofern, als er ihnen das gesuchte Mittel zur Selbstwerterhöhung und Selbstbildverbesserung liefert. Sie sind aktiv, indem sie sicherstellen, dass es immer einen Hilfsbedürftigen gibt, und passiv, indem sie sich um die Veränderungen dieses Hilfsbedürfnisses nicht mehr kümmern. Anders formuliert: Sie sind so damit beschäftigt, ihre eigene Hilfeleistung zu liefern, dass sie sich nicht um die wirklichen Fragen dessen kümmern können, dem sie da helfen.

Einer der wenigen Wissenschaftler, die sich mit dem Thema Koabhängigkeit befassen, ist der amerikanische Forscher Timmen Cermak. Er geht davon aus, dass zur Koabhängigkeit bestimmte Persönlichkeitsmerkmale gehören, und definiert fünf Kriterien, die uns erkennen lassen, ob wir selbst oder andere um uns herum betroffen sein könnten:[25]

- Koabhängige investieren übermäßige Energie in die Bemühungen anderer, um deren eigenen Selbstwert zu erhöhen oder zu verbessern.
- Übernehmen für Bedürfnisse anderer die Verantwortung.
- Spüren Angst oder fühlen sich unklar hinsichtlich der eigenen Grenzen und dem, was sie wirklich gut finden und brauchen, wenn es um Vertraulichkeit mit oder Grenzziehungen zu anderen geht.
- Sind verwickelt in Beziehungen mit einer oder mehreren Personen, die an folgenden Krankheiten leiden: Persönlichkeitsstörung, Sucht, Koabhängigkeit oder gestörter Impulskontrolle.
- Haben drei der folgenden Symptome bei sich selbst erlebt: Angstgefühle, emotionale Einschränkungen, Depression, Zwangsneurose, Drogenmissbrauch, erhöhte Wachheit, exzessive Verleugnung von Realität, stressbedingte psychische Störungen sowie eine mindestens zweijährige enge Beziehung mit einem Süchtigen.

Das bedeutet, dass Koabhängigkeit nicht nur auftritt in Beziehungen mit Süchtigen, sondern auch eine Abhängigkeit darstellt, die in engen Beziehungen mit anderen Koabhängigen, Menschen mit einer gestörten Impulskontrolle (etwa Jähzorn und Wutausbrüchen) oder Menschen mit einer Persönlichkeitsstörung (etwa Narzissmus) leben. Zu den meisten Süchtigen gesellt sich also ein Koabhängiger, aber nicht jeder Koabhängige geht eine Verbindung mit einem Süchtigen ein.

Wie genau Sucht und Koabhängigkeit ineinandergreifen

Zwischen Süchtigem und Koabhängigen herrscht eine Verstrickung, die sich auf viele Ebenen auswirkt. Im »Normalzustand« übernimmt der Koabhängige alle Beziehungsarbeit, und der Süchtige lässt das gern geschehen. Das gilt für das Kennenlernen, also zu Beginn einer möglichen Beziehung, aber auch im Verlauf einer gefestigten Beziehung, die möglicherweise zur Familie wird. Oft sieht das Verhalten von Süchtigem und Koabhängigen so oder ähnlich aus:

Süchtige	Koabhängige
• Vermeiden Beziehungen und suchen stattdessen starre Verbindungen.	• Suchen unbewusst jemanden, der die gleichen oder ähnlich rigide Spielregeln wie er selbst beherrscht.
• Verfügen im Kommunikationsrepertoire nur über wenige Techniken, zum Beispiel die Anbahnung und den ersten Flirt.	• Übernehmen die weiteren Schritte, etwa den Übergang vom Flirt zur Verabredung oder den Vollzug nach langem Werben.
• Hierarchie klärt die Rollenverteilung: Eine süchtige Frau nutzt die traditionellen Frauenmuster, ein Mann wird zum Ersten in der neuen Hierarchie.	• Erkennen die Hierarchie ohne jeden Zweifel an und realisieren diese.
• Die eingegangene Verbindung muss die Aufwertung des eigenen Selbst sichern (Status, Schönheit, Geld).	• Unterstützen den anderen bedingungslos bei der Aufwertung seines Selbstwerts.
• Sind in der Verbindung passiv, überlassen sich dem Partner und verhalten sich reaktiv.	• Sind zu Hause aktiv und übernehmen die Beziehungsarbeit und -gestaltung.

• Schützen sich mit Rationalisieren, Moralisieren, Intellektualisieren, Exklusivität etc. vor der Realität.	• Bemerken, achten und bewahren diese süchtigen Methoden als klug und hilfreich, ritualisieren diese.
• Kennen bei Suchtdruck nur noch nachgeordnete Prioritäten, kein Einlenken und keine Verständigung.	• Um den Süchtigen zu erreichen, kommt es zu starken, oft aggressiven Ausbrüchen (Handgreiflichkeiten, Zorn, große Konflikte), die den Teufelskreis aus Scham und Schuld verstärken.
• Leugnen Konflikte.	• Weichen Konflikten aus und spielen sie herunter oder betrachten die Konflikte des Partners als ihre eigenen.

In diesem typischen Zusammenspiel lassen sich die Unterschiede zwischen beiden Phänomenen sehr gut erkennen. Ich möchte diese Beziehungsdynamik noch erweitern mit den Erfahrungen von Suchttherapeuten.

Orientierung in einer unklaren Welt

Ich selbst habe viel von Anne Wilson Schaef gelernt, die als eine der ersten feministischen Psychoanalytikerinnen weltweit das Thema Sucht und Koabhängigkeit vorantrieb – und zwar als ein Thema, das durch gesellschaftliche Ungleichheit und durch die patriarchalen Strukturen befeuert wird. Sie hat sich ebenfalls mit Sucht befasst und Prozessgruppen initiiert, in denen ein gesunder Umgang mit sich und seiner Sucht oder Koabhängigkeit erprobt werden konnte.

Schaef geht in ihrer Kriterienauswahl koabhängiger Merkmale deutlich über andere Suchttherapeuten hinaus. Gerade deshalb habe ich ihre Liste als besonders hilfreich erfahren. Sie gab mir Orientierung in einer eher verschwommenen, mir als Süchtiger unklaren Welt, deren gesellschaftliche Grundstrukturen koabhängig und auf Sucht geradezu zugeschnitten zu sein schienen: Hierarchien in Schulen und Kirchen, Tabus in Familien und Alltag, die davon abhalten, wahrhaftig zu sein oder die Wahrheit sagen zu dürfen, patriarchale Ungleichheit zwischen Männern und Frauen, in allen Lebensbereichen. Wo war es sinnvoll, achtsam zu sein? Wo durfte ich mir selbst möglichst nicht auf den Leim gehen?

Da ich wie viele Koabhängige als Süchtige auch ein Thema damit hatte, Grenzen zwischen mir und anderen zu ziehen, begann ich zunächst mit den Schaefschen Kriterien für meine eigene Genesung und überprüfte mein alltägliches Verhalten auf folgende Punkte:

- *Außenorientierung:* Definiere ich mich über erstens andere Menschen oder zweitens Dinge, zum Beispiel Statussymbole?
- *Der eigenen Wahrnehmung nicht trauen können:* Hatte ich eine eigene Vorstellung von dem, was um mich herum in einer bestimmten Situation geschah, oder schloss ich mich der Mehrheit an, weil ich nicht wusste, was mir das sagte oder bedeutete?
- *Extreme Fürsorge bis zur Unentbehrlichkeit:* Kümmerte ich mich um jemanden oder nahm ihm Dinge ab, die er selbst gut konnte? Hielt ich andere in ihrer (erlernten) Hilflosigkeit?
- *Fehlende Abgrenzung:* Übernahm ich das Problem eines anderen als meines und versuchte ich, es an seiner Stelle zu lösen?
- *Kontrolle oder Retten:* Statt beispielsweise Kinder oder mit mir in Bezug stehende Menschen in ihrer Entwicklung zu bestärken und zu fördern – war es meine Absicht, sie zu kontrollieren? Versuchte ich, mit Kontrolle andere an ihrer Sucht zu hindern? War ich immer dabei, andere zu retten?

- *Nicht im Kontakt sein mit den eigenen Gefühlen:* War ich im Kontakt mit meinem Körper? Konnte ich meine Empfindungen wahrnehmen und einordnen?
- *Selbstbezogenheit:* Bezog ich, was um mich herum geschah, grundsätzlich auf mich?
- *Verlust der eigenen inneren Moral:* Traute ich meinen inneren Antennen? Konnte ich fühlen, ob jemand log?

Für mich zielen diese Kriterien von Schaef auf die eigene innere Wahrheit und Klarheit. Die steht oft nicht besonders hoch im Kurs. Denn viele unserer Freizeitangebote, jede Werbung, der allgegenwärtige Konsum mit seinem Markenhype und seinen Statuskäufen versuchen konstant und durch 24-Stunden-Beschallung, uns von eben dieser inneren Wahrheit abzubringen.

Sicher wünschen wir uns das nicht in der Schule: Auch hier sind Lehrer immer noch damit befasst, Lernerfolge von Schülern zu kontrollieren oder die richtige Antwort wichtiger zu finden als die individuelle Antwort eines Schülers; es werden immer noch Fächer unterrichtet und keine Schüler. Kirchen und Religionsgemeinschaften beanspruchen für sich, Moral zu kennen, und verleiten uns dazu, unserer eigenen Moral zu misstrauen, unsere eigenen Impulse zu ignorieren und uns an den Kriterien anderer auszurichten.

Unsere Gesellschaft, geprägt von Arbeitsteilung und vollständig durchzogen von deren Folgen, von inneren Rangordnungen, von Hierarchien, von patriarchalen Strukturen, hat sich zwar aufgemacht, Ungleichheit abzuschaffen, aber dieses Abschaffen bezieht sich meines Erachtens nur auf unsere totale Gleichheit als Konsumenten: Hier ist jeder recht, solange er nur Kredit hat. Alle anderen Gleichheitsbewegungen scheitern an überkommenen und vielfach totgeschwiegenen Klischees – diese behalten ihre Kraft: Denn ignorieren heißt nicht sie ändern.

Hilfe tut not – gerade für Kinder von Süchtigen. »Bei Al-Anon lernen wir, dass niemand für die Krankheit eines anderen Menschen verantwortlich ist und auch nicht für die Genesung. Wir lösen uns aus der krampfhaften Fixierung auf einen anderen. Unser Leben wird glücklicher und leicht zu meistern; es wird ein Leben mit Würde und Rechten, ein Leben unter der Führung einer Macht, die größer ist als wir selbst.«[26] So steht es in der zentralen Broschüre von Al-Anon. Damit wird das Wesen der Selbsthilfegemeinschaft und damit auch ein zentraler Kraftpunkt gegen Koabhängigkeit lesbar.

Die Wirksamkeit von Selbsthilfegruppen wird allgemein sehr hoch eingeschätzt. Sie verhelfen ihren Besuchern zu anderen Sicht- und Denkweisen über die in ihren Familien herrschende Krankheit Alkoholismus. Die Abkehr von Schuld und die Hin- beziehungsweise Rückwendung auf das Gelingen ihres eigenen Lebens stehen im Vordergrund des Austauschs. Dazu gibt es Trost und weitere Hilfe wie etwa Therapeutenadressen. Die Angehörigen lernen hier, aus den unbewusst übernommenen Rollen im süchtigen System zurück in ein selbstverantwortetes Leben zu finden.

Für Kinder die zentrale Botschaft: Sie dürfen ihre Eltern lieben, müssen aber nicht in koabhängiges Verhalten fallen. Erinnern wir uns an die Unfähigkeit kleiner Kinder, zwischen ihrem eigenen Anteil und der Beziehung zu unterscheiden: Kindern beziehen alles auf sich, auch die Sucht eines geliebten Elternteils. Damit können sie auch die Konsequenzen von Sucht, beispielsweise bei aller Konfliktvermeidung ausbrechender Streit, den Rückzug des Süchtigen, seine möglichen Heimlichkeiten und Lügen nicht von ihrem eigenen Verhalten trennen. Sie halten sich für die Ursache von Sucht, von schlechtem Klima, von vergifteter Atmosphäre. Es fällt Kindern entsprechend schwer, ein die Sucht unterstützendes Verhalten, etwa Lügen für einen Elternteil, Besorgen von Suchtmitteln oder Ähnliches, abzulehnen. Lässt sich aber für ein Kind unterscheiden, wann es Nein sagen darf und sollte, ohne damit Nein zu seiner Liebe zum Elternteil zu meinen, dann bietet diese Unterscheidung eine echte Entlastung – und einen ersten Schritt heraus aus dem Suchtsystem.

Rollen in koabhängigen Familien

Ich klingelte bei den Nachbarn, die beim Abendessen saßen; mir fehlte Salz, und ich wollte mir welches leihen. Unsere Wohnungen waren so geschnitten, dass man von der Eingangstür direkt in die Essdiele trat und ich also mittendrin stand in der Familie. Ich grüßte, bat um Salz und stellte mit einigem Erschrecken fest, dass neben Sohn und Tochter am Tisch der offensichtlich betrunkene Ehemann saß: glasige Augen, verschwommene und unklare Bewegungen; sein Ruf nach »Brot!« kam als leises Lallen.

Die Nachbarin stand auf und ging zum Schrank, während die Tochter ihren von meinem Klingeln unterbrochenen Bericht aus der Schule fortsetzte – sie erzählte weiter von ihrer Klausur, mit der sie sich an die Spitze ihrer Klasse gesetzt hatte. Sie war voller Feuereifer dabei, sprach in den Rücken der Mutter hinein, der Bruder aß schweigsam, der Vater versuchte unbeholfen, sein Brot zu belegen. Das alles dauerte nur wenige Minuten, schon kam meine Nachbarin mit dem Salz, ich dankte, verabschiedete mich und ging.

Vor der Türe musste ich erst einmal durchatmen, voller Schrecken über die Normalität der Situation: die vier beim Abendbrot und darin dieser Widerspruch eines stark alkoholisierten Familienmitglieds. Beim Nachspüren wurde mir klar, wie exzellent das Mädchen hier die Rolle der Heldin gespielt hatte und so – in der Kälte dieser katastrophalen Lage – deutlich machte: Liebe Familie, hier ist gar nicht alles schlecht!

So sieht es jedenfalls die amerikanische Therapeutin Sharon Wegscheider-Cruse,[27] die schon in den 1980er Jahren ein Konzept entwickelt hatte zu den unterschiedlichen Rollen, die typischerweise Kinder in koabhängigen Familienzusammenhängen übernehmen: Sie spricht

- vom Alarmierten, im Deutschen ziehe ich Held vor,
- vom verlorenen Kind, das ich das Schattenkind nenne,

- vom Clown oder Maskottchen sowie
- vom Sündenbock.

Knappe vier Wochen nach meinem Besuch in Sachen Salz sprach mich die Nachbarin an; sie konnte nicht mehr und brauchte Hilfe. Wir sprachen kurz darüber, was sie erlebt hatte und wie sie wohl Hilfe bekommen könne. Was mir bei diesem Gespräch klar wurde, war folgende Konstellation: Der Ehemann war der Süchtige, seit langen Jahren, die Ehefrau diejenige, die mal alles im Griff zu haben glaubt, mal alles hinwerfen wollte – sie hatte die Rolle der Enablerin im System. Die Kinder formierten sich um die beiden herum; die Tochter als Heldin, der Sohn schweigend, als unsichtbares Kind, verloren, im Schatten.

Held und Heldin: die Illusion von Stärke

Eine junge Frau aus meinem Bekanntenkreis ist Tochter eines Alkoholikers und die typische Heldin. Sie erklärte schon im dritten Schuljahr, was ihre Mutter zum Elternsprechtag sagen, machen, mit welchem Lehrer sie sprechen solle – und zudem, was sie bitte anzuziehen habe und was auf keinen Fall. Ihr Vater, ein nicht behandelter Alkoholiker, wurde von ihr wahlweise angeflirtet, wie ein anderes Kind behandelt, mit dem sie spielen kann, oder ignoriert. Auf die Mutter hatte sie immer ein Auge, wenn es um ihre eigenen Anliegen ging, sodass nicht allzu viel in ihrem Leben schiefgehen konnte – alles im Griff!

Dieses verbreitete Verhaltensmuster eines Kindes im koabhängigen System wird von Sharon Wegscheider-Cruse ursprünglich »alert« genannt, es ist also die Rolle des stets alarmierten Kindes. Das Ergebnis des Alarms: Das Kind bewährt sich, zur Freude der Familie und zum eigenen Glück. Helden wissen immer, was als Nächstes und richtigerweise zu tun ist. Diese Kinder zeichnen sich aus durch absolute Leistungsorientierung; sie leben »spaßbefreit«, besserwissend, sie zeigen selten Humor aus Angst, sie könnten missverstanden werden – in einer Suchtfamilie vielleicht mit fatalen Folgen. Kinder in der Heldenrolle sichern sich und die Lage ab.

Emotional haben sie stets das Gefühl, nicht zu genügen, entsprechend niedrig ist ihr Selbstwert; sie sind suchtgefährdet. Aus ihrer Lage heraus verzichten sie oft auf jegliche gefährlichen Substanzen wie Alkohol oder Zigaretten. Die Heldenrolle bietet ihnen Anerkennung und insgesamt positives Feedback, auch innerhalb der Familie. Diese profitiert ebenfalls von einem Helden: Der Leistungsträger ermöglicht es den anderen, auf jemanden stolz zu sein und als Familie einen höheren Selbstwert zu entwickeln. So schlecht sind wir ja gar nicht! Das Prädikatsexamen, die zügige Dissertation, der schnelle Aufstieg – all diese »Heldentaten« passen hierzu.

Das hört sich zunächst einmal gut an, hat aber natürlich Schattenseiten. Nachteilig für das Kind ist die Ausbildung von Kontrollillusionen und hoher Fehlerintoleranz. Was, wenn nicht alles nach Plan läuft? Dann drehen Helden schnell am Rad. Gleichzeitig finden sich oft starke manipulative Tendenzen und zwanghaftes Verhalten. Aus dieser Rolle heraus entwickeln sich vielfach sogenannte Workaholics.

Emotional sind Helden unsicher: Sie können mit ihren Gefühlen wenig anfangen, und mit denen anderer tun sie sich ebenfalls schwer. Die Heldin wird vom Freund verlassen? Kann doch gar nicht sein, alles lief so gut und geradeaus. Wie konnte er das anders einschätzen, fragt die Heldin ratlos. Oder: Der Held soll von sich sprechen, von seinen Potenzialen und Stärken? Nicht nötig, ist doch alles sichtbar, Zeugnisse, Zertifikate, Diplome, ein ganzer Bauchladen voll. Er bleibt irritiert zurück, wenn es um seine Stärken, seine Talente, um ihn selbst geht.

Wird die Koabhängigkeit angemessen bearbeitet und aufgelöst, dann haben Helden gute Aussichten: Aus der nackten Leistungsorientierung entwickeln sich Kompetenz und Verantwortlichkeit, sodass sie sich schnell und leicht in Führungspositionen bewähren. Sie erreichen ihre Leistungsziele, sind teamfähig und kommen auch mit ihren Teams zum Erfolg.

Das Maskottchen: die Illusion von Lebensfreude

In meiner ersten Gymnasialklasse gehörte Uwe zu den neuen Mitschülern, der überraschende Dinge tat, sodass mir das Herz in die Hose rutschte. Er versteckte sich beispielsweise vor der Mathematikstunde im Schrank, der der Tafel gegenüber im hinteren Teil des Zimmers stand; wurde nach ihm gesucht, hielten alle den Atem an. Dann sprang er plötzlich aus dem Schrank nach vorne, ging dabei über Stühle und Bänke bis hin zur Tafel – die überraschten Lehrer waren sprachlos. Wir als Mitschüler ebenfalls, aber wir hatten zunächst den Nervenkitzel und im Nachhinein unseren Spaß.

Uwe war mörderisch schlecht in allen Fächern, aber wir fanden es so faszinierend mit ihm, dass wir unsere Anerkennung auch in Klausuren mit Abschreibhilfen oder mitgefertigten Hausaufgaben zeigten. Er hielt zwei Jahre durch, dann trug unsere Unterstützung einfach nicht mehr, und er verließ die Klasse. Aber einige seiner Einlagen werden für mich unvergesslich bleiben.

Seine Rolle: die des Clowns oder des Maskottchens. Wegscheider-Cruse nennt hier auch das Baby. Es geht in all diesen Ausprägungen um das Gleiche, um die Rolle des in der Kindheit stecken gebliebenen Kindes, das von den anderen Schutz, Aufmerksamkeit und Unterstützung einfordert, oftmals durch komische Einlagen, aber auch durch schlechte Noten, Lernschwierigkeiten oder besonders ängstliches Verhalten.

Dieses Kind verfügt ebenfalls nur über ein geringes Selbstwertgefühl, erlebt sich aber im Unterschied zum Helden zudem als bedeutungslos oder fehl am Platz. Vielfach wirkt es bei aller Lautheit oder Albernheit sehr einsam. Seine Magie ist die Unterhaltung; so zieht es Anerkennung und Aufmerksamkeit auf sich – mit wunderbarer Nebenwirkung für die eigene Familie: Diese wird entlastet und kann ihre geballte Spannung loswerden.

Nachteilig für das Kind könnte vor allem seine absolut fehlende Stressresistenz sein. Außerdem gleiten seine Witze und Clownerien leicht ins Zwanghafte ab oder steigern sich bis ins Hysterische. Das Maskottchen beziehungsweise der Clown klammern sich am liebsten an Helden. Wird die Koabhängigkeit bearbeitet, ist die Wandlung zum geistreichen, ja, charmanten Unterhalter möglich. Therapierte Maskottchen erweisen sich als Freigeister, humorvoll und witzig, dabei empathisch und unterstützend.

Der Sündenbock: alles zur Entlastung des Süchtigen

Wenn zu Hause etwas schieflief, war es immer Dietmar, der damit zu tun hatte. Fehlte Sprit im Tank, war er heimlich noch abends mit Vaters Auto unterwegs gewesen. Wollte seine Mutter ihm eine Standpauke halten, drückte er ihr 50 Pfennig in die Hand und drehte sich weg mit den Worten: »Erzähl das doch einfach der Parkuhr«, um sich anderen Dingen zu widmen. Er war wenige Jahre älter als ich, und ich bewunderte diese Unverfrorenheit grenzenlos.

In koabhängigen Familien ist das die typische Rolle eines Sündenbocks – eine durch und durch undankbare Rolle, die allerdings hinreichend »Anerkennung durch Ablehnung« liefert, also Aufmerksamkeit mit negativem Vorzeichen. Sie bietet dem System den großen Vorteil, dass der Sündenbock die Aufmerksamkeit insgesamt verschiebt und somit effektvoll vom Süchtigen ablenkt.

Sündenböcke wirken unfreundlich, fast feindselig, und sie machen ständig Ärger. Dahinter steckt meist das Gefühl der Verlassenheit und Wut. Auch hier findet sich ein geringer Selbstwert, bis hin zum Extrem: Manchmal ist gar kein Selbstwert vorhanden.

Diese Rolle entwickelt sich fast immer ausgesprochen problematisch. Sie führt in Sucht, in steten Widerstand und Dauerschwierigkeiten mit allem und jedem.

Wird die Koabhängigkeit bearbeitet, steigt ein mutiger, belastbarer und realistischer Mensch wie Phönix aus der Asche; einer, der bereit ist, Risiken einzugehen, der mit Rückschlägen umzugehen weiß.

Das Schattenkind: scheu und ohne jedes Nein

Oftmals findet sich neben der Heldin das sogenannte verlorene Kind. Ich habe ein Schwesternpaar vor Augen, im Alter nahe beieinander, bei dem es genau diese Konstellation gab. Das verlorene Kind verhielt sich wie ein Schatten der großen Schwester, der Heldin, und folgte ihr etwa zu den Freundinnen, ohne dass es eine Einladung gab. Es war für sie ganz einfach selbstverständlich. Sie war fantasievoll, aber still, und sie ging davon aus, dass die große Schwester, die Heldin, sowieso allen Erfolg in ihrer Familie für sich gepachtet hatte – eine scheue, schöne Tagträumerin, wie sie bei Wegscheider-Cruse im Buche steht.

So geht es in dieser Rolle: Das Kind macht sich fast unsichtbar, steht gern im Schatten von jemandem und ist der Prototyp des immer wieder übersehenen stillen Einzelgängers, der nie vermisst wird und von dem niemand besondere Leistungen erwartet. Es entwickelt schnell das Gefühl von Bedeutungslosigkeit und zeigt keine Gefühle oder darf keine haben. Häufig fühlt es sich einsam. Ganz sicher ergibt sich das verlorene Kind bei jedem Wettbewerb von vornherein und leidet dann still.

Der Vorteil der Rolle: Verlorene Kinder haben ihre Ruhe und müssen sich nie mit Aufmerksamkeit befassen. Sie entlasten zugleich die Familie, weil man sich um dieses Kind nicht kümmern muss. Auch diese Rolle nimmt typischerweise einen schwierigen

Verlauf. Verlorene Kinder wirken unentschieden, ohne echte Lebensfreude, schnell einsam. Sie tun sich schwer damit, Grenzen zu setzen, das Wort Nein gehört nicht zu ihrem Wortschatz. Am schwierigsten für die Umgebung: Veränderungen sind tabu – es muss bitte alles so bleiben, wie es jetzt ist.

Wird die Koabhängigkeit bearbeitet, wandeln sich die Nachteile in schöne Facetten: Es zeigt sich häufig ein freier und sehr unabhängiger Geist, der sich erstaunlich gut selbst zu behaupten weiß. Fantasie, Erfindungsreichtum und Kreativität können ans Licht kommen und sind oft stark ausgeprägt.

Fazit: Koabhängigkeit führt zu desolaten Beziehungen

Ich höre immer wieder von Mitleid, von der Notwendigkeit, doch etwas zu unternehmen, wenn es um eine Person geht, die offenbar süchtig ist oder es zumindest zu sein scheint. Mitleid scheint mir dabei wenig hilfreich: Erstens schaut es von oben auf andere herab und vermeidet so echten Kontakt. Zweitens vermittelt Mitleid den Eindruck, man wüsste, wie es besser gehen könnte – aber wer weiß das schon?

In unserer Gesellschaft wird suchtunterstützendes Verhalten für normal gehalten, und, wie das Konzept des Teufelskreises zeigt, entsteht Koabhängigkeit aus dem sogenannten »normalen« beschützenden Verhalten, entwickelt sich über Gewohnheit hin zu chronischem Fehlverhalten und massiver Abhängigkeit. Sie wird aus den besten Gründen begonnen und endet in Manipulation, Kontrolle, Lügen – oft in einem dauernden Kreislauf von Schuld, Vorwurf, Scham.

Koabhängigkeit als innerpsychische Konstitution erlaubt es zweifelsfrei, andere zu manipulieren – aus den besten Gründen.

Ganz anders ist gesundes Verhalten: Wer auf Augenhöhe mit einem Menschen lebt, wird mit ihm diskutieren oder gemeinsam eine Strategie entwickeln, um ein bestimmtes Ziel zu erreichen. Wer jedoch einen anderen kontrolliert, bewegt sich nicht auf Augenhöhe. Denn Kontrolle bedeutet, sein Gegenüber für manipulierbar, also für trivial zu halten. Damit entwertet koabhängiges Verhalten Beziehungen und schafft stattdessen Hierarchien: Neben den alten, gut sichtbaren Hierarchien der Macht entwickeln sich subtile Hierarchien der Abhängigkeit.

Von ihnen sind Kinder besonders betroffen. Die typischen Rollen, die koabhängige Kinder in ihren Familien einnehmen, erweisen sich so lange als nachteilig, wie sie unbearbeitet bleiben. Werden sie aber bearbeitet – therapeutisch, in Selbsterfahrungen, dialogisch, durch Reflexion –, bekommen wir es mit einem beinahe märchenhaften Verwandlungsprozess zu tun: Statt der an Selbstwert armen, im Suchtgeschehen gefangenen Menschen zeigen sich reife, mit vielen farbigen und bewundernswerten Facetten ausgestattete Persönlichkeiten.

Koabhängige können zunächst nicht sehen, dass anderen nur zu helfen ist, wenn vom Helfenden eine solide Selbstsorge erfolgt. Schon Mutter Teresa predigte diese Reihenfolge ihren indischen Nonnen: Erst mussten diese selbst gegessen haben und versorgt sein, anschließend konnten sie in die Welt gehen und anderen Nahrung und Hilfe bringen. Genau diese Klarheit fehlt Koabhängigen, vor allem beim Handeln, oft aber auch als Gedanken oder als Möglichkeit. Stattdessen halten sie diese Art der gesunden Eigenverantwortung oft für egoistisch und selbstgerecht oder sind sich unsicher bei ihrer Einschätzung. Deshalb helfen Kriterien, die andere aus ihrem Erfahrungswissen destilliert haben, um selbst Klarheit zu gewinnen.

Kriterien, die weiterhelfen können

Es gibt verschiedene Angebote, sodass sich individuell entscheiden lässt, was praktisch und situativ am besten hilft. Ist es die Liste von Cermak mit den Merkmalen Süchtiger? Ist es die Abgrenzung zur Sucht, die deutlich den Übergriff des Koabhängigen zeigt? Oder helfen die Kriterien von Anne Wilson Schaef besser, um etwas für sich zu begreifen? Mir geht es nicht um Zuschreibungen, und es ist kein bisschen stärkend, aus diesen Ansätzen heraus auf den inneren Zustand anderer Menschen zu schließen. Im besten Fall helfen sie einem Menschen: demjenigen, der jetzt dieses Buch vor sich hat.

Zentral ist für mich nach wie vor, dass sich Koabhängige für die Sucht ihres Partners oder eines Familienmitglieds verantwortlich fühlen und in einen Zirkel von Schuld und Scham geraten. Geistige Gesundheit sieht anders aus und lässt sich daran erkennen, dass jemand zwischen der Verantwortung für sich selbst und der Verantwortung für andere gut zu unterscheiden weiß. Falls diese beiden Bereiche nicht deutlich abzugrenzen sind, sollte das andernfalls klar kommunizierbar sein. Und selbst bei Menschen, die sich verantwortlich verhalten möchten, geht mal etwas daneben – ein liebevoller Blick auf sich selbst ist bei aller Klarheit und bei aller forschenden Neugier angebracht.

Typisch für Koabhängige ist es, dass sie aus rigiden Familiensystemen stammen und sich aufgrund der dysfunktionalen Situation zu Hause ohne eigenes Wollen an verdeckte, heimliche Spielregeln gewöhnt haben. Diesen Spielregeln kann ein Mensch selten gerecht werden – sie sind entwertend, unfair, unklar und ebenso beliebig wie rigoros. Wer diese Regeln aufdeckt, entdeckt möglicherweise einen Weg aus dem dysfunktionalen System heraus – hierin liegt ein hilfreicher Ansatzpunkt.

Anonyme Gemeinschaften wie Al-Anon zeigen, wie es gehen kann: seine Eltern oder einen Partner zu lieben, ohne süchtiges

Verhalten zu akzeptieren oder koabhängig handeln zu müssen. Hier lässt sich lernen, wie gesundes Verhalten geht und wie jeder Einzelne den Weg zu innerer Gesundheit findet, ohne sich von seiner Familie abwenden zu müssen.

Koabhängigkeit verwandelt in Goldstaub

Das ist das vielleicht größte Geschenk der Koabhängigkeit: Menschen, die aus ihrer Koabhängigkeit aussteigen, benötigen natürlich Zeit für ihren Heilungs- und Genesungsprozess, aber sie lernen – oft schon früh – die Übernahme von Verantwortung für das, was jetzt und hier im eigenen Leben ist. Es geht ihnen nicht um Schuldzuweisungen, nicht um das grundsolide Gefühl des Opfers oder auch des Täters, sondern es geht um Verstehen.

Wie die unterschiedlichen Rollen in koabhängigen Familien gezeigt haben, liegt auch in jeder Rolle ein Potenzial an Kompetenzen, die einmal freigelegt und achtsam gepflegt zum Funkeln eines Diamanten führen, sich als Goldstaub im Leben erweisen. Anders gesagt: Die Bearbeitung der Schwierigkeiten können zu einer selbstverantwortlichen Persönlichkeit mit schönen Facetten führen.

Die Kinder von Alkoholikern etwa lernen bei der Anonymen Selbsthilfegruppe Alateen, dass man seine Eltern auch dann lieben kann, wenn sie süchtig sind. Sie können die Erfahrung machen, dass sie nicht für die Krankheit des Elternteils verantwortlich sind, ein eigenes Leben führen dürfen und müssen – und das in meinen Augen Wichtigste: wie sie Grenzen setzen können und damit nach und nach gute Erfahrungen sammeln.

Koabhängigkeit macht etwas mit einem selbst und verhindert gelingende Beziehungen. Sie forciert zerstörerische, selbstentwertende Verbindungen zu anderen Koabhängigen, Süchtigen oder gestörten Personen. Die Befähigung zu einer erfüllenden Beziehung zu sich selbst und anderen – das scheint mir ein wunderbarer

Preis zu sein für die dazu erforderliche Arbeit raus aus der Verstrickung und rein in seelische Gesundheit, innere Klarheit und Kontakt zu den eigenen Gefühlen.

Koabhängigkeit und gut geschürte Illusionen

Die alten Rollenbilder und gesellschaftlich unterstützten Beziehungen basieren noch immer auf Konzepten von Ungleichheit, Hierarchie und Patriarchat, die Sucht und Koabhängigkeit den Weg bahnen. Sie ermöglichen dadurch Rigidität, Geheimhaltung, Ehre und Ehrverlust.

Eine vielleicht nicht immer sofort erkannte Falle ist die alte Idee von Liebe als Urknall-Ereignis: Der oder die Richtige ist da! Dieses Gefühl des Richtigen kann in der beinahe »chemischen Reaktion« liegen, die ein ähnlicher Spielregelset aus der Herkunftsfamilie liefert: Dann fühlt man sich sofort verstanden und kann sich auch weiterhin wortlos verstehen. Die Frage bleibt, ob man sich gemeinsam entwickelt oder doch dazu verdammt ist, lebenslang »der Alte« und »die Alte« zu bleiben?

Liebe ist kein Ereignis, sondern vielmehr ein Prozess. Hier ist auszuhandeln und miteinander zu verweben, wie die verschiedenen Leben der Partner immer wieder neu miteinander zu einem Sinn führen, den das Paar teilt. Ein Prozess in der Art des Miteinandergehens: Mal geht der eine voran, mal der andere. An diesem Gehen, diesem Spaziergang gefällt mir die Idee, dass der Blick der beiden auf die Gegenwart oder eine gemeinsame Zukunft gerichtet ist, also mehr als Nabelschau, viel mehr als passives Überlassen allemal.

Lang währende, lebendige Prozesse kennzeichnen vitale und beglückende Beziehungen. Andere Verbindungen können ebenfalls lange währen, dürfen sich aber kaum verändern oder entwickeln. Ich bin jedenfalls sehr froh, dass ich etwa die Kleidung der Zwanzigjährigen, die ich einmal war, heute nicht mehr tragen muss, sondern andere und mehr Möglichkeiten habe. Ähnlich geht es mit der inneren Entwicklung: Feste Verbindungen im gerade beschriebenen Sinn zwingen Erwachsene, immer die zu bleiben, die sie zum Zeitpunkt des Kennenlernens einmal waren. Für viele Koabhängige ist diese Entwicklung mit Verlustängsten und Sorgen verbunden, sodass die Wahl geradezu zwangsläufig auf ein Mehr an Sicherheit fallen wird, wenn es sie denn gibt.

Wie langsam viele Veränderungen greifen, das erleben wir außerhalb der Familie noch einmal stärker: Sie sind das A und O in der Wirtschaft, die sich massiv gewandelt hat. In den letzten fünfundzwanzig Jahren haben wir sicher alle gelernt, dass nichts so bleibt, wie es war, und dass gerade Arbeit sich aufgrund der fortschreitenden Digitalisierung und neuer Kommunikationstechniken massiv verändert hat und weiter verändern wird.

Was aber geschieht, wenn Süchtige und Koabhängige das Haus verlassen und zur Arbeit gehen? Wie verhalten sie sich dort? Was bedeutet das für das System am Arbeitsplatz? Und was heißt das für unsere Gesellschaft?

Sucht und Koabhängigkeit halten die Wirtschaft im Griff

Als ich einen höchst angesehenen, im Konzern-Ranking aussichtsreichen und von daher kaum abzulehnenden, aber für mich persönlich völlig unbefriedigenden Job annahm, erhöhte sich nach der ersten Arbeitswoche mein Zigarettenkonsum noch einmal erheblich. Gleichzeitig veränderte sich mein Arbeitsverhalten vollständig: War ich vorher eine gut ausbalancierte Person mit privaten Interessen neben dem Beruf, gab es von nun an nur noch den Dreiklang der Workaholics: schlafen, essen, arbeiten.

Ich arbeitete gefühlt immer – morgens ein Kaffee, natürlich mit Zigarette, dann zur Firma, als Erste da, als Letzte nach Hause. Noch ein Imbiss unterwegs, wenn nicht die Pizza schon an den Schreibtisch geliefert wurde. Ab ins Bett, komatöser Tiefschlaf, und am nächsten Morgen drehte sich das Hamsterrad von vorne. Ob sich ein solches Verhalten als Sucht erweist oder nur ein kurzzeitiges Muster ist, um etwa eine persönliche Krise zu überspielen, das weiß jeder für sich am besten.

Hinter mir lag der Erfolg, für den ich aufgestiegen war und von dem ich nur ungefähr ahnte, wie ich ihn verursacht hatte oder wo mein praktischer Beitrag dazu lag. Für mehr Klarheit, für das Erfassen der Zusammenhänge hatte ich bislang überhaupt keine Zeit gehabt und auch keinerlei Energie darauf verschwendet; ich konnte also bestenfalls spekulieren. Vor mir lag die Verpflichtung auf einen neuen, durchaus ungewissen Erfolg, der von nun an wie ein Damoklesschwert über mir schwebte. Diese Einsicht verbarg ich allerdings zunächst vor mir selbst.

Das machte mir zunächst zu schaffen. Aus heutiger Sicht sage ich: Es war offenbar zu schwer für mich, um es direkt anzuschauen. Da Sucht immer wieder meine Hilfe beziehungsweise meine Krücke gewesen war, griff ich traumwandlerisch auch dieses Mal auf Suchtmechanismen zurück und mutierte zum Workaholic. Nach kurzer Zeit konnte ich allerdings aussteigen und fand wieder zu mir und zu dem, was ich mittlerweile gelernt hatte. Zwischenbilanz in Sachen Sucht: schädigendes Verhalten ja, Sucht nein.

Zugleich wurde mir bei diesem Ausstieg aus der Arbeitssucht klar, dass es nicht nur einen enormen Erfolgsdruck gab. Ich fühlte mich auch nicht stark genug, um von nun an jeden Tag in einer Kette vieler Tage mit einer mich nicht interessierenden Tätigkeit zu verbringen. Ich wollte ganztags leben, auch und gerade während der Arbeit. Danach sah der neue Job nun überhaupt nicht aus. Was also tun?

Kollegen, denen ich mich anvertraute, warnten mich eindringlich davor, meine Abneigung gegen die neue Aufgabe und meine Sicht der Dinge offenzulegen. Man war sich sicher, dass das meinen unmittelbaren Absturz innerhalb des Führungskreises bedeuten würde. Die allgemeine Annahme lautete: »up or out« – entweder aufsteigen oder aussteigen. Die Leitlinien, so war man sich einig, verlangten es, auch mal zwei Jahre trockenes Brot auszuhalten, statt stets Kaviar zu verlangen.

Logische Folge des kollegialen Rats wäre gewesen, eine passendere Stelle zu finden, still zu kündigen »wegen der besseren Opportunität« und anschließend erhobenen Haupts einen Schritt zur Seite zu machen, in einen anderen Konzern, mit Aufgaben, die mir mehr entsprachen und mehr lagen. Doch ich bockte. Ich fasste allen Mut zusammen und wagte, obwohl gut gelernte Süchtige und natürlich rigide Spielregeln aus der Familie gewohnt, einen anderen Weg: Ich trug mein Anliegen dem Personalchef vor – und stieß auf unerwartet großes Entgegenkommen.

Da ich als wichtiges Potenzial des Konzerns eingeschätzt wurde, bot man mir innerhalb von 24 Stunden drei Übergangsszenarien an. Ich war beeindruckt – sowohl von dem hochkarätigen Eindruck, den ich da gemacht hatte und der nur sehr verwässert bei mir angekommen war, viel mehr aber noch von der Dehnbarkeit der Regeln. Ähnliches ist mir seither häufig begegnet: Es wird fast immer ein eher feindliches Verhalten des Unternehmens unterstellt, wenn es um Änderungen geht.

Wer will schon Veränderungen? Die Einzigen, die nach Veränderung schreien, sind bekanntlich Babys in nassen Windeln. Doch heute, nach gut fünfunddreißig Jahren in der Wirtschaft, sehe ich eine Unterstellung von Unbeweglichkeit, Missgunst und Unfreundlichkeit, und zwar vor allem in der Peergroup, also von gleichgestellten Kollegen veränderungswilliger Manager. Sind es gar deren eigene Bedenken, die zum Tragen kommen? Oder legitimieren sie so ihren eigenen, widersprüchlichen Verbleib auf einer ungeliebten Stelle?

Oft wird stillschweigend in Unternehmen unterstellt, dass die Regeln dort ähnlich hart seien wie in dysfunktionalen Familien. Das aktiviert ein gegebenenfalls koabhängiges Verhalten, ohne im Arbeitsalltag die unbedingte Gültigkeit dieser Regeln zu hinterfragen. In einem solchen Verhalten liegen weitere unzutreffende Erwartungen: Der Vorgesetzte habe wie ein Vater zu sein, die Mitarbeiter mögen sich wie Kinder bewegen, und die Kollegen auf gleicher Hierarchieebene sollten bitte Geschwister-Qualitäten entwickeln.

Das sind unpassende Konzepte, die – einmal reflektiert – zu mehr Klarheit führen. Was aber unterscheidet Unternehmen von Familien? Die Familie fällt uns zu, wir haben wenig Wahlmöglichkeiten. Dafür können wir uns dort zumuten, so wie wir sind oder es zumindest meinen. Die Zugehörigkeit zum Unternehmen ist gewählt und ermöglicht, trotz aller Teamnähe und allen gemeinsam erledigten Aufgaben, Distanz zu den anderen und Wahrung von Intimsphäre. Was beide immer noch gemeinsam haben: die alte patriarchale Struktur von oben und unten, die Hierarchie, die nach dem bisher Diskutierten einen guten Nährboden für Sucht und Koabhängigkeit darstellt.

Checkliste für wirtschaftlichen Erfolg

Ich kenne das Wirtschaftsspiel aus eigener Erfahrung: Mit 32 Jahren wurde ich Geschäftsführerin in einem Konzern, trotz der gesetzten und damals nicht diskutierten 100-Prozent-Quote für Männer. Das kam für meine Kollegen mit Karriereambitionen und mich selbst ziemlich überraschend.

Aber was genau hatte mich so früh erfolgreich gemacht, wie kam ich aus der breiten Masse des mittleren Managements auf ein Level, das zum ersten Mal echte Sichtbarkeit versprach? Ich hatte einen starken Mentor, das war sicherlich ein echtes Pfund auf diesem Weg. Und sonst? Drei zentrale Muster scheinen mir aus heutiger Sicht zu meinem Erfolgsrezept von damals zu gehören:

- *Energie setzen in den Wunsch anderer, bedeutender zu sein:* Hatte einer meiner Kunden ein Anliegen jenseits offizieller abzurechnender Aufträge, etwa um seine eigene Position im Unternehmen zu stärken oder bei seinem Vorgesetzten für Wohlwollen zu sorgen, so tat ich mein Bestes, das zu realisieren. Das hieß: Ich setzte viel Energie in all meine Ansprechpartner, auch in Mitarbeiter und Vorgesetzte, aber vor allem in meine Kunden. Es war mehr als ein offenes Ohr: Ich sprach intensiv über ihre Themen, Sorgen, Herausforderungen und richtete meine Arbeit nach ihren Wünschen und Interessen aus – fast immer so, dass die Kunden gut dastanden.
- *Verantwortung übernehmen für die Bedürfnisse anderer:* Ich setzte die Bedürfnisse anderer, vor allem die meiner Kunden, ohne jeden Zweifel über meine eigenen: Besonders eindrucksvoll war das erkennbar, wenn ich am Jahresende ein opulentes

Weihnachtsessen nach dem anderen absolvierte. Heiligabend konnte ich das Wort »Gans« nicht mehr ertragen geschweige denn einen Braten riechen. Ein Jahr war besonders anspruchsvoll: Drei Unternehmen, mit denen wir arbeiteten, hatten kein Geld für ein Weihnachtsessen, sodass unser Kundenevent leichter Hand ausgeweitet wurde. Auch die Mitarbeiter des direkten Ansprechpartners wussten das zu schätzen.

- *Die eigenen Grenzen ignorieren:* Dabei waren meine eigenen Grenzen völlig unwichtig, meine persönlichen Interessen traten hinter denen meines Umfelds zurück. Morgens um 5 Uhr zum Flieger, weil es in Wien ein Problem gab? Selbstverständlich! Nachts spät zurück? Auch das. Klar, ich wollte lernen und richtete mich vollständig nach meinem Vorgänger und meinem einflussreichen Mentor. Klar, ich hatte Angst, dass mir der zu trinkende Alkohol oder das viele Essen zu schaffen machen könnten. Aber ich hielt mich zugleich für »unkaputtbar«, die Anforderungen für normal und unausweichlich.

Schaue ich mir das heute nüchtern an, so bin ich erschrocken, wie treffsicher diese drei Punkte zum Konzept von Koabhängigkeit passen. Lässt sich das verallgemeinern, sind genau solch koabhängige Faktoren womöglich die zentralen Erfolgsfaktoren des mittleren Managements? Für mich galt das so. Ich war zu einem Erfolg verdammt, dessen echte Regeln mir schleierhaft blieben.

Erfolgsregeln aus dem Suchtkontext

Als Executive Coach mit der Liebe zur Draufsicht sage ich heute: Die Kenntnis der Spielregeln ist für jeden, der in einem Unternehmen arbeitet, Voraussetzung für systematischen und erreichbaren

Erfolg. Wer diese Spielregeln nicht kennt, muss intuitiv das Richtige tun. Auch das ist eine Möglichkeit: das Richtige tun. Wer das in seiner Herkunftsfamilie erlernt hat, wird es möglicherweise auch im Beruf wissen.

Wenn ich eine To-do-Liste schreiben sollte mit den Regeln, die ich heute in größeren Unternehmen und Konzernen erlebe, sähe diese so aus:

- Investiert eure volle Energie ins Unternehmen, in die Erhöhung des Unternehmenswerts und in eure Vorgesetzten, Aktionäre, Kunden oder Lieferanten!
- Übernehmt die komplette Verantwortung für die Bedürfnisse eurer Stakeholder!
- Geht über eure eigenen Grenzen hinaus, geht die Extrameile! Lasst Angst nicht zu, ignoriert Unklarheit!
- Arbeitet eng mit anderen zusammen, die ebenfalls nach materieller Sicherheit streben – gleichgültig, ob sie an gestörter Impulskontrolle leiden, an einer Sucht, Koabhängigkeit oder an einer Persönlichkeitsstörung!
- Ignoriert folgende Symptome bei euch selbst, und bewahrt darüber unbedingt Stillschweigen: eure Angstgefühle, emotionalen Einschränkungen, Depressionen, Zwangsneurosen, Drogenmissbrauch, erhöhte Wachheit, exzessive Verleugnung von Realität sowie stressbedingten psychischen Störungen …

Ich höre quasi die »Ttschakka!«-Rufe nach jedem dieser Punkte. Und dabei habe ich hier lediglich die Liste von Cermak, die Zeichen von Koabhängigkeit, umgeschrieben auf die Muster des Erfolgs in Unternehmen. Es war ganz simpel und klingt für mich keineswegs absurd, im Gegenteil: Wie besser ließe sich heute eine Anleitung zur Karriere beschreiben?

Leider wird Wirtschaft dabei stabilisiert durch die Medien. So werden für einige der hier genannten Symptome unsere aktuellen Wirtschaftsführer hoch gelobt, etwa im Fall von Schlaflosigkeit vom *Handelsblatt*:[28] Tim Cook, CEO von Apple, etwa steht um 3.45 Uhr auf, sagt er und meint: »Wenn man liebt, was man tut, sieht man es nicht als Arbeit an.« So ähnlich Jack Dorsey, CEO von Twitter, der erst einmal meditiert, dann 9 Kilometer joggt – sein Wecker klingelt um 5.30 Uhr. Sei es, dass diese nach vier Stunden Schlaf schon wieder munter den eigenen Körper stählen, die ersten E-Mails beantworten oder besonders kreativ für ihre Unternehmen tätig sind – erhöhte Wachheit wird als Adel, als Leistungsprädikat hochgejubelt. Doch statt einer heldenhaften Persönlichkeitsqualität handelt es sich hierbei möglicherweise um das akute Warnsignal einer veritablen Störung.

Es drängt sich die Frage auf: Haben in der Wirtschaft nach den harten Hunden der 1990er- und den postheroischen Begeisterern der 2000er-Jahre jetzt wieder lebensfeindliche Prozesse die Hoheit übernommen? Etliche moderne Führungsideen, etwa die des Managementgurus Fredmund Malik von der feinen Beratungsschmiede MZSG, sind ebenso hochgelobt wie kriegerisch: Sie stammen aus dem Militär und der Kunst der Kriegsführung. Das bedeutet vor allem: Sie sind stramm auf Funktionieren, Folgen, Überleben ausgerichtet.

Das soll Lebensqualität liefern? Wir leben doch längst in ganz anderen Zeiten: Das Funktionieren könnten sehr gut irgendwelche Roboter übernehmen. Wo aber finden wir Anleitungen zu einer Karriere, bei der ein gutes Leben aller Beteiligten das Ziel sein könnte? Diese Anleitungen sind im Moment gerade nicht gefragt.

Topmanager, harte Hunde und Helden, ziehen per Hierarchie andere an, die sich einerseits dieser Ordnung unterwerfen und andererseits daraus für sich selbst Macht erzeugen. Das in den Familien geübte System der Koabhängigkeit leistet auch in der Wirtschaft gute Dienste. Sichtbar wird das etwa, wenn Mitarbeiter alles mitmachen, wenn Kritik nur im Jahresgespräch und selbst dann nur halbherzig gegeben und gewollt ist; vor allem aber, wenn alle die Idee haben, sie selbst wären die besseren Vorgesetzten.

Die Idee, die Arbeit des Chefs besser zu bewerkstelligen, ist eine schöne Ablenkung und eine feine Projektion – aber meist doch eher eine Illusion, die schnell am beruflichen Alltag zerbricht. Sollte es einmal erforderlich sein, für den Chef in die Spur zu gehen, folgt oft der harte Aufprall auf dem soliden Boden der Realität: Wir erkennen, dass wir immer nur das Verhalten eines anderen erfahren, aber dabei überhaupt keine Ahnung davon haben, warum der andere sich so verhält. Oft genug jedenfalls handeln wir an der gleichen Stelle im System ganz ähnlich.

Wie System- und Psychodynamik sich unterscheiden

Statt der wenig hilfreichen Überlegenheitsfantasie, der bessere Chef zu sein, könnte es hilfreich sein zu ergründen, was wirklich auf den Vorgesetzten wirkt: Ist die Systemdynamik übermächtig und hält den Chef in Bann? Oder ist es dessen Psychodynamik, die ihn immer wieder unpassend handeln lässt? Die Systemdynamik könnte etwa in der Organisation eines Unternehmens begründet liegen und dafür sorgen, dass Mitarbeiter das Problem der Organisation auf ihr Gegenüber verlagern.

Wir alle kennen funktionale Organisationen, in denen je ein Abteilungsleiter über die typischen Säulen der Firma herrscht: Innendienst, Vertrieb, Produktion, Technik und so weiter. Hier ist vom System vorgegeben, dass die Mitarbeiter aus den Säulen nicht direkt und leicht zusammenarbeiten, sondern alle Entscheidungen »über oben« laufen. Jeder Manager sorgt für seine Säule, trägt nur für seinen Bereich Verantwortung – und damit wird oft genug suboptimal gearbeitet. Eine Verantwortungskrise ist in einer solchen Organisation einfach Alltag.

Das haben etliche Firmen erlebt und in den 1980er-Jahren neue Organisationsformen ausprobiert. Dazu zählt etwa die Matrixorganisation, die von allen Mitarbeitern ausgesprochen viel Kommunikation erfordert – ständig müssen alle mitgenommen und bei Entscheidungen angesprochen werden. Ein extrem hoher Kommunikationsaufwand! Fachlich profunde Kollegen und alte Hasen fühlen sich dem häufig in einer Weise ausgeliefert, dass sie das Unternehmen verlassen. Oft genug mit der Idee: Das liegt am Chef. Kann sein – aber sicher ist, dass die Kommunikationskrise in dieser Organisationsform zum Konzept gehört.

Start-ups fühlen sich beispielsweise als Pioniere, als typische Gründer und Garagen-Unternehmer. Jeder weiß hier alles, man stellt untereinander sicher, dass die Abläufe stimmen. Der Gang zum Kicker löst das ein oder andere Problem. Leider aber nicht für den Kunden einer solchen Firma – der bleibt bei all der guten Stimmung oft das störende Element und damit außen vor. Hier gibt es eine gänzlich andere Krise: die der Kundenzufriedenheit, die eben fehlt. Dabei kann der Kunde sowohl der gesuchte Investor wie auch der Abnehmer des Produkts sein.

Kenntnisse wie die gerade angedeuteten helfen jedem in einer Firma, sich selbst einzuordnen und zu begreifen, was gerade um ihn herum passiert. Und so kann man auch herausbekommen, ob das eigene Problem mit dem Vorgesetzten nicht vielleicht doch eine Dynamik des Systems ist.

Psychodynamiken dagegen beschreiben die Dynamik in einer Person. Wenn der Vorgesetzte morgens durchs Büro geht, ohne Gruß, mit dem Blick auf den Boden, muss das kein rigides, menschenunfreundliches Verhalten sein – es kann tausend Gründe dafür geben. Wer sich gestört fühlt, spricht das am besten an. Ich habe es erlebt, dass ein Kollege sich genauso verhielt, weil er morgens gegen seinen Tinnitus kaum ankam. Das muss also keineswegs rigide und menschenunfreundlich sein – kann es aber.

Die Merkmale von Süchtigen und Koabhängigen waren schon mehrfach Thema. Nur der Einzelne selbst weiß, was stimmt und was nicht. Wer den Eindruck hat, der jeweilige Vorgesetzte könne doch nur süchtig sein, möge zunächst einmal bei sich schauen: Wie reagiere ich als Mitarbeiter auf diese möglicherweise süchtigen Dynamiken? Bin ich selbst ein gut geübter Koabhängiger und fühle mich immer dann wohl, wenn ein anderer diese Koabhängigkeit »bedient«? Vorsicht bei Zuschreibungen ist dringend geboten.

Natürlich gibt es echte Sucht im Unternehmen. So muss etwa ein Arbeitsplatz als krank bezeichnet werden, wenn er den Alkoholiker nicht mit seiner Sucht konfrontiert. Das Gleiche gilt für den Arzt, der einem Drogenabhängigen nur Medikamente gegen seine Gastritis verschreibt und es unterlässt, ihn auf seine Drogenabhängigkeit anzusprechen. Auch die Psychotherapeutin, die stundenlang nach verdeckten Konflikten sucht, obwohl die Sucht ganz offensichtlich das Verhalten des Patienten dominiert, trägt zur Stabilisierung der Suchtkrankheit bei.

Die Wirtschaft zieht noch immer die größten Vorteile aus Sucht und Koabhängigkeit: Sie hilft bei Wachstum und Fortschritt, sie ermöglicht Grausamkeit gegen Menschen hier und überall, und sie ist so mit diesem endlichen Kreislauf beschäftigt, dass neue Ideen sich außerordentlich schwertun. Wer aus dem System selbst sollte sie auch denken?

Arbeitssucht statt Produktivität

Der Arbeitssüchtige überlässt sich passiv seiner Arbeit. Das bedeutet praktisch, er ist zwar immer am Schreibtisch und meist extrem beschäftigt, aber leider kein bisschen innovativ und natürlich auch keineswegs produktiv. Wie sollte er? Dass er der Erste im

Büro ist und derjenige, der das Licht ausmacht, weist überhaupt nicht auf einen hilfreichen Output hin, im Gegenteil: Diese völlige Überlassung an die Arbeit führt oft genug in sinnlose Routinen, in vielfache Überprüfungen der immer gleichen Daten etwa. Hier ist vielleicht mit Effektivität, auch mit Fleiß zu rechnen, aber nicht mit Effizienz oder Produktivität.

Produktivität entsteht vielmehr in gelingenden Beziehungen, sprich: in einem guten Arbeitsklima. Hier haben Mitarbeiter die Möglichkeit, sich auszuprobieren, können sich auf andere verlassen, beispielsweise bei der Arbeit im Team, und sind sogar bereit, am Ende noch gut gelaunt etwas draufzusetzen – wenn nötig. In einem guten Klima wird konzentriert gearbeitet – jedenfalls, wenn die üblichen digitalen Störfeuer ausgeschaltet sind. Wenn aber immer wieder der Blick aufs Smartphone fällt, wenn hier noch eine WhatsApp-Nachricht gelesen, dort noch bei Facebook geliked werden muss, fehlt es an Konzentration und der Fähigkeit, sich tief auf ein Thema oder ein Gespräch einzulassen. Derjenige ist eben nicht wirklich bei der Sache.

Zur Sucht, auch zur Arbeitssucht, gehört als Begleiterscheinung oft Depression wie schon beschrieben. Burn-out und Bore-out sind entsprechend verbreitet und in einem Umfeld üblich, das auf Funktionieren mehr setzt als auf Effizienz, das auf Anwesenheit baut statt auf Ergebnis, das den Menschen für eine klar definierte Zeit zum Output bringt, ohne auf Flow, Atmosphäre, Arbeitsklima zu achten. Oder auf den Menschen, der da gerade arbeitet.

Mitarbeit auf Augenhöhe in Start-ups? Eine Illusion

Im Berliner Start-up war die Laune gerade miserabel. Der Investor, der »anbeißen« sollte, war wieder abgesprungen, dabei hatten alle fünfzig Mitarbeiter ihr Bestes gegeben. Unzählige Überstunden, gemeinsam vorm Computer verbrachte Nächte, angefeuert vom charismatischen Gründer – das alles hatte nicht gereicht. Und etlichen der Mitarbeiter reichte es auch. Sie waren hierhergekommen, um Sinn in ihrer Arbeit zu finden – Geld war gar nicht so wichtig.

Hatten anfangs noch das gemeinsame abendliche Pizzaessen, der Problemabbau am Kicker und die coole Umgebung für halbwegs gute Laune bei allen gesorgt, bröckelte nun die Loyalität. Es gab andere junge Unternehmen, die ebenfalls eine coole Kultur hatten, bei denen besser bezahlt wurde und auch die Chance auf ein Privatleben bestand. Denn dieses kam hier definitiv erst an zweiter Stelle. Kein Wunder, denn schließlich hatten sie sich von einem smarten Vorgesetzten, nicht viel älter als sie selbst, selbstverständlich sofort im kosmopolitischen Du, dazu gewinnen lassen, erst einmal ins Unternehmen zu investieren. Konkret: Lebenszeit, Know-how, Professionalität.

So funktionieren viele Gründerfabriken. Start-ups sind finanziell oft nicht breit ausgestattet, professionelle Programmierer sind rar und kennen mittlerweile ihren Preis. Doch neue kommen immer wieder von den Hochschulen und brauchen ein, zwei Jahre, bis sie die Regeln erkennen und auch für sich einen Weg sehen.

Vorgesetzte in Start-ups sind zwar anders gekleidet als konventionelle Unternehmer – das Bild von Mark Zuckerberg in Adiletten hat sicher jeder schon einmal betrachtet –, aber sie sind immer noch Unternehmer. Das heißt für die meisten, dass sie Risiken eingehen und dafür überdimensional verdienen wollen. Wer weniger Risiken eingeht, wer ein regelmäßiges Gehalt und Sozialleistungen erhält, fällt damit raus aus der unternehmerischen Sicht.

Als ich zum ersten Mal vor fünfzehn Jahren ein Start-up in New York besuchte, war meine Idee die von Käfighaltung und Legebatterie: Während in den üblichen Büros des Mutterkonzerns auf 20 Quadratmetern vier Personen an üblichen Schreibtischen arbeiteten, saßen im Start-up-Bereich auf gleichem Raum zwölf junge Leute, in zwei Reihen, den PC vor sich auf schmalen Tischen, bei denen eine kleine Pinwand anzeigte, wo jeweils ein neuer Arbeitsplatz begann.

Extreme Ökonomie also hinsichtlich Platz und Ausstattung. Da bleibt Geld für Kicker, Basketball-Netz oder Nespresso-Maschine, selbstverständlich. So viel hat sich in meinen Augen bislang nicht geändert: die Kleiderordnung, das Du – ja. Was aber ist mit Augenhöhe, mit Selbstverantwortung, mit der Idee, zu arbeiten, wenn jemand kreativ ist? Kontrolle liegt immer noch über allem. Damals, heute.

Hierarchie und Polaritäten

»Hardball«, so nennen Profis eine bestimmte Art der Verhandlungsführung in der Wirtschaft. Hardball spielt auch Donald Trump seit seinem Amtsantritt, ganz anders, als es Politiker tun, die sich absichernd auf dem diplomatischen Parkett bewegen, mit zahmen Äußerungen und vorsichtigem Lavieren. Letzteres erfreut das Wählerherz oft nicht, aber Hardball? Vor allem, wenn wie bei Trump im Wahlkampf zu erleben, das Prinzip von Gewinner und Verlierer, das sogenannte »Win-loose« wieder zu hohem Ansehen kommt.

Win-win, das oft belächelte, aber doch dem amerikanischen Managementstil der Zukunft zugeschriebene Erfolgsmodell, hätte ausgedient, wenn wir auf den amerikanischen Präsidenten hören würden. Dabei handelt es sich bei dem Gewinner-Gewinner-Prinzip gar nicht um ständige Kompromisse und die vorauseilende Bereitschaft dazu, sondern um die angstfreie Entschlossenheit, seine eigenen Ziele zu nennen und mit ihnen in ein Aushandeln zu gehen. Notwendige Voraussetzung dafür: eine Beziehung, die auf Vertrauen basiert.

Wir erleben bei Trump seit seinem Amtsantritt Anfang 2017 nichts, was auf solche vertrauensbildenden Maßnahmen hinweist.

Er wirkt heute wie die Inkarnation der alten Polaritäten, sprich: des Wettbewerbs zwischen allem und jedem. Dabei hatte ich mich zumindest schon an Kollaboration im besten Sinn gewöhnt, an neue Modelle auch firmenübergreifender Zusammenarbeit. Ideen jenseits von Kontrolle, dafür hin zu gemeinschaftlicher Entwicklung und Umsetzung unternehmerischer Ansätze, auch von solchen, die Kunden als Personen ernst nahmen.

Doch mit Trump treten überall die Patriarchen wieder auf den Plan, die ich längst aus dem Spiel wähnte. Ihnen ist Kollaboration suspekt, gerade weil es dabei immer um eines geht: um das Ende der Kontrolle zugunsten einer abgestimmten, vertrauensvollen Zusammenarbeit.

Augenhöhe sieht einfach aus, ist aber nicht trivial

Nun also wieder: Polarität. Hardball. Das heißt auch, wieder vermehrt die alten Hierarchien. Oben und unten sind klar, und natürlich: Für die Ängstlicheren liefert Hierarchie Sicherheit, »man kennt seinen Platz«. Diese Sicherheit kann durchaus eine solide emotionale Basis für Leistung schaffen. Denn die Erfahrung zeigt, in unsicheren Situationen wird im Unternehmen kaum gearbeitet, die Energien der Mitarbeiter wie auch der Führungskräfte richten sich diffus auf Spekulationen und Gerüchte, immer im Versuch, neue Sicherheitszonen für sich selbst zu finden. »Oben und unten« schafft in einem solchen Kontext eine leichte, fast selbstverständliche Selbsteinordnung: Man kennt eben seinen Platz und wartet auf Ansagen.

Für die Freiheitlichen unter uns bedeutet Hierarchie Einschränkung und Beschneidung der Möglichkeiten. In den letzten Jahren, ausgehend von den Aufbruchsbewegungen der 68er-Generation, haben sich viele Menschen aus den alten Hierarchien gelöst und in Autonomie, Selbstverantwortung und Augenhöhe geübt. Wie das

Patriarchat in den Familien hat sich auch die patriarchale Dominanz in den Unternehmen als überholt erwiesen.

Eltern verstehen sich heute als »Leittiere« ihrer Kinder und übernehmen Führungsaufgaben, setzen Grenzen, geben Orientierung; sie übernehmen Begriffe aus dem Managementalltag. Die kommen aus einem soliden Verständnis von Augenhöhe, der Transaktionsanalyse, wie sie Eric Berne Anfang der 1960er-Jahre entwickelt hat. Sein Kollege und Mitstreiter Joe Harris bricht den etwas sperrigen Begriff auf das Mantra »Ich bin okay, du bist okay« herunter.[29] Was aber bedeutet das in Beziehungen zwischen Menschen?

Ohne hier das wirklich komplexe und hilfreiche Konzept im Detail aufzufächern, möchte ich einen Aspekt herausnehmen und an folgendem Schaubild zeigen. Basis ist ein Koordinatensystem, bei dem auf der X-Achse die Dimensionen »Du bist nicht okay« und »Du bist okay« abgetragen werden, auf der Y-Achse gleiche Dimensionen für das Ich. Aus diesem Achsenkreuz ergeben sich dann folgende vier Quadranten mit den entsprechend zugehörigen Grundhaltungen:

1. *Augenhöhe* oder die Haltung von: »Ich bin okay, du bist okay.«
2. *Opfer* oder sich schwach fühlen und unterlegen: »Ich bin nicht okay, du bist okay.«
3. *Sinnlosigkeit*, ein Zustand von: »Ich bin nicht okay, und du bist auch nicht okay.«
4. *Täterschaft*, die auf vermeintlicher Überlegenheit gründet: »Ich bin okay, du nicht.«

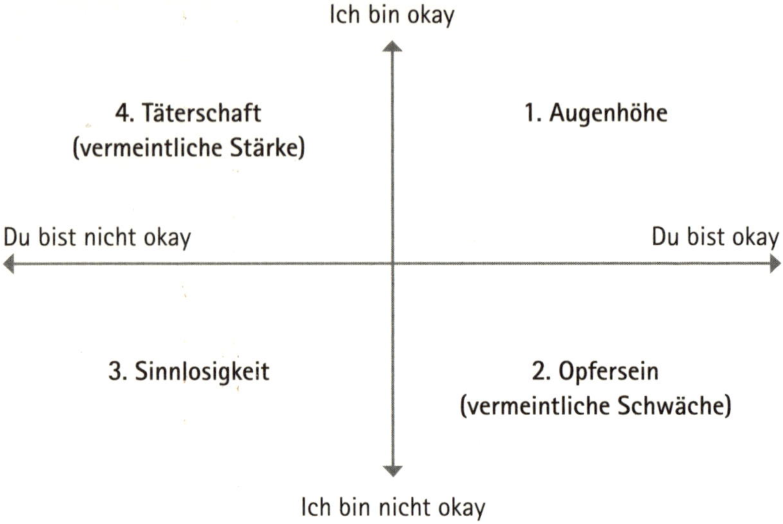

In diesen Quadranten können sich alle wiederfinden. Das ist nicht nur ein Spiel für Topmanager oder Unternehmer: Die meisten von uns befinden sich über einen Arbeitstag verteilt immer wieder mal in dieser oder jener Rolle. Typisch scheinen mir für unsere Unternehmen die Quadranten 2 für Mitarbeiter (Opfer) und 4 für Vorgesetzte (Täter). Das gilt nach meiner Erfahrung auch für modernste Unternehmen wie Start-ups.

Natürlich lässt sich auf die Rolle des Täters wunderbar schimpfen, sie taugt für Kantine und interne Aufregung in der Firma, aber auch in den Medien bestens. Das musste sogar ein so moderner Patriarch wie Thomas Middelhoff – smart, weltläufig, hochkommunikativ – erleben. Manager dieses Stils zeichnen sich durch eine ganz selbstverständliche und höchst charmante Täterschaft aus, die von seinesgleichen als kritiklos akzeptiert vorausgesetzt werden darf: Einer entschied für das gesamte Unternehmen – integrierte dabei die zentralen Multiplikatoren und wesentliche Entscheider wie Betriebsrat oder »alte Hasen« – auf Patriarchenart: Widerstände waren nicht erwünscht, es gab nur solche Fragen, die jeder am Tisch mit Fug und Recht bejahen konnte. Das strahlende Lächeln des Managers sorgte dabei für eine Lockerheit, die allerdings bei all denen nicht zündete, die fachlich gewonnen werden wollten.

Rücksprache, valide Einsprüche und echte Mitsprache? Unerwünscht. Dieses alte Konzept erleben wir ähnlich in Suchtfamilien: Hier übernimmt der Süchtige, gleich ob Elternteil oder Kind, die Täterschaft. Immer wieder im Wechsel mit den koabhängigen und die Sucht ermöglichenden Familienmitgliedern, die wiederum, von Scham und Schuld getrieben, zwischen Opferdasein und Täterschaft hin- und herwechseln.

Doch nicht nur die allseits geächteten Topmanager sind hier erste Wahl in Sachen Täterschaft. Auch in den Branchen mit hohem Ingenieursanteil wie Stahl oder Fahrzeug- und Maschinenbau setzt sich das patriarchale Modell bis an die Werkbänke durch: Wer hier Meister oder Ingenieur ist, arbeitet in Ausnahmefällen auf Augenhöhe mit seinen Leuten zusammen. Die meisten Chefs haben einen Vorsprung im Fachlichen und leiten daraus gern einen Vorsprung auf anderen Ebenen ab – sie sind diejenigen, die entscheiden.

Ich halte dieses Konzept »Ich bin okay, du bist okay« für außerordentlich hilfreich, um im Unternehmen einerseits auf patriarchales Verhalten zu schauen und um andererseits Sucht und Koabhängigkeit zu verstehen. Wer übernimmt Verantwortung für sich selbst, wer ist also auf Augenhöhe mit anderen? Wer verhält sich patriarchal oder reagiert darauf mit Unterwerfung? Es hat sich herumgesprochen, dass Produktivität und die Bereitschaft von Mitarbeitern, in einem anständigen Klima gern und konstruktiv zu arbeiten, miteinander zusammenhängen. Die alte Idee, dass ein Täter mit Angst und Druck mehr bewirkt, taugt immer weniger – und dann bestenfalls für die Kurzstrecke.

Der Vorstandsvorsitzende eines großen Konzerns engagierte mich, weil er – in seinen Worten – bei einem hochgeschätzten Kollegen einen »Webfehler« vermutete. Bei der Auftragsklärung stellte sich heraus, dass dieser Kollege nie mit Partnerin gesehen wurde, alle öffentlichen Veranstaltungen alleine bestritt und keine Auskunft über sein Privatleben zu geben bereit war. Die Fantasien des Chefs gingen wild durcheinander, und weil dieser sein Kopfkino bremsen wollte, bat er mich um ein Gespräch, eine Einschätzung und eine Klärung des Themas.

Nach einem zweistündigen Termin mit eben jenem Kollegen war klar: Dieser hatte zu Hause weder verschiedene Geliebte noch war er ein einsamer Hagestolz mit dreißig Hunden. Im Gegenteil: Er lebte mit seinem Partner schon einige Jahre gemeinsam in einer komfortablen Wohnung in der nächsten Großstadt, unter der Woche residierte er in einem reizenden Apartment in Konzernnähe. Da trennte jemand aufs Feinste zwischen Beruf und Privatleben.

Mich machte der Begriff »Webfehler« stutzig. »Fehler« macht klar, dass es etwas anderes gibt, was eben kein Fehler ist. Darunter hatte ich eine Charakterschwäche oder eine Deformation der Persönlichkeit vermutet, vielleicht sogar ein Suchtproblem. Dass auch die Freiheit der sexuellen Orientierung noch nicht ganz im Unternehmensalltag angekommen war, fand ich verblüffend.

Hier kommt jetzt Täter-Energie ins Spiel: Wer von sich denkt, er sei richtig (X-Achse, positiver Bereich) und vom anderen, dass dieser falsch sei (Y-Achse, negativer Bereich), erzeugt sofort eine Polarität und wertet den anderen ab. Durch dessen Abwertung wird Energie freigesetzt, Täter sind sich ja der guten Sache immer gewiss – man ist ja schließlich auf der richtigen Seite. An der Wortwahl allein lässt sich Täterschaft nicht immer erkennen. Sicher aber an bestimmtem Verhalten, auch an klaren Parolen. Hier möchte ich drei zentrale Täter-Kennzeichen nennen, die im Unternehmen wie im sonstigen Alltag zu erwarten sind:

- Erst kommt das Unternehmen, dann die Mitarbeiter.
- Ich definiere die Regeln und setze sie auch um.
- Wenn etwas schiefläuft, grolle ich.

Täter sind keine Menschen, die enge Freunde haben. Stattdessen haben sie vielleicht zusammen mit anderen die sprichwörtlichen Leichen im Keller. Sie sind jovial und gern mal laut, aber sie werden kaum mit jemandem wirklich nah, intim bekannt, vertraut. Für sie gilt die Parole: »Werde den anderen los!«

Täterschaft ist eine Haltung, die nicht immer eingenommen wird. Irritierend, ja, verblüffend ist es oftmals, eine Person, die man primär als Täter erlebt, in einem anderen Kontext zu sehen, etwa zu Hause. Dort wird dann aus dem Haudegen der Hauskater, wie es das patriarchale Ehekonzept erfolgreich seit Jahrhunderten bahnt.

Opfer hat viel Machtpotenzial

Damit jemand Täter sein kann, bedarf es eines Opfers. Das Gegenüber muss also tatsächlich einknicken. Wer sich selbst als Täter erlebt, geht bestenfalls in den Wettbewerb. In den USA unter einem Präsidenten Donald Trump sind es etwa die Frauen, die sich empören und sich als Opfer fühlen. Dabei zeigt sich sehr deutlich und konkret, wie kreativ, aufrührerisch und aktiv Frauen hier Stellung beziehen – Opfersein verurteilt nicht zu Passivität. Im Gegenteil: Unter Opfersein verstehe ich ein durchaus aktives Verhalten, bei dem Energie aufgewendet wird, um sich gut zu fühlen, obwohl man von einer anderen Person dominiert wird.

Der Vorstandskollege mit dem »Webfehler« – war der nun eigentlich ein Opfer oder vielleicht doch auf Augenhöhe? Folgen wir der Geschichte: Er ließ sich von den Recherchen des CEO nicht aus der Ruhe bringen. Mir gegenüber erklärte er, ihm reiche es vollkommen, mit seinem privaten Thema ganz persönlich und diskret umzugehen. Er fühle sich so auf Augenhöhe mit dem Vorstandsvorsitzenden.

Im Gespräch aber wurde schnell klar, dass er sich eher mit der Dominanz seines Vorstandsvorsitzenden eingerichtet hatte. Konsequenz: Auch bei ihm handelte es sich um eine Opferhaltung, wenngleich auf hohem Niveau. Woran konnte er das selbst erkennen und festmachen? Die Antwort auf diese Frage war, einmal durchdacht, von ihm selbst schnell formuliert. Dass er sich als Opfer wiederfand, machte er an folgenden Kennzeichen fest:

- Er ging einem Konflikt über seine Lebensweise teils bewusst, teils weniger bewusst aus dem Weg: Er ignorierte die Fragen des Vorstandsvorsitzenden, obwohl er davon schon gehört hatte.
- Darin erkannte er für sich selbst seine Selbstabwertung: Er fand sich als homosexueller Vorstand dann doch nicht so ganz hundertprozentig okay. Dieses Okay hing für ihn an der Einhaltung der tradierten gesellschaftlichen Norm.
- Gleichzeitig hatte er Angst vor Offenlegung. Er wollte seine Beziehungen zu den Kollegen im Vorstand nicht gefährden durch die »Wahrheit« – durch seine Wahrheit: dass er ein kompetenter Vorstandskollege sei mit einer anderen sexuellen Präferenz.

Insofern war die »Webfehler-Initiative« des CEOs hilfreich: Hier kam jemand zu Klarheit. Die Situation im nächsten Vorstandstreffen eskalierte zunächst, als diese spezifische Wahrheit auf den Tisch kam und die anderen Herren sich bass erstaunt zeigten; es wurde kurzzeitig ungemütlich, Komfortzone ade. Doch nach dieser kühlen Stunde ging das Vorstandsleben einfach weiter seinen

Gang – mit deutlich mehr Klarheit für alle und weniger Einschränkungen, ohne Spekulationen und Irritationen.

Aufrichtigkeit und Klarheit helfen. Sie stärkt alle Beteiligten – nicht nur das »ehemalige« Opfer. Doch dieses bezieht aus seiner Idee des Opferseins auch »Aufwind«: So hatte der Kollege mit dem vermeintlichen Webfehler daraus Energie gezogen, sich immer wieder von den anderen Kollegen abgegrenzt und – so sagte er selbst – sich gern über sie und ihre Spießigkeit erhoben. Damit war jetzt Schluss, auch für das »Opfer«.

Für Opfer gibt es genau diese in Hierarchien wie dem Patriarchat angelehnte Möglichkeit: Sie werten sich zeitweise selbst ab und bekommen intrapsychisch wieder Oberwasser, indem sie sich selbst zum Täter machen: Der andere ist nicht okay, man selbst aber schon, bitte schön. Dieses Verhalten sieht aus, schmeckt und fühlt sich an wie eine Zwillingsschwester der Koabhängigkeit in Familien.

Und so ist es: In Täter-Opfer-Konstellationen lassen sich alte Familienmuster wiedererkennen. Anders gesagt, wer aus einer dysfunktionalen oder Suchtfamilie kommt, reagiert oft automatisch mit dem erlernten Koabhängigkeitsmuster. Das gilt auch da, wo die Opferrolle bewusst eingenommen wird, um so die Energie für Täterschaft zu entwickeln.

Täterschaft als Opfer erreichen

Der Vorgesetzte im Konzern ging morgens meist grußlos durch die Abteilung zu seinem Einzelbüro, den Blick aufs Teppichmuster konzentriert. Begrüßungen beantwortete und beachtete er nicht. Eine Mitarbeiterin sprach das im Jour fixe an und erfuhr: Ihr Chef hörte schlecht; ohne Hörgerät nur 20 Prozent von dem, was um ihn herum geschah, mit Hörgerät auch nur 60 Prozent. Sie war ziemlich erschrocken und erleichtert zugleich. Man hatte ihn für arrogant und überheblich gehalten – was sonst, so die allgemeine Diskussion unter den Kollegen, könnte ihn dazu bringen, die Tageszeit nicht zu erwidern? Jetzt wussten es alle besser.

Gleichzeitig erschloss sich ein weiteres merkwürdiges Verhaltensmuster: Sobald dieser Manager in einer Diskussion den Kürzeren zog, reagierte er aggressiv statt einsichtig, boshaft statt versöhnlich, unleidlich statt dankbar für die bessere Lösung, die größere Erfahrung oder was auch immer Anlass zum Einlenken gegeben hatte. Auch hier wurde nach und nach das Hörproblem zum Schlüssel: In einem weiteren Gespräch mit einem anderen Mitarbeiter gab der Vorgesetzte zu verstehen, dass ja grundsätzlich alle über ihn lachten oder ihn hänselten – deshalb wäre es ja kein Wunder, dass er ihnen diese Überlegenheit nicht gönne. Die Gruppe der Mitarbeiter war verstört, verstand aber das Muster schnell: Sobald der Vorgesetzte sich mit seinen Annahmen nicht durchsetzte, fühlte er sich unterlegen und versuchte, umgehend wieder Täterschaft zu erlangen.

Dass zwischen dem Zustand Opfer und dem Zustand Täter eine Art von Wippe herrscht, erlebe ich häufig. In Situationen von Schwäche oder Unklarheit reagiert so mancher auf ein aggressives Gegenüber mit dem Opfermodus, um vielleicht bei nächster Gelegenheit in die Täterschaft zu schwenken. Wer einmal geflohen ist, versucht beim nächsten Mal, die Schmach wieder auszubügeln und greift an. Um im Bild der Wippe zu bleiben: Wer zunächst Opfer war, gibt viel dafür, um ganz schwer unten zu sitzen und nun den anderen verhungern zu lassen.

Für mich geht es hier um einen zentralen Aspekt: Weder Täter noch Opfer übernehmen Verantwortung. Stattdessen erleben wir ein Hin und Her von Schuld und Nichtschuld, eine unterschwellige und nicht offengelegte Dynamik. So ist dem Opfer die Energie des Mitleids oder positiver Zuwendung sicher, das Zauberwort heißt hier »moralische Überlegenheit«. Moralisieren aber gehört zu den zentralen Eigenschaften von Sucht und Koabhängigkeit.

Diese Dynamik zwischen Täter und Opfer funktioniert auf Knopfdruck, sie ist patriarchal bis ins Detail gelernt und wird so von uns selbst vor uns versteckt. Wenn wir uns umschauen, stellen wir fest, dass es nicht nur um Einzelbeziehungen geht, im Gegenteil: Nahezu alle gesellschaftlichen Verträge bauen auf Abhängigkeit, auf Täter und Opfer, auf oben und unten: die konventionelle Ehe, der Umgang mit Kindern, hierarchische Unternehmen, aber noch viel mehr Kirchen und Schulen. In vielen Schulen wird neben Konkurrenz und Wettbewerb immer noch gelernt, dass sich jemand schämen muss, der anders ist, der anders malt, der anders rechnet, der anders auf die Welt schaut. Geht es darum, sich die anderen schwach und somit vom Leib zu halten, beispielsweise als Lehrer eben die Schüler? Im Gegenzug stärkt es Menschen sofort, wenn sie ihre eigene Wahrheit ausdrücken können und anerkennen.

Wer aus koabhängigen Mustern kommt, findet den Weg zu einer solchen Augenhöhe oft nicht. Die eigenen inneren Muster sind schwer ohne Hilfe von außen zu entwirren.

Scham wirkt wie Krebs und schwächt

»Werfen Sie sie raus! Sie werden diese Leute nicht mehr ändern.« Mein Vorgesetzter im Konzern schnippte mit den Fingern und zeigte auf das »Trio infernale«, wie sie im Haus genannt wurden: drei alte Haudegen, exzellent vertraut mit allen Abläufen, die sich kein X für ein U vormachen ließen und rein gar nicht auf Augenhöhe oder einen modernen amerikanischen Managementstil reagierten. Mein Chef war sauer und biss gedanklich in seinen Schreibtisch, wenn er einen der drei auch nur sah.

Mir war längst klar, dass ich diese Männer nicht ändern würde; ich wollte aber gern ihr Know-how nutzbar machen und war deswegen überhaupt nicht daran interessiert, sie in den Vorruhestand zu schicken. Es kam zu einem zähen Ringen. Ich war gerade Abteilungsleiterin geworden und selbst so viel jünger als die toughen Herren, dass ich es mit ihnen nicht leicht hatte: Sie ließen mich gern demonstrativ im Regen stehen, wenn ich ihre Witze, ihren Fachjargon und ihre versteckten Hinweise nicht begriff.

Nach oben war es schwierig (»Raus mit den Herren!«), nach unten auch nicht leicht (»Zeigen Sie erst mal, was Sie können!«). Wie konnte ich der Situation gerecht werden? Sprach ich die drei an und machte das Ansinnen bekannt, dann widersetzte ich mich dem Vorgesetzten – und hatte in möglichen Ausstiegszenarien die Chance für einen Überraschungscoup vertan. Saß ich das Thema einfach aus, wartete also ab, bis mein Chef wieder auf mich zukam? Ich schlief etliche Nächte schlecht, das Dilemma trieb mich um, und ich war damit allein.

Am Ende blieb ich aufrecht, weil mir einfach nichts Besseres in den Sinn kam. Ich wollte mich nicht zum Werkzeug von Interessen machen, die ich selbst nicht einschätzen konnte – und widersetzte mich meinem Vorgesetzten und der Elite des Unternehmens. Dafür wurde ich auf der nächsten Führungskräftekonferenz vor gut zweihundert Managern abgestraft. Ein Vorstand sprach von mir als »unsere Minna von Barnhelm«, und mir blieb wenig übrig, als mit roten Wangen, aber geradem Rücken so etwas wie Stolz und klarem Blick dieser Rede zu folgen und auf das Getuschel um mich herum nichts zu geben.

Natürlich konnte ich darauf setzen, dass Lessings Komödie um die kluge Minna nicht im Detail bekannt war. Aber ich kannte sie, und das war schwer genug auszuhalten. Ich schüttelte mich innerlich. Meine Haltung wirkte offenbar so ruhig und so wenig geduckt, meldeten mir verschiedene Vertraute aus der Runde, dass mich die Kollegen, unsicher ob der Botschaft dieser Zuschreibung, zunächst grinsend abwerteten, aber dann um meine Stabilität beneideten: Warum knickte ich nicht ein? Wieso brach ich nicht in Tränen aus? Minna, wie das schon klang! Am Ende ließ mich das, was als Abstrafung gedacht war, gestärkt aus der Situation hervorgehen.

Täterschaft funktioniert oftmals durch Beschämen. Scham scheint, so etwa Traumaforscher Peter Levine,[30] eine Wirkung zu haben, die dem Krebsgeschehen ähnelt: Sie breitet sich von einem beschämenden Moment, einem vernichtenden Satz aus wie ein Tumor mit seinen Metastasen und ergreift den ganzen Menschen. Levines Ansatz gegen diese innere Vernichtung baut auf Stolz: Er zielt darauf ab, wieder eine grundsätzliche Würde, einen sogenannten verankerten Stolz im Einzelnen zu entwickeln – raus aus der Scham, hin zu einem erlebbaren, starken Triumph.

Nicht jede Beschämung ist möglicherweise so groß und so öffentlich, dass unsere Person in Mitleidenschaft gezogen wird. Aber viele kleine Beschämungen unterminieren ebenfalls den Selbstwert, die gute Beziehung zu sich selbst, das Einverständnis mit dem eigenen Handeln. Dabei sind Polaritäten und Vereinfachungen sehr wirksame Mittel.

Daddy's Darlings: Wenn Erfolg machbar ist

Die Fernsehbilder von Klaus Zumwinkel, Vorstandsvorsitzender der Deutschen Post, bei der Festnahme wegen Steuerhinterziehung durch eine Dortmunder Staatsanwältin, stecken zehn Jahre danach noch vielen Managern in den Knochen. Zumwinkel, der den Post-Teil des Bundesministeriums für Post und Telekommunikation zu einem funktionierenden Konzern umbaute, war ein Patriarch der alten Garde und für viele Mitarbeiter auch eine Identifikationsfigur, eine Art Übervater.

Sein tiefer Fall kam überraschend und damit umso härter: Er hatte in seiner privaten Steuererklärung offenbar aus Steuervorteilen Nutzen gezogen, die nicht legal waren – wie viele Manager, die dieses Thema bei ihren Steuerberatern gut aufgehoben sehen und selbst oft nur angeben, ob sie risikofreudig sind oder eher konservativ Steuern sparen möchten. Diese nichtwissentliche Steuerhinterziehung hat Klaus Zumwinkel, einst hochgeachteter Topmanager und zentrale Figur der Deutschland AG, außerhalb des Wirtschaftsalltags gestellt.

Ziemlich sicher dürfte sein, dass Zumwinkel seinem Steuerberater niemals vorgeschlagen hat, aus ihm ein Opfer zu machen. Aber sicher ist ebenfalls: Verantwortung übernehmen für sein eigenes Leben und seine eigenen Investitionen, das sieht anders aus. Viele mächtige Männer wie Klaus Zumwinkel wollen vermutlich Verantwortung tragen oder Vorbild sein für andere, ebenso die wenigen Frauen, die über Macht verfügen wie Angela Merkel. Vielen aber ist der Unterschied zwischen Schuld und Verantwortung nicht bewusst. Das hat historische Gründe, weil die Begriffe seit gut zweihundertfünfzig Jahren verschwommen sind und für das Gleiche erachtet wurden.

Täterschaft ist außerordentlich gut gebahnt im Verhalten, stammt aus Zeiten, in denen es ums nackte Überleben ging, und gilt auch heute, da keine Leben mehr auf dem Spiel stehen, als typisch für ein erfolgreiches Managerleben. Heute geht es stattdessen um Zahlen, um Geld. Die Leben, die auf dem Spiel stehen, sind bestenfalls im Unternehmen selbst zu finden. Das hat sich allerdings noch nicht herumgesprochen.

Zum Täter gehört das Tun, und entsprechend wird im Unternehmen agiert: Ein solcher Manager »macht«, komme, was da wolle. Er fragt nicht lange, gibt sich nicht die Blöße des Nachdenkens, Zuhörens, des Sich-Umhörens. Er unterwirft sich der Machbarkeit seiner Geschäftsziele, Bonusvereinbarungen, Aktionäre – er fühlt sich zum Erfolg verdammt. Und das ist er auch, in einem immer noch einsamen Geschäft, bei dem der Erwartungsdruck absurd gesteigert ist.

Schuld	Verantwortung
• Schuld definiert den Täter.	• Verantwortung definiert Augenhöhe.
• Erfordert ein Tun, eine Tat.	• Erfordert Klarheit und sich einen Überblick, gegebenenfalls auch Einblick verschaffen.
• Gegenteil ist Unschuld, für Erwachsene Naivität.	• Gegenteil ist Wegschauen, sich nicht angemessen kümmern.
• Haltung von »Ich will es nicht so genau wissen«, aber auch: »Werde den anderen los.«	• Haltung von »Ich möchte das verstehen«, aber auch: »Ich höre zu, frage nach.«
• Jovial bis zur Kumpanei.	• Informiert andere, bezieht sie ein.

Was der Hausarzt so verschreibt

Weil der Druck so hoch ist, ist auch das kein Wunder: Viele Manager finden nicht so leicht in einen friedlichen Schlaf. So scheint fast keine Alternative möglich zu den sogenannten »Uppern« und »Downern«, den Suchtmitteln, die morgens aufputschen und abends beruhigen. Sie sind in der Wirtschaft ein echtes Thema, über das natürlich nicht gesprochen wird.

Im Frühjahr 2017 besuchte ich einen Kongress mit dem lakonischen Titel »Manager und Sucht«. Manager waren keine zugegen, aber Therapeuten, Ärzte und Vertreter von Privatkliniken, in denen Abhängigkeitserkrankungen auskuriert werden. Ziel des Kongresses war zum einen, eine bestimmte Klinik bekannt zu machen, und zum anderen, das in der Öffentlichkeit kaum diskutierte Thema breit aufzustellen.

Das mit Suchterkrankungen vertraute Publikum, mehr noch das profunde Podium definierte zu Beginn der Veranstaltung den Typus Manager, der extrem suchtgefährdet scheint: all die Führungskräfte, die zur Selbstüberschätzung neigen, andere Menschen gern dominieren und sich außerdem extrem stark mit ihrer Arbeit identifizieren. All das traf auf mein früheres Selbst durchaus zu; mit vielleicht einer kleinen Ausnahme: Als Frau bin ich sozialisiert dazu, mich selbst zu unterschätzen, während Männer grundlegend dazu sozialisiert werden, sich zu überschätzen.[31]

Gerade diese konstatierte Selbstüberschätzung trägt entscheidend dazu bei, dass erfolgsverwöhnte Männer glauben, ihre Zahlen zu schaffen – und im zweiten Schritt ebenso überzeugt sind, den dafür erforderlichen Konsum von Alkohol, Cannabis, Kokain, von Uppern und Downern, aber auch von Heroin und Crystal Meth im Griff zu haben. Dieses Trugbild hält, bis zu einem Zusammenbruch. Erst mit einem Zusammenbruch wird ein Entzug möglich – vorher, so die Klinikexperten, erlaubt das Selbstbild dieser Manager es offenbar nicht, kürzerzutreten, etwas zu ändern, gar aus der Suchtspirale auszusteigen. Die zentralen Ursachen für einen solchen Zusammenbruch wurden wie folgt benannt:

- hoher beruflicher Stress, der nicht kompensierbar ist oder bewältigt werden kann.
- gesundheitliche Probleme,
- Zusammenbruch des privaten Umfelds, Scheidung oder Erkrankung der Ehefrau.

Sangen die Rolling Stones noch von »Mother's little helper«, so waren damit Tranquilizer und Beruhigungsmittel gemeint. Diese hatten in einem bis heute nicht diskutierten Ausmaß in den 1960er-Jahren primär Frauen, vor allem amerikanische Ehefrauen in der Menopause, in den Vororten, Nachbarschaften und anderen Gemeinden des großen Trübsinns stillgelegt. Ruhiggestellt von den Psychiatern einer pharmagläubigen Welt: 1977 wurde Valium in die »Liste der unentbehrlichen Arzneistoffe« der WHO aufgenommen. Was für Schicksale! Getriggert nicht von Armut an Geld oder materiellen Gaben, sondern von Leere, Ohnmacht und Orientierungslosigkeit. Mittlerweile wird Valium nicht mehr so großzügig verschrieben, aber die Pillen sind nicht verschwunden, im Gegenteil: Sie sind zurück, und das mit voller Wucht – diesmal: bei den Männern.

»Upper« und »Downer« liefern den Lebensrhythmus

Genauer: bei den Managern. Diese werden dem Dauerstress ihres Tätigkeitsfelds oft nicht mehr ohne Hilfe gerecht und suchen nach handhabbaren Lösungen. Alkohol ist auch hier immer noch das am weitesten verbreitete Suchtmittel: Er wirkt zunächst entspannend in stressigen Situationen, aber die Übergänge hin zur Abhängigkeit sind fließend. Es bleibt auch im Arbeitszusammenhang bei der Frage: Wo verläuft die Grenze zwischen täglich zwei Glas Bier, die »nur« schädigen, und den zwei Glas Bier, die abhängig machen?

Seitdem Nikotin, das oft den Alkohol begleitet hat, verpönt ist und das Rauchen Menschen »vor die Tür« stellt, suchen Manager unter Druck andere Ventile. Entsprechend haben sich vor allem folgende Mittel durchgesetzt:

- *Upper:* als Wachmacher bekannte Mittel, zu denen Kokain und Amphetamine zählen, aber auch das preiswerte Ritalin.
- *Downer:* Beruhigungsmittel, zu denen Benzodiazepine gehören wie Valium oder die allgemein bekannten Präparate Tavor oder Diazepam. Sie dämpfen Aufregung, machen allerdings auch schnell und in kleinen Dosen süchtig.

Aus diesen beiden gegenläufig wirkenden Gruppen entwickelt sich oft ein Teufelskreis: morgens die Upper, um fit in die Arbeit zu gehen, abends die Downer, um zu Hause wieder zur Ruhe zu kommen. So lässt sich die eigene Leistungsfähigkeit steigern – von

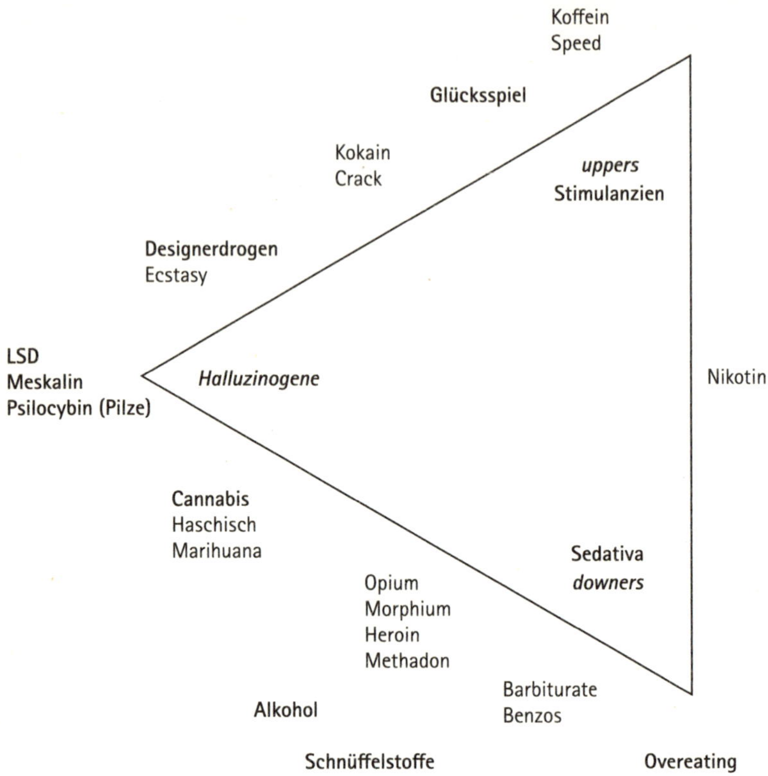

Dreieck der Drogenwirkungen[32]

Schwächen wird hier natürlich nicht geredet. Wir sind ja im Management oft genug unter Helden. Und dort gilt: Ein Mann muss tun, was ein Mann tun muss.

Wer als Manager eher einen Partystil pflegt, bei Kunden häufig auf Festen oder Veranstaltungen auftauchen muss oder auch im eigenen Unternehmen immer wieder bei Betriebsfeiern, Jahresfeiern, Geburtstagen erwartet wird, geht möglicherweise auf Amphetamine (»Speed«), vor allem wenn Kokain nicht so leicht zugänglich ist. Das ist jenseits der Großstädte üblich.[33] Eine Alternative zu Speed und Kokain bieten Amphetaminderivate, sogenannte Designerdrogen wie Ecstasy, das auch von Jugendlichen gern in der Disco genutzt wird: Es bringt beim Tanzen mit monotonem Rhythmus schnell in Trance. Daneben macht es fit, mobilisiert und – auch heute für Manager interessant – schaltet Hunger und Durst aus.

Erstaunlicherweise sind sowohl die kriminalisierten, also illegalen Drogen als auch all diese rezeptpflichtigen Medikamente hierzulande einfach zu erhalten; der Schwarzmarkt ist professionalisiert und schon lange nicht mehr auf Schulhof-Dealer, Schmuddelkneipen oder das Rotlichtmilieu reduziert. Pillencocktails für Tag und Nacht werden oft genug vom Hausarzt verschrieben. So oder so, Tabletten gehören in der Wirtschaft zu den täglichen »Nahrungsergänzungsmitteln«.

Das bedeutet umgekehrt: Die Herausforderungen des Jobs sind von vielen Managern nicht ohne Unterstützung zu stemmen. Manchmal geht es nur um eine besondere Situation, um einen Extremfall, worüber Tabletten hinweghelfen sollten. Und manchmal bleibt man dabei – oft genug, weil sich die Betroffenen damit einerseits gut fühlen oder auch weil die besorgte Ehefrau eine Lösung fordert, die ihr und damit der Familie ein besseres Gefühl liefert.

Neuro-Enhancement im Wirtschaftsalltag

Medien, Wissenschaft und Politik spielen mit. In Sachen Ritalin war gar der halbe Ethikrat der Bundesregierung mit im Boot: Bitte legalisieren! Kostet doch nichts, geht auch bei Hartz IV.

Im Jahr 2009 las ich ziemlich sprachlos in der Zeitschrift *Gehirn & Geist* das Memorandum von sieben Wissenschaftlern, die sich in Anlehnung an einen im Vorjahr in den USA erschienenen ähnlichen Aufruf offenbar in Deutschland zum Thema Selbstoptimierung, neudeutsch »Neuro-Enhancement«, positionieren wollten.[34] Dieser Aufruf begann mit den Worten: »Wir vertreten die Ansicht, dass es keine überzeugenden grundsätzlichen Einwände gegen eine pharmazeutische Verbesserung des Gehirns oder der Psyche gibt. Vielmehr sehen wir im pharmazeutischen Neuro-Enhancement die Fortsetzung eines zum Menschen gehörenden geistigen Optimierungsstrebens mit anderen Mitteln …«

Es geht bei dieser Diskussion vor allem um das Präparat Ritalin, das zu den Uppern zählt und aus der Behandlung von verhaltensauffälligen Kindern bekannt ist. Das Spannende an den Autoren: Etwa die Hälfte gehört zum Ethikrat, ein Gremium, das die Bundesregierung berät. Offenbar ist dieser Ethikrat ganz souverän jenseits der Menschenwürde, beim optimierten Menschen angekommen, jedenfalls wenn es um andere geht.

Etwa zeitgleich hatte die Journalistin Birgit Schmid einen einwöchigen Selbstversuch mit Ritalin durchgeführt und ihre Erkenntnisse unter dem Titel »10 Milligramm Arbeitswut« vorgestellt.[35] Ihr Erkenntnisgewinn: Sie fand sich besser organisiert, schneller fokussiert, gerade auch als selbstständige Autorin mit einem gewissen Effizienzdruck viel besser den Anforderungen ihres Arbeitsalltags gewachsen. Ich möchte schlussfolgern: Genau, Frau Schmid funktionierte einfach besser. Aber ist das eine Kategorie für Menschen – und nicht eher eine für Maschinen?

Die Nachteile von Ritalin, jenseits des Risikos einer Abhängigkeit, finden sich auch noch an anderen Stellen: Ritalin lässt alles neben der Arbeit als unwesentlich erscheinen, und so wird Zwischenmenschlichkeit als mühsam erlebt. Was also macht Ritalin mit Vorgesetzten, mit dem Klima am Arbeitsplatz – allen anderen Beteuerungen, Hochglanzbroschüren und Führungsworkshops zum Trotz, in denen von Teamkultur, Vertrauen und Augenhöhe getextet wird? Jakob Hein von der Berliner Charité bestätigt, dass Ritalin gerade die »Winner-takes-it-all«-Mentalität stärke. Er ist sogar sehr deutlich mit seinen Aussagen zur Wirtschaft, in der man »die Leistung dessen, der 96 Prozent bringt, auf null setzt, und nur die Leistung von demjenigen, der die neuen hundert Prozent bringt, dann plötzlich als Norm setzt. Das ist für mich ohne Boden, ohne Ende und führt mit Sicherheit nicht dazu, dass es uns gesellschaftlich besser geht.«[36]

Auch andere Fachleute zweifeln an der ethischen Komponente. Für sie sieht ein menschenwürdiges Leben nicht so aus, dass man jede freie Zeit, jedes In-die-Sonne-Blinzeln oder Auf-einem-Grashalm-Kauen sofort eintauschen muss gegen produktive Arbeit. Doch der Blick auf unseren Nachwuchs zeigt die beklemmenden Auswirkungen: Wenn 60 Prozent der Abiturienten von ihren Eltern Ritalin bekommen, was macht man dann als verantwortungsvoller Elternteil? Das war eines der Killerargumente der Ethikdiskussion.

Zum Glück ist die Diskussion abgeebbt. Die Nebenwirkungen von Ritalin bleiben unklar; Schüler und Studenten geben an, unter Ritalin vor allem den Eindruck zu haben, den Stoff zu beherrschen, ohne das im Testfall belegen zu können. Auch dass das Medikament preiswert ist, hat nicht weitergeholfen. Was mir noch in den Knochen steckt: Funktionieren als erstrebenswertes Lebensziel – was für ein Wahnsinn!

Wenn Logik und reale Gefühle drohen: Halluzinationen erwünscht

Mein Kunde bestellte mich zweimal zu sich in die Konzernzentrale, um mich kurzfristig wieder auszuladen. Ich war »not amused« und unruhig: Die Beziehung stimmte offensichtlich nicht mehr – was hatte ich da nicht mitbekommen? Für einen Coach eine schwierige Sache, die gesamte Arbeit beruht auf einer tragfähigen Beziehung. Wir telefonierten kurz, und er wies darauf hin, dass das ja schließlich über unsere Stornovereinbarung für mich vorteilhaft geregelt sei.

Natürlich, Geld und Umsatz sind die eine Sache. Aber mir ging es nicht um Geld, sondern um die Arbeitsbasis zwischen uns beiden – das Wichtigste, was ich als Coach zu einem Kunden aufbauen und gestalten kann. Ich ging ihn frontal an: Ob es um seinen Umgang mit Gefühlen ging, den wir im Termin davor angesprochen hatten? Der eloquente Mann druckste, bat dann um eine kurze Unterbrechung, legte auf, rief erneut an. Ich hörte, wie er, der Nichtraucher, an einer Zigarette zog, und hakte nach. Ja, antwortete er, es handele sich um einen Joint, Marihuana, eine gute Sorte aus Amsterdam.

Das war erhellend, und seine Offenheit gab uns eine neue Möglichkeit für die Zusammenarbeit. Nicht ganz so allerdings, wie mein Kunde sich das zunächst als geniale Idee ausgedacht hatte: dass ich zur Kontrolleurin seines Cannabis-Konsums würde. Niemals wollte ich das, das verstand sich für mich von selbst. Denn Koabhängigkeit setzt auf Kontrolle, Coaching aber auf Entwicklung. Ich brach das Telefonat an dieser Stelle ab und bat um einen Termin ohne Drogen – unter Cannabis lässt sich sehr gut von Gefühlen sprechen, ohne mit diesen selbst in Kontakt kommen zu müssen.

Halluzinogene Helfer entlasten vor allem scharf denkende und ebenso scharf handelnde Manager und Unternehmer von der Wucht der nachfolgenden Gefühle – zwischen Angst und Größenwahn ist alles möglich. Doch nicht jeder will sich kaufbaren Drogen aussetzen, auch möchte nicht jeder nach Holland reisen und vielleicht beim Schmuggel erwischt werden.

Körpereigener Suchtstoff: Adrenalin

Es geht ja auch anders. Denn zum Glück für alle Süchtigen produzieren wir Menschen ja körpereigene Hormone, die als Drogenersatzstoffe wunderbar taugen und uns gleichermaßen hintergründig aus dem Spiel nehmen.

Ich selber war als Managerin ein echter Adrenalin-Junkie. Meine Achillesferse waren öffentliche Auftritte, die ich stets so spät vorbereitete, dass nur noch minimal Zeit blieb, sowohl für die Entwicklung von Präsentationsmaterial als auch für meine Strategie. Mit zunehmender Relevanz meiner Auftritte verkürzte ich diese Vorbereitungszeit ständig, selbstverständlich nicht willentlich oder bewusst. Es gab immer vermeintlich Wichtigeres. Das führte dazu, dass ich in der Vortragssituation stets unter höchstem Druck stand, sofort von Adrenalin geflutet wurde und damit im besten Flucht-Angriff-Modus vor dem Publikum stand: hellwach, allem gewachsen, alle Reserven aktiviert, voll unter Strom.

Meist lief es gut bis sehr gut. Dazu kamen die wunderbaren Effekte, dass ich stets von »geringer Vorbereitung« sprechen durfte, dabei aber sehr gute Rückmeldungen einheimste und darüber hinaus laut philosophieren konnte, wie gut denn bloß der Vortrag gewesen wäre, hätte ich genügend Zeit gehabt, mich damit wirklich ausführlich zu befassen … Ging mal irgendwas schief – meist waren das Kleinigkeiten –, konnte ich entspannt abwinken. Nebensache!

Ist ein stressiger Top-Job, in dem die Show ungefähr so wichtig ist wie das Ergebnis, überhaupt menschlich? Sicher liefert sie einen guten Beitrag zu Heldengeschichten, von denen das Management noch immer lebt. Wenn die sehr alten Herren erzählen, wie sie selbst die stressigen Jobs bewältigt haben, kommen Geschichten aus Nachkriegsdeutschland auf den Tisch: Wie man im Porsche die Blondine im rechten Arm, den Schampus in der linken Hand, doch noch eben den Chef vom Wettbewerber überholt habe … Geschichten aus längst vergangenen Zeiten, aus Zeiten, die an Komplexität und Dynamik mit unserem Hier und Heute überhaupt nicht zu vergleichen sind. Nur zur Erinnerung: Die alten Herren waren nicht ständig erreichbar, nicht immer online und mussten auch nicht global verfügbar sein. Sie hatten Zeit für Zigarren, konnten sich komfortable Verhältnisse mit hübschen Sekretärinnen leisten, die damals ebenfalls noch nicht unter Druck standen.

Wer nicht auf Tabletten setzt oder nicht ganz so weit oben in der Hierarchie steckt, dass es ohne Pillen nicht mehr geht, setzt eben auf Adrenalin und sucht sich seine Aufputschmittel im eigenen Körper. Dazu gehören als erste Gruppe die Manager, die immer auf den letzten Drücker die Rede vorbereiten oder sich in letzter Sekunde für einen Flug entscheiden. Die, die unvorbereitet ins Betriebsratsgespräch gehen, aber auch die, die beim Boarding am Flughafen schnell die Präsentation in den PC hacken, um rechtzeitig zum Termin gerade das Minimum geschafft zu haben.

Adrenalin schüttet sich kurzfristig vor der Situation aus, ermöglicht es, sie energievoll und aufs Äußerste gespannt zu überstehen – und hängt dann noch, je nach Erfahrung, Erregung und körperlicher Substanz zwischen 2 und 5 Stunden »in den Knochen«. Selbstüberforderung wie Überforderung aktivieren diesen Suchtstoff, dessen Wirkung leider ziemlich unpräzise abläuft. Adrenalin putscht auf und wirkt wie ein psychischer Muskelkater, der einen hochaktiv und überwach hält, noch Stunden nach dem Ereignis.

Ich arbeite auch heute immer wieder als Rednerin und erlebe trotz jetzt solider Vorbereitung, trotz Bühnencoach und aller Routine immer wieder Adrenalin-Ausschüttungen – weil sich etwa das Timing verschiebt, die Technik nicht funktioniert oder sonst ein Problem vor Ort für besonderen Stress sorgt. Aber ich verzichte heute auf extremes »Eigen-Doping«, trotz seiner kurzfristigen feinen Vorteile: Erstens haben wir den Suchtstoff immer dabei. Zweitens lassen sich alle Adrenalin erzeugenden Situationen immer rational (v)erklären, oft genug auch so, dass wir dabei zu Helden werden. Und drittens fühlen wir uns, wir spüren unseren Körper, unsere Wachheit – für viele Manager eine Sensation. Sie spüren sich selbst kaum noch oder nur noch bei Schmerzen. Hilfreich für ein gelingendes Leben? Bedingt.

Der Diesel- und in seiner Folge der Kartellskandal der deutschen Automobilindustrie haben Koabhängigkeit und rigide Strukturen offengelegt. Wer ist eigentlich Täter, wer Opfer? Und gibt es überhaupt jemanden, der Verantwortung übernimmt? Diese Fragen sind, während ich bei der Schlussbearbeitung dieses Buchs bin, nicht geklärt. Bis jetzt hat niemand den Finger gehoben in Sachen Verantwortung, als Opfer sind aber offenbar alle dabei.

Zum einen gibt es die Topmanager der Autokonzerne, die vermutlich sowohl die Diesel-Beschönigungen wie auch andere Kartellabsprachen beauftragt haben. Wie kann es sein, dass – angesichts des vom *Spiegel* vorgelegten Materials – auf den oberen Etagen anscheinend niemand Bescheid wusste? Auf der anderen Seite stehen die Techniker, die einigen Wünschen ihrer Vorgesetzten widersprochen haben sollen oder es wenigstens wollten. Wer soll bei der publizierten, höchst koabhängig in offiziell und inoffiziell unterschiedenen Kommunikation durchblicken? Ein Teufelskreis.

Gehen wir von der Wahrheitsvermutung aus: Wenn Ingenieure sich äußern wollten, ihre Vorgesetzten das aber nicht hören mochten – was macht man da? Gibt man dem Druck nach und ist, als Ingenieur und Techniker, derjenige, der es am Ende ausbaden soll? Oder widerspricht man und sitzt dann möglicherweise direkt auf der Straße? So jedenfalls könnten die Mitarbeiter argumentieren. Hier möchte ich, mit Verlaub, bremsen.

Denn genau so simpel ist das Leben nicht: Polaritäten gehören zu einem Suchtsystem oder zu Koabhängigkeit. Wer nur in Entweder-oder-Konstellationen denkt, dem ist die Vielfalt der Möglichkeiten abhandengekommen und zeigt süchtige beziehungsweise koabhängige Verhaltensmuster. Vital, lebendig, gesund wäre es, weitere Lösungen zu finden – also weder nachzugeben noch ein Karriereende zu riskieren. Möglichkeiten dazu stünden viele offen:

die eigenen Netzwerke aktivieren, sich mit Anwälten beraten, sich zusammenschließen und Gruppen bilden, zum Whistleblower werden … Handeln und Denken in Gegensätzen ist das krasse Gegenteil einer solchen gesunden Vielfalt im Lösungsraum. Ob die Manager der Autokonzerne nun alle Süchtige sind, die sich entsprechend mit koabhängigen Mitarbeitern umgeben haben, lässt sich nicht sagen. Zuschreibungen sind nicht hilfreich. Aber das Bild von Sucht und Koabhängigkeit scheint mir einen Blick wert.

Die deutschen Vorzeigeunternehmen sind alle auf Fortschritt ausgerichtet, auch die Bundeskanzlerin unterstützt die Wirtschaft darin. Genau die den Fortschritt stabilisierenden Methoden erweisen sich aber als faul, als nicht tragfähig, als unlauter. Was hat es mit dem Fortschritt auf sich? Ist das, so möchte ich in den Raum stellen, nicht auch eine Sucht? Eine Sucht, die mehr Ressourcen verbraucht und dabei mehr Energie kostet, als sie zurückliefert?

Führungskraft ohne Beziehungsgestaltung

Topmanager aus Konzernen, ob Dieter Zetsche von Daimler oder Frank Appel von der Post, ob Joe Kaeser von Siemens oder Carsten Spohr von Lufthansa – sie alle eint eines: Sie versuchen, den Wert ihrer Unternehmen zu erhöhen, die Wünsche der Aktionäre zu erfüllen und dabei die Mitarbeiterscharen halbwegs in Ruhe durch die notwendigen Veränderungen zu führen. Die Komplexität in den Firmen ist enorm: Sie haben mit globalen Anforderungen zu tun, mit dynamischen Prozessen, mit Hunderttausenden von Menschen.

Das beste Mittel, um Komplexität zu reduzieren, ist Vertrauen: Vertrauen in die Führungskräfte, Vertrauen in das Unternehmen, Vertrauen in die eigene Arbeitskraft. Doch wer Kennzahlen verfolgt, wie soll der Vertrauen aufbauen? Die Zahl entscheidet, nicht die Qualität der Arbeit, das Engagement der Mitarbeiter. Wer über

Zahlen führt, hat eine vermeintlich objektive Größe, meist eine ziemlich beliebige. Viele Manager lassen ihre Mitarbeiter mit den Zahlen allein, wenden sich wieder ihren Meetings und Excel-Tabellen zu, um am Ende des Geschäftsjahrs mit Parolen, Zuckerbrot und Peitsche vor ihr Volk zu treten.

Führen ohne Beziehungsgestaltung, das scheint hilfreich in Zeiten von Krieg, wenn ich den großen Strategen traue. In heutigen Zeiten und in unserem Land aber geht es schon seit vielen Jahrzehnten nicht mehr um Krieg, sondern um das genaue Gegenteil: Es geht um ein gutes Leben. Sind wir so mit der Ablenkung vom Krieg oder alternativ mit der Fortführung eines Kriegs auf einem anderen Feld beschäftigt, dass wir das noch nicht bemerkt haben? Die Ziele der Unternehmen sind nicht auf freundliche, menschenwürdige Ergebnisse ausgerichtet, sondern auf eben einen solchen Krieg; sie sollen den Profit derer erhöhen, die in sie investiert haben – Aktionäre, Gründer, Banken. Dass auch noch Mitarbeiter an Bord sind, ist eher hinderlich und anstrengend: Hier wird Beziehungsarbeit erforderlich, Führung, mehr als nur Zahlentreue.

Hinzu kommt noch die Generation Millennium: Da wollen fast überall junge Leute nicht nur für Geld arbeiten, sie suchen mehr. Sie wollen einen Sinn finden, also einen Grund, warum sich Arbeiten für sie lohnt. Es lässt sich doppelt spekulieren: Hat die Suche nach Sinn den Wunsch nach Geldverdienen abgelöst? Ist Sinn also das neue Geld? Oder haben hier junge Menschen endlich begriffen, dass es nicht mehr um karges Überleben gehen kann?

Diese Frage lässt sich nicht beantworten. Sicher ist, dass mit Zahlen gerade der Nachwuchs nicht hinter dem Ofen hervorzulocken ist. Entsprechend ist die Produktion von Sinn als Transportmittel für Arbeit ebenfalls erforderlich. Es sind viele Unbekannte in einer Gleichung unterwegs, die leider keine Gleichung ist – Unternehmen sind gefangen von der Unberechenbarkeit der Welt und müssen mit dem Bedürfnis nach Sinn und Sinnhaftigkeit leben. Unberechenbarkeit lässt sich dann aushebeln, wenn man sie ignoriert und sich selbst einer Illusion anvertraut: der Illusion von Machbarkeit, sichtbar werdend in Zahlen und Fakten.

Erfolg hängt ab von Zahlen und Daten

Zahlen und Daten, die sogenannten Fakten, definieren den Alltag in den Unternehmen. Hier ging es schon immer und geht es nach wie vor um quantitative Ergebnisse und keineswegs um die Bedürfnisse von Mitarbeitern, von Teams oder auch von Führung. Gefühle werden aus dem wirtschaftlichen Alltag generell ausgeblendet: Dabei funktioniert die Mobilisierung aller Kunden eben dieser Wirtschaft fast ausschließlich über Emotionalisierung, also die Adressierung von Gefühlen, die in einem Kaufakt enden.

Es werden dazu Einwegverbindungen geschaffen, die einem Rückkanal nicht standhalten würden: Wer den Porsche übernimmt und sich stolz hineinsetzt, erwartet die kurvenreiche Blondine überhaupt nicht, die letztens noch im Autokalender die Motorhaube geziert hat. Keiner will die Träume, Fantasien, Geschichten, die in der Werbung mit dem jeweiligen Sportflitzer verbunden werden, wirklich einlösen – verblüffend genug.

Für den Absatz ist das akzeptiert. Die Marketingstrategen hatten nichts anderes geplant – es ging und geht gerade darum, Konsumenten in ihren Gefühlen nicht ernst zu nehmen, sondern sie mit dieser Werbung zu Träumen, Zuschreibungen, Illusionen zu verführen. Werbung emotionalisiert, energetisiert, Produkte werden positiv eingebettet, freundlich erinnert, angenehm konnotiert. Konsum sieht den Konsumenten nicht mit seinen Bedürfnissen und will diese auch gar nicht emotional befrieden.

Gefühle	Emotionalisierungen
• Geben Auskunft über persönliche Bedürfnisse. • Nicht gut steuerbar. • Einzigartig und situationsbezogen. • Komplexität erhöht sich, wenn Gefühle vorhanden sind – es muss mit ihnen umgegangen werden.	• Wecken Bedarf, also Kaufwünsche. • Gut steuerbar, weil manipulativ. • Zielgruppenspezifisch und produktgetrieben. • Komplexität reduziert sich, durch Vorgabe der Gefühlswelten und Entwicklung von Illusionen und Träumen bei der Zielgruppe.

Emotionalisierung entsteht durch Aufmerksamkeitssteuerung auf der einen und der Zuschreibung von bestimmten Emotionen zu einem Produkt auf der anderen Seite. Damit wird ein Eindruck beim Kunden entfacht, der weitgehend unbewusst ist. Aber die ausgelösten Gefühle sind manipuliert, weil das Produkt, etwa das Auto, bewusst in Richtung einer bestimmten Emotionalität aufgeladen wurde. Hier werden also beim Kunden Gefühle und Assoziationen ausgelöst, die für den Absatz positiv sein sollen.

Alles in allem ist das eine ausgezeichnete Möglichkeit, mit Gefühlen umzugehen – und oft die einzige, die Managern zur Verfügung steht. Das Andocken an Gefühle ist statthaft, ja, sogar höchst erwünscht, wenn es dem Verkauf dient – in Sachen Führung dagegen will kaum einer so recht mit dem überraschenden und unübersichtlichen Feld der Gefühle zu tun haben. Stattdessen dominieren nach wie vor Kennzahlen das Geschäft. Menschen und ihre Gefühle werden in vor Kennzahlen umgewandelt, damit Analysten und Shareholder es leichter haben, sich einen Überblick über die Potenziale des Unternehmens zu verschaffen.

Kein Wunder also auch, dass eben diese Menschen im Unternehmen oft genug nur funktionieren – und nicht mehr. Wer will schon seine Ideen einbringen, wenn er doch nur als Kennzahlenlieferant beachtet und betrachtet wird? Ich kenne nur wenige Leute, die das kaltlässt. Andererseits geht es ja möglicherweise gar nicht um Menschen und ihre Arbeitsplätze.

Menschen sind die schlechteren Roboter

Vor Kurzem las ich eine Meldung, dass Roboter nun auch Führungspositionen erobern. Herzlichen Glückwunsch, kann ich nur sagen! Diese werden sicher gut mit anderen Robotern zurechtkommen und mit Menschen, die ihre Autonomie nicht bewahren können, Menschen also, die vor allem funktionieren. Wenn alle Arbeit auf den unteren Hierarchiestufen von Robotern übernommen wird, dann kann selbstverständlich auch deren Organisation von einem Roboter übernommen werden.

Führung, Empathie und Einsicht in menschliches Verhalten sind ja nur da erforderlich, wo Menschen noch diese Arbeit tun. Bleibt es auch für die Zukunft bei der Orientierung der Wirtschaft auf Zahlen und Daten, ist es insgesamt wünschenswert, diesen Lebensbereich menschenfrei zu halten: Was kann eine einzelne Person da bewirken, wie kann sie sich in einem solchen Rahmen entwickeln? Dann bietet es sich an, eine Parallelwelt zur Wirtschaft zu entwickeln, in denen Menschen Spaß haben können am Leben und von den Robotern der Wirtschaft finanziert werden.

Danach sieht es nicht aus. Roboter sind im Moment ein Lieblingsthema gerade zahlenverliebter Führungskräfte, weil diese auf klare Ansagen reagieren. Besser noch: je klarer die Ansage, desto höher die Erfolgsquote. Das passt zum alten Control-und-Command-Stil. Was aber passiert, wenn die Person an der Spitze ein Suchtproblem hat? Dann kann auch ein Roboter kaum helfen: Der begreift weder die komplexe Situation noch die Sprachlosigkeit der Führungskraft, die einzig von einem bestens koabhängig aufgestellten Umfeld aufgefangen werden könnte.

Vergessen wir nicht: Koabhängigkeit im Unternehmen kreiert einen Zustand, in dem der Vorgesetzte in seinem Selbstwert gehoben wird und die Mitarbeiter zugleich den Eindruck haben, schuld daran zu sein, wenn er schlecht drauf ist. Damit ist sichergestellt, dass der Vorgesetzte eben gar keine Führungsarbeit leisten muss, die er gar nicht leisten kann – Beziehung ist dem Süchtigen nicht geheuer, denn Menschen sind unzuverlässig und fühlen heute dies, morgen das. Ruckzuck wird aus den ganz gewöhnlichen, alltäglichen Bedürfnissen von Mitarbeitern eine Anstrengung: immer dann, wenn Inkompetenz an die Stelle von beziehungsgestaltender Führung tritt.

Sucht ist aber bei vielen anderen derzeit in der Wirtschaft erfolgreichen Methoden und Techniken quasi Voraussetzung zum Erfolg. Denn wer klar im Kopf ist und mit der Wirklichkeit in Kontakt, kommt nicht auf die Idee, Marketing mit Wahrheit zu verwechseln. Der glaubt nicht an Absprachen, sondern testet sie belastbar aus, der lässt sich von rationaler Erklärbarkeit nicht verschaukeln und setzt emotionale Eindeutigkeit und Verstehbarkeit dagegen. Wenn Sucht abhält davon, die eigene Wirklichkeit zu erkennen, wie geschieht das dann?

- *Verwirrung und Unklarheit schaffen über die tatsächliche Situation:* zum Beispiel über Kindergeschichten in der Werbung, Storytelling statt Fakten et cetera. Wenn etwas in dieser Welt postfaktisch ist, dann die Wirtschaft mit ihren Werbebotschaften.
- *Goldene Möhren und Statussymbole in Aussicht stellen statt klaren Nutzen des Produkts und Einbettung in die Wirklichkeit:* Verbrauchs- und Abgaswerte faken und nicht mit den realen Werten umgehen – und damit die Behörden, aber auch die Kunden offensiv belügen.
- *Eigenes Fortkommen mit unternehmerischen Zielen legitimieren oder überdecken:* Verabredungen mit Mitarbeitern bewusst gegen

die Absprachen vereinbaren und nachher über diese Verabredung lügen, um selbst vorwärtszukommen und sich den Konflikt mit den Mitarbeitern möglichst zu ersparen.
- *Die Show in den Vordergrund stellen:* gut aussehen statt für Klarheit und Transparenz sorgen, indem man etwa Ziele mitten im Lauf des Jahrs verändert.

Erinnern wir uns an all das, was erforderlich ist, um eine Sucht zu entwickeln, dann gehören Rationalisierungen, Lügen, Moralisieren und So-tun-als-ob definitiv zum erlernten Standardrepertoire der meisten Süchtigen. Die Wirkungen, also der Booster für den eigenen Selbstwert, aber auch das Überspielen der persönlichen Konfliktunfähigkeit sprechen eine deutliche Sprache.

Wie lässt sich diese Realität verändern? Wie können die Stärken von Führung in den Vordergrund treten – und sich Unternehmen so zurück in sinnvolle Institutionen unserer Gesellschaft wandeln? Diese Fragen sind valide, stehen aber auf einem anderen Blatt.

Stockholm-Syndrom, mal anders

Ein starkes Bild für eine suchtgetriebene Arbeitssituation: eine Geiselnahme am Arbeitsplatz. Bei einem Banküberfall in Stockholm 1973 wurden vier junge Angestellte als Geiseln genommen. Erstaunlicherweise waren diese noch lange nach ihrer Befreiung ihren Geiselnehmern dankbar, setzten sich für sie vor Gericht ein und besuchten sie im Gefängnis. Dieser Effekt ist inzwischen als »Stockholm-Syndrom« bekannt und steht dafür, welchen Einfluss Extremsituationen und rigide Willkürherrschaft auf menschliches Verhalten haben.

Beides beobachte ich auch in Konzernen: wenn zum Beispiel Top-Teams einen neuen Chef erhalten oder ein mächtig agierender CEO den gesamten Vorstand in Atem hält. Hier geht es nicht um eine Geiselnahme, sondern eher um einen geiselnehmenden Führungsstil, der auf schnelle Rochaden setzt, auf intellektuelle Überwältigung, auf Tempo und Rationalisieren. Meist geht damit einher, dass diese Art von Führung die Beziehungen zu Menschen leugnet und sich so für die Mitarbeiter als menschenverachtend erweist, dabei aber als vorgelebte Führung gilt und sich gern vervielfacht.

Vor meinem inneren Auge habe ich eine Fachabteilung von erfahrenen und akademisch bestens ausgebildeten Kommunikationsprofis: An der Spitze eine hochintelligente, extrem kontrollierte Chefin, darunter eine Mischung von sieben Männern und Frauen aus mehreren Ländern, alle erfahren, alle profund, alle Abteilungen führend. Als ich das erste Mal auf diese Gruppe traf, erwartete ich eine bunte und lebendige Veranstaltung. Weit gefehlt: Die Chefin fragte ab, die Mitarbeiter reagierten. Es gab keinen Raum, sobald der Antwortende mehr Augenmerk für seine Perspektive beanspruchte. Natürlich war man beim Du, waren die Ablehnungen freundlich, aber präzise, gab es keine oder wenig Beschämung. Am Ende war ich verblüfft. Warum stellten sich diese Profis, ohne zu mucken, unter die unsichtbare Knute einer in Verstand und Performance hochgradig aktiven, dabei empathielosen Chefin? Hier musste schon einiges vorgefallen sein, war meine erste Vermutung. Meine zweite: Menschen lassen sich ganz offensichtlich in Geiselhaft nehmen, als gäbe es keine Alternativen. Ist die bekannte Krise immer noch besser als der nächste Entwicklungsschritt ins Unbekannte?

Wer mit diesen Widersprüchen menschlichen Lebens konstruktiv umgehen will, muss bei sich selbst beginnen. Nur das eigene Leben steht zur Verfügung, um die Welt zu verändern! Ein erster Schritt zur Freiheit liegt oftmals darin, den Zustand zu verstehen, in dem man sich befindet. Die meisten von uns sind psychisch ganz gesund, und das Problem liegt gar nicht bei uns selbst, sondern im System und seiner Dynamik, die bei jedem Einzelnen

Wirkung zeigt. Es geht also stets auch um Koabhängigkeit. Doch was, wenn es nicht die Systemdynamik ist, sondern doch der Vorgesetzte?

Die Dominanz der Ratio

Sucht hilft dabei, sich auf Machbarkeit auszurichten: Der Süchtige, der seine Liebe gerade deshalb auf eine Substanz oder ein Verhaltensmuster konzentriert, weil er dort Sicherheit erwartet, wird auch im Unternehmen nicht gegen seine zutiefst inneren Grundsätze verstoßen und damit beginnen, auf Menschen, sprich auf seine Mitarbeiter, zu vertrauen. Ein Mensch mit einem Suchtthema wird gänzlich anders vorgehen.

Da Sucht ins Intellektualisieren und Rationalisieren treibt, wird er möglicherweise über seinen rationalen Verstand seinen Selbstwert erhöhen und damit deutlich machen: Gefühlen ist nicht zu trauen. Süchtige bauen nicht auf lebendige Beziehung, sondern glauben stabilen Verbindungen. Die sind aber eher auf Command and Control gebaut und damit auf klare Ansagen und Kontrolle der Ergebnisse – und weniger bis überhaupt nicht auf Komplexität, Prozesshaftigkeit und Einsicht in Psychodynamiken, die auf Gefühlen basieren könnten.

Jemanden, der so handelt, möchte ich Manager nennen, weil diese Person gerade Führung vermeidet. Führung unterstellt eine Art von Kommunikation und Umgang miteinander, bei der Nähe und Distanz immer wieder neu erprobt werden, die Gesprächspartner offen über Gefühle sprechen können, beide aushalten (müssen), dass sich ihre Beziehung immer wieder neu entwickelt. Ein Manager setzt um, er macht – eine Führungskraft gestaltet, hört zu, zeigt Haltung, übernimmt Verantwortung.

Was ich deshalb sagen und vorschlagen möchte, ist ein Konzept, an dem man sein eigenes Verhalten als koabhängig gerade im Unternehmenszusammenhang erkennen kann – oder eben auch nicht. Ich nenne es das »Vorgarten-Konzept«.

Leben in fremden Vorgärten

Der Geschäftsführer einer großen Model-Agentur bat mich um Rat. Er kam mit seinem Hauptgesellschafter immer schlechter zurecht, der – wie häufig in der Branche und gerade bei elegant alternden Männern – einerseits selbst sein eigenes Topmodel war und zugleich andere Männer vermarktete. Er war also einerseits der Star, der auch mal Allüren zeigen durfte, andererseits derjenige, der als Unternehmer an der Vermittlung sehr gut verdiente.

Mein Kunde führte diese Agentur, wobei immer klar war: Das letzte Wort hat in jeder Sache »The Face«, der Chefchef. Die Kommunikation zwischen beiden verlief neuerdings sehr schwierig, sodass mein Kunde befürchtete, auf der Abschussliste zu stehen und baldigst ausgetauscht zu werden. Anlass gaben ihm merkwürdige Dialoge. Auf die Frage, was die Ziele des Unternehmens für das kommende Geschäftsjahr seien, kamen Antworten wie: »Das ist doch klar.« Oder: »Ja, siehst du das denn nicht von alleine?« Auskünfte, die wenig hilfreich waren.

Mit jedem Ausweichen verlor mein Kunde an Mut und Energie. Statt den Chefchef energisch anzugehen und diese merkwürdige Situation zu thematisieren, versuchte er immer wieder, die Gedanken von The Face zu ergründen. Der Geschäftsführer ging davon aus, dass die Ursache für die kryptischen Antworten bei ihm zu suchen seien, eine zutiefst koabhängige Annahme. Er näherte sich dem Chefchef an und versuchte es mit verschiedenen »Angeboten«, einer Excel-Kalkulation hier, einer Zielbeschreibung dort. Nichts half.

Was geschah hier? Kommunikation findet zwischen zwei Erwachsenen auf Augenhöhe in dem Bereich statt, wo sie sich handelnd oder sprechend äußern: Jeder kümmert sich um seine Bedürfnisse und um das, was er kommunizieren möchte – um seinen eigenen Vorgarten sozusagen. Und im besten Fall trifft man sich in der Mitte am Gartenzaun.

Im Fall von The Face gab es an dieser Mittellinie aber keine klare Kommunikation, sondern nur Andeutungen. Diese mobilisierten meinen Kunden dazu, einige Versuchsballons im Vorgarten seines Chefs zu starten – aber keiner zündete. Hier zeigt sich koabhängiges Verhalten. Der eine geht über diese Mitte hinaus und übernimmt quasi im Vorgarten des anderen für diesen unaufgefordert, tastend, suchend Aufgaben: pflückt Blumen, jätet Unkraut, mäht den Rasen, ohne dazu aufgefordert zu sein, in der vorauseilenden Annahme oder aus der Erfahrung heraus, das könnte jetzt das Richtige sein – ein Übergriff. Dieser Übergriff ist typisch, wenn der zweite Mensch ein Süchtiger ist. Der überlässt sich passiv dem anderen und denkt sich seinen Teil – bis ihm vielleicht die Hutschnur platzt. Dann verbittet er sich die Tätigkeiten in seinem Vorgarten und verweist den anderen dahin, wo Kommunikation stattfinden kann: auf die Straße.

Koabhängige halten sich oft in fremden Vorgärten auf: Wie der Geschäftsführer der Model-Agentur versuchen sie zu ergründen, was der andere, also The Face, will, meint, braucht. Sie fragen ihn dazu oft genug nicht direkt, sondern probieren einfach herum – im fremden Vorgarten, mit etwas Mut spazieren sie auch mal in die Küche. Der Süchtige überlässt sich der Sache passiv, solange sie für ihn passt. Dann explodiert er – ohne offensichtlichen Grund und aus dem bekannten heiteren Himmel.

Schlecht gelaufen? Ja. Das Leben ist definitiv zu kurz, um in anderer Leute Vorgärten Arbeiten zu erledigen, die gar nicht gewünscht sind – und die zudem im eigenen Garten fehlen.

Normalität als große Illusion

»Ja, ist das denn normal?« Meine Freundin schüttelte ihr weises Haupt. »Müssen denn jetzt wirklich Behinderte mit begabten Schülern zusammen lernen?« Ja, liebe Freundin, das ist der Wunsch der Inklusion und, ja, das verändert unsere gesellschaftlichen Normen. Das bedeutet in der Tat geringeres Augenmerk auf Schüler mit besonderen Interessen und Fähigkeiten, aber es bedeutet längst nicht eine schlechtere Förderung eben dieses Schülers.

Vielmehr wird sichergestellt, dass sich das Selbstverständliche in unserer Gesellschaft ändert, nämlich ein gut eingeübtes Opfer- und Täter-Verhalten. Wir sind in meinen Augen eindeutig auf dem Weg dazu, über andere Förderwege Einzelne zur Verantwortung zu führen, vor allem auch zur Selbstverantwortung. Das mag für die Nachfolgegeneration der Samwer-Brüder und anderer Helden alter und junger Schule schwierig werden: Unternehmer, die sich an die Spitze vermeintlich spielerischer Kriegsaktivitäten in unserem Wirtschaftssystem setzen, werden von einem inklusiven System tatsächlich nicht so leicht produziert.

Vergessen wir nicht: Normalität gibt es nicht; der gesellschaftliche Konsens, was selbstverständlich ist, ist bei nüchterner Betrachtung nicht mehr herzustellen. Wir alle sind aufgerufen, das zu begreifen. Es gibt überall da, wo wir uns Normalität wünschen, stattdessen bei jedem näheren Hinschauen nur eines: Komplexität. Ob wir auf Verkehr, auf Politik, auf den Weltfrieden schauen – nichts erweist sich als »normal«, auch nicht als »einfach«. Die Bandbreite gesellschaftlicher Vorstellungen zwischen traditionellen Rollen, etwa auf dem Land, und bunter Vielfalt in den urbanen Zentren klafft weit auseinander.

Was bleibt, ist der Wunsch nach gemeinsamem Erleben. Warum sonst sind Fußballereignisse mittlerweile Massenspektakel? Wie kann es sein, dass Hundeshows oder frauenfeindliche Comedians ganze Stadien füllen und Zigtausende dafür hohen Eintritt zahlen?

Es scheint so, als hätte der Verlust von ganz selbstverständlichem Verhalten zur Folge, dass wir der Wahrheit nicht mehr ins Auge sehen können, müssen: Alles um uns herum ist zunächst einmal komplex.

Es gibt ihn nicht, einen Common Sense, der hier für Entlastung sorgt, und legitime Komplexitätsreduzierungen sind selbst in den Medien nicht mehr gut hinnehmbar. Es scheint so, als wäre die Brücke zwischen gesellschaftlicher Wirklichkeit und dem, was ich Wahrheit nennen möchte, abgebrochen. Soziale Wirklichkeit wird vor allem erzeugt durch Massenspektakel, durch gesellschaftliche Pseudoereignisse – Ereignisse von außerordentlicher Irrelevanz für uns als Gesellschaft, aber stattdessen mit hohem wirtschaftlichen Nutzen, starker Emotionalisierung und großer Energiefreisetzung. Wir sehnen uns nach den großen, nach echten Gefühlen – stattdessen haben wir Fußball.

Es geht um die Ablösung dessen, was früher einmal für alle galt und was wir heute mit Normalität zu fassen versuchen. Doch Normalität scheint mir nicht mehr, aber auch nicht weniger zu sein als ein Produkt aus Verdrängung, Verleugnung und passiver Überlassung, ein Produkt der eigenen Isolation, von Projektion und anderen Formen destruktiver Aktionen gegen die eigene, authentische Erfahrung. Ein Schutzschild gegen die Wirklichkeit.

Wirkliches Erleben findet nicht mehr statt

Im Urlaub an der Ostsee saß ich nachmittags auf der Hotelterrasse im sanften Schatten einer Platane und genoss eine Tasse Kaffee. Es war nicht viel los, alle waren mehr oder weniger am Strand beschäftigt. Da fiel eine Familie mit zwei Kindern in die Idylle. Ich freute mich, denn meist ist das anregend, und ich lerne etwas. Zwei Jungen, vielleicht zehn und zwölf, fragten nach, ob sie sich Eis holen dürften – das gab es an einer Art Kinderbuffet. Johlend stürmten sie los, um nach kurzer Zeit mit Bergen voller farbigem Gefrorenen auf bis zum Äußersten beladenen Tellern zurückzukehren.

Beide Jungen strahlten und schlugen den ersten Löffel in ihre Berge. Die Eltern waren nicht erfreut, das war sichtbar, doch außer gekrauster Stirn erfolgte keine Justierung: Die Kinder hauten im wahrsten Sinne des Wortes rein ins Eis, der eine vertilgte in Windeseile vier oder fünf Löffel, der andere vielleicht zehn. Dann war es offenbar gut: Das Eis wurde weggeschoben, im gleichen Ruck rückten die Jungen die Stühle nach hinten und schauten sich um – neue Abenteuer waren zu suchen und zu finden, weg waren sie. An meinem Nebentisch schmolzen die bunten Berge achtlos vor sich hin, die Eltern schauten in ihre Smartphones. Ich blieb nachdenklich sitzen und rührte in meinem Kaffee. Was war hier geschehen? Wie konnte ich das einordnen? Fast schien es so zu sein: Mehr ist besser als wenig; es kann nicht genug sein.

Und als ginge das noch weiter: Muss immer mehr haben nicht doch besser sein? Und wann springt das um in ein Glücksgefühl? Die Menge macht es für viele Kinder, die möglicherweise nicht lernen, woran zu erkennen ist, wann es wirklich genug ist: Es fehlt die Wahrnehmung für ein solches Genug. Und das in Zeiten von Fülle, in denen wir in Europa leben dürfen.

Meine Gedanken flogen weiter. Es ist so, als ginge es gerade darum, viel zu haben, und überhaupt nicht darum, das richtige Maß zu finden. Warum waren die Eltern so unempfindlich angesichts der überladenen Teller? Weshalb gab es keine Reflexion zum falschen Maß? Sucht hat kein »rechtes Maß«, und Eltern triggern mit einem solchen Verhalten schon bei den Jüngsten Maßlosigkeit; hier wird auf Gier gesetzt, möglichst viel zu haben, und so möglicherweise Sucht vorbereitet.

Erst haben, dann sein wollen

»Erst brauche ich zwei Millionen Euro auf meinem Konto, dann suche ich mir eine tolle Frau und gründe eine Familie. Wir leben dann später im ›never-ending summer‹, irgendwo, wo es schön ist auf der Welt.« Der nicht mehr ganz so junge Start-up-Gründer war nahe dran an seinem Traum, und das schon seit gut zehn Jahren. Mehrfach war die Summe, die für ihn das Go bot, eine andere Art von Leben zu führen, knapp verfehlt worden. Ständig blieb die Möhre weiter vor seiner Nase baumeln – bis er feststellte, dass es so nicht weitergehen könne.

Er war, obwohl noch keine vierzig, ausgebrannt, leer und müde. Eigentlich, so war seine eigene Bilanz, hatte er aber alles richtig gemacht: seine Ziele gesetzt, seine Ziele nicht wanken lassen, seine ganze Kraft ins Unternehmen gegeben … Was war falsch gelaufen, woran haperte es? Im Gespräch stellte sich dann heraus, dass er nun schon seit fünf Jahren mit seiner Familie auf jeden Komfort verzichtete, ein reduziertes Leben führte, dabei selbst kaum zu Hause anzutreffen war. Neben der Energie, die in die Arbeit floss, kostete es weitere Kraft, die zwei kleinen Kinder wenigstens minimal zu begleiten und auch seine Frau immer wieder auf Durchhalten einzuschwören.

Einfacher als Selbstakzeptanz und differenzierte Innenschau, leichter als ein Leben Step by Step ist es offenbar, zunächst einmal nach Geld zu streben, um dann in dessen Windschatten ein gelingendes und gutes Leben zu führen. Erst hat man das Geld, dann darf man der Mensch sein, der man eigentlich schon immer ist. So hat uns das Erich Fromm schon vor mehr als fünfzig Jahren in *Haben oder Sein* beschrieben. Diese Art von Leben führt zum von ihm so benannten Marketing-Charakter: dem Menschen, der sich mit käuflichen Attributen schmückt und der hofft, so Anziehungskraft auf die »richtigen anderen« zu entwickeln.

Fast immer geht es um Erfolg. Erst kommt der Erfolg, dann wird das gute Leben schon nicht auf sich warten lassen. Beides muss doch irgendwie machbar sein! Damit sind alle Aktivitäten im Hier und Jetzt nur insofern relevant, als sie auf Erfolg ausgerichtet sind und eben nicht auf Leben, nicht auf Entwicklung, nicht darauf, mit den Anforderungen zu wachsen und zu lernen. Genau hierin liegt ein deutliches Zeichen von süchtigem Verhalten: Erst muss der Selbstwert gestärkt und der Alltag einfach werden, bevor man sich ein aufrichtiges, ein wahrhaftiges Leben erlauben kann.

Immer wieder erleben und hören wir solche Konzepte. Auch in meinem Elternhaus hieß es, sich erst mal finanziell freizuschwimmen, bevor es um Bindung ging. Das bedeutete allerdings nur, finanziell von den Eltern unabhängig zu sein. Das war damals schon mit 500 D-Mark zu machen – eine realistische Größe, nicht nur »machbar«. »Erst haben, dann sein wollen« – was dies auf jeden Fall sichert: dass man sich im Hier und Jetzt nicht um sich selbst kümmert, möglicherweise sogar verwahrlost. Geld, das zu einer neuen Form von Verwahrlosung führt, wird zurzeit offensiv gezeigt – bis hin zum Protzen.

Fazit: So profitiert die Wirtschaft von der Sucht

Machbarkeit scheint die naturgegebene Arbeit von Managern zu definieren: Aufgaben sollen immer als machbar, Probleme als lösbar, Herausforderungen als gestaltbar dargestellt werden. Doch es ist eben nicht alles machbar. Die große Illusion, alles, wirklich alles müsse sich am Ende nach einer Planung richten, macht den Blick eng und reduziert die Möglichkeiten. Doch wer nichts anderes liefern darf als Erfolg, wer nicht auf Lernen, Erproben, auf Szenarien ausgerichtet ist, unterwirft sich dieser Machbarkeit – ohne Not und ohne Alternative. Und das betrifft nicht nur Führungskräfte.

Wer aber in unserer Wirtschaft eine relevante Funktion einnimmt, unterstellt schnell die Machbarkeit, die Lösbarkeit, auf gut Deutsch: unterstellt die Unterkomplexität unserer Welt zugunsten der eigenen hohen Lösungskompetenz, die möglicherweise selbst so eingeschätzt wird, aber die keineswegs erfolgreich sein muss. Machbarkeit verbirgt im Unternehmen, dass sich eben nicht alle und alles nach Zahlen, nach Planungen, nach Hochrechnungen richtet.

Ab wann und wie genau Größenwahn hierbei mitschwingt, ist von außen oft nicht zu erkennen. Die Betroffenen wissen es selbst aber ziemlich genau. Ihnen ist meist unterschwellig klar, dass grundsätzlich etwas nicht stimmt – und reagieren mit Angriff, Flucht oder Schockstarre. All das ist normal, wenn Gefahr nicht von Risiko unterschieden werden kann – und wer auf Machbarkeit setzt, unterdrückt oft die Handlungsoptionen eines klugen Umgangs mit Risiken.

Unsere Gesellschaft, fest im Griff einer auf Fortschritt und Wachstum ausgerichteten Wirtschaft, erscheint mir selbst als ein süchtiges System: Es wird etwa bei der Frage nach Alternativen zu Fortschritt so gut wie immer im Entweder-oder-Modus eines Süchtigen geantwortet. Entweder wir wollen Fortschritt, oder wir versinken in Armut, Bedeutungslosigkeit und vor allem Arbeitslosigkeit.

Die demokratische Begleitung, die unsere gesellschaftlichen Entwicklungen kritisch beleuchten könnte, wären die Medien, die es allerdings als Teilnehmer am genau gleichen Wirtschaftssystem schwer haben, zu nüchternen und soliden Ergebnissen zu kommen. Wer in einer Sucht steckt, wird dieser immer zureden. Erst dann, wenn das Bewusstsein von süchtigen, von abhängigen Prozessen entsteht, schafft es jemand im Getriebe, darüber anders zu sprechen. Davon ist allerdings wenig zu hören. Die Medien, fast alle auf ständiger Talfahrt in Absatz und Umsatz und begrenzt erfolgreich mit ihren disruptiv entwickelten Digitalangeboten, sind

Teil eines kranken Systems und, wenn nicht selbst süchtig nach Bedeutung, Anerkennung, Überleben, so doch koabhängig an ihre Branche, an ihre Zielgruppe, an die zugehörige Werbewirtschaft gebunden.

Verlust der Lebendigkeit, in uns und mit anderen

Die Quantität, hier die schiere Masse, da die einfach »Weil-es-eben-möglich-ist«-Option: So denken und handeln etliche Transhumanisten, die sich der Optimierung menschlichen Lebens durch technische Ersatzteile verschrieben haben. Sie lassen sich etwa im Tattoo-Studio den Chip für die Tiefgarage unter die Haut schießen und öffnen ab sofort mit der Geste von ET dieses Tor. Tolle Ersparnis, toller Effekt! Ist das wirklich nötig? Die Transhumanisten sind jedenfalls wie auch die Tracker, die mit dem digitalen Armband ihre Schritte, ihre tägliche Leibesübungsquote, die Länge ihres Schlafs messen, der technischen oder digitalen Erweiterung verfallen. Sie lernen dabei etwas über die Quantität ihres Lebens. Aber was heißt das für die Befriedigung ihrer Bedürfnisse? Rein gar nichts.

Transhumanisten und Tracker befinden sich in bester Gesellschaft: Die Sportstudios unseres Landes sind voll, die Wälder ebenfalls, und die Quantifizierung unserer Leben nimmt enorme Ausmaße an. Mit Sport und Leibesübung lässt sich unser Körper einerseits fit halten, aber darüber hinaus geschehen ganz andere Dinge. Wir verdinglichen, wir verobjektivieren unsere Körper und nehmen auf diese Weise einerseits Reißaus vor unseren Gefühlen, denen wir nicht gewachsen sind, andererseits bauen wir diese unzuverlässige Sache um zu einer gut funktionierenden Maschine. Kein Wunder, dass wir diese mit Alkohol, Zigaretten, Pillen oder anderen Hilfsmitteln schmieren.

Die Idee von Machbarkeit hat uns alle bei diesen Erwägungen fest im Griff. Damit wird die einzige Chance auf Wahrnehmung von Wirklichkeit ausgeschaltet, die wir überhaupt haben: über unsere Sinneserfahrung, über unseren Körper. Wenn wir nicht mehr unser Körper sind, sondern diesen nur noch haben, bleibt die valide, umfassendste Informationsquelle unserer persönlichen Welt auf der Strecke. Im Dauerrausch sind wir dann gezwungen, der Werbung zu glauben oder dem, was beliebige Menschen sagen oder schreiben. Der Abgleich mit unserem gesamten System, mit unseren Erfahrungen und Erkenntnissen, erfolgt nicht mehr. Wir sind Fähnchen im Wind.

Leere statt Lernen

Überanpassung ist überall das Thema in unserer Gesellschaft. Wir lernen in koabhängigen, dysfunktionalen Familiensystemen, wie wir so tun, als ob es uns gut ginge. Wir machen weiter damit in Schulen, die immer noch weitgehend darauf ausgerichtet sind, aus Kindern unglückliche Angestellte oder zum Erfolg verdammte Manager zu machen und sie angemessen auf solche Lebensläufe vorzubereiten.

Was wir gesellschaftlich kaum anbieten, sind Möglichkeiten, von anderen auf Augenhöhe zu lernen, uns in lebendigen Beziehungen weiterzuentwickeln, zu lernen. Gerade der Begriff des Lernens ist tückisch: Er scheint zwischen Topmanagement und Hip-Hop-Szene gleichermaßen verachtet und abgewertet zu sein. Liegt es daran, dass Lernen mit Schule, mit Unterwerfung und Abstrafung verbunden ist? Oder mit Hausaufgaben, Auswendiglernen, sinnlose Dinge ohne System zu inhalieren?

Lernen, das Freude macht, scheint kaum vorzukommen. In der Wirtschaft ist Lernen in Deutschland nahezu unmöglich, weil man keine Fehler machen darf. Beim ersten Fehler hat einen die aufmerksamkeitssüchtige Presse am Schlafittchen, das war es dann möglicherweise. Gleichzeitig sind wir das Land der Ingenieure, sprich: Wir kennen uns mit Technik aus, und natürlich macht unsere Technik keine Probleme, hat keine Fehler. So verlieren wir als Gesellschaft auf allen Ebenen an Lebendigkeit, an Beziehungsmöglichkeiten, an Freude und an Wachstum. Wir verrohen, werden ärmer an Empathie, und die Älteren unter uns mögen sich fragen: Was heißt das für unser Alter? Wollen wir wirklich in einer solchen Gesellschaft leben?

Und wie können wir es schaffen, aus diesen Abhängigkeiten auszubrechen? Wie können wir ein süchtiges System anhalten, uns zumindest selbst an den eigenen Haaren aus den Rädchen der Zwangsläufigkeiten herausholen, aufbrechen in ein anderes Leben? Ich denke, es ist möglich. Wir können vielleicht nicht die ganze Welt verändern, aber doch immerhin uns und damit unsere Welt.

Vernichtende Wirtschaftsmodelle passend zur Kultur

Die Antriebskräfte unserer Wirtschaft sehen heute vielleicht eleganter aus, aber auch heute heißt im Hintergrund der Motor unserer Wirtschaft: Wachstum, damit die Industrien, die wir uns geschaffen haben, am Leben bleiben. Das bedeutet nicht nur in Vergangenheit und Gegenwart, sondern auch für die Zukunft die wirtschaftliche Notwendigkeit zur Ausbeutung aller Ressourcen, auch menschlicher, statt der ebenfalls möglichen Entwicklung von Potenzial. Nur: Wie könnte das überhaupt gehen, ein positives Wirtschaftsmodell zu entwickeln anstelle des seit Beginn der Industrialisierung so herrlich für den weißen Westen funktionierenden Modells von Ausbeutung, Konkurrenz und wirtschaftlichem Krieg?

So stellt sich mir die Frage: Wie können wir, wie kann ich, wie kann jeder Einzelne die Konsequenzen einer solchen Wirtschaftsordnung aushalten, ohne uns sofort in der Sekunde umzubringen?

Wie können wir, die wir unsere Kinder und Partner lieben, diese in diese Wirtschaft schicken? Vermutlich nur, indem wir die kalte Wahrheit vor ihnen, aber mehr noch vor uns selbst verbergen. Sucht ist dazu eine praktikable Möglichkeit, die uns hilft, die soziale Realität von Ökonomie nicht zu sehen oder klammheimlich zu ertragen, uns passiv der Arbeit zu überlassen.

Kann es anders gehen? Hält ein solches System von Ausbeutung von uns und anderen, Grausamkeit gegen uns und andere Menschen, ein System von dauerhafter Entfremdung vor uns selbst wirklich dem nüchternen Blick stand – einem Blick, der kritisch und liebevoll auf den Mitmenschen und sich selbst schaut? Heute sieht es noch so aus: Wir ertragen es, indem wir diese Wirklichkeit vor uns selbst verdecken und gesellschaftlich durch unsere Institutionen sicherstellen, dass wir alle es nicht merken.

Wer es doch spürt, für den gibt es zurzeit noch die Lösung: in Flaschen, als Pille, zum Rauchen. So wird Vergessen möglich. Für die anderen, die koabhängig mitmachen, die zwischen Schuld und Scham ihren Alltag durchfechten, bleibt die Vorstellung, dass sie diese Grausamkeiten mitverursacht haben. Eine Illusion, und, natürlich, auch die Wirklichkeit.

Ausstieg

1
Ich gehe die Straße entlang.
Da ist ein tiefes Loch im Gehsteig.
Ich falle hinein.
Ich bin verloren … Ich bin ohne Hoffnung.
Es ist nicht meine Schuld.
Es dauert endlos, wieder herauszukommen.

2
Ich gehe dieselbe Straße entlang.
Da ist ein tiefes Loch im Gehsteig.
Ich tue so, als sähe ich es nicht.
Ich falle wieder hinein.
Ich kann nicht glauben, schon wieder am selben Ort zu sein.
Aber es ist nicht meine Schuld.
Immer noch dauert es sehr lange, herauszukommen.

3
Ich gehe dieselbe Straße entlang.
Da ist ein tiefes Loch im Gehsteig.
Ich sehe es.
Ich falle immer noch hinein … – aus Gewohnheit.
Meine Augen sind offen, ich weiß, wo ich bin.

Es ist meine eigene Schuld.
Ich komme sofort heraus.

4
Ich gehe dieselbe Straße entlang.
Da ist ein tiefes Loch im Gehsteig.
Ich gehe darum herum.

5
Ich gehe eine andere Straße.

(Sogyal Rinpoche: »Autobiographie in fünf Kapiteln«. *Das tibetische Buch vom Leben und vom Sterben*, 1992)

Sucht ist eine Lösung und nicht nur das Problem

Kluge Mediziner wissen vom Krankheitsgewinn: Die starken Kopfschmerzen verhindern das Weiterdenken, die Kehlkopfentzündung macht das Sprechen unmöglich. Die Symptome zwingen den Erkrankten nach Hause, ins Bett, und nötigen ihn zu einer Pause – ein Erfordernis, von dem der Kranke mit guten Argumenten nicht zu überzeugen war. Der Körper holt sich, was er braucht, und widerstrebend, uneinsichtig fügen wir uns ins Unvermeidliche.

Genauso könnten wir auf Sucht schauen. Die Sucht liefert dem Menschen, was ihm fehlt und was in dieser Gesellschaft für ein hohes Gut gehalten wird: die Möglichkeit zum eigenen Glück, die für den Einzelnen nicht so ohne Weiteres zu erlangen ist. Besonders hilfreich erweist sich Sucht für folgende Optionen:

- Der einzelne Mensch kann stabile Verbindungen zu anderen Menschen eingehen, wenn auch nicht lebendige Beziehungen auf Augenhöhe.
- Ein starkes Selbstwertgefühl stellt sich ein, wenn auch nicht jederzeit.
- Das angeschlagene Selbst lässt sich abschotten, falls Konfliktfähigkeit fehlt und die Ich-Organisation angeschlagen ist.
- Sucht liefert die Möglichkeit, sich aus dieser Welt, in der es gar nicht so einfach ist, glücklich zu sein, zeitweise oder für immer zu verabschieden.

Meine Bestandsaufnahme und Analyse dürfte deutlich gemacht haben, wie wenig der einzelne »Schuld« trägt an seiner Sucht: Deren Ursachen liegen häufig in der Kindheit, in einer vielleicht dem Erinnern gar nicht mehr zugänglichen Vergangenheit, und erschließen sich nicht immer leicht. Oder sie hängen an anderen Erlebnissen, die mit Missbrauch, Misshandlungen und Gewalt gegen Menschen zu tun haben, wie es Kriegserlebnisse und Traumata aus Unfällen, von Schicksalsschlägen, auch aus Unterdrückung, Missachtung, Missbrauch in Beruf und Arbeit sind. Die Ursachen liegen immer in der Ausübung von Gewalt gegen Menschen, physisch oder psychisch. Schuld tragen wir nicht, aber Verantwortung.

Das 20. Jahrhundert begann mit Freud und wurde zum Jahrhundert der Psychologie. Doch was heißt das für uns, für unsere Gesellschaft? Psychologie und ihre Reparaturbetriebe, nämlich Therapie für das persönliche Leben sowie Coaching für den beruflichen Erfolg, sind zwar halbwegs akzeptiert, machen dennoch denjenigen, der sie in Anspruch nimmt, noch immer leicht zum Opfer, zu einem erfolglosen Menschen, der sich nicht im Griff hat.

Menschenbilder nach der Nazizeit sind rar

Wir leiden noch immer an den Folgen einer großen Gehirnwäsche, die aus der Nazizeit stammt und in den siebzig Jahren seither nicht aufgearbeitet, sondern stattdessen großräumig umschifft wurde. Schließlich sterben erst jetzt die letzten Nazis in unseren Familien weg.

Ein würdiges Leben war in den Begriffen von Nazideutschland eines, in dem Frauen sich für das Land opfern (indem sie ihre Söhne an die Front schicken und sich vergewaltigen oder töten lassen) und Männer in den Krieg ziehen (andere verletzen oder töten und das gleiche selbst ertragen). Ein solches Leben für Sieg und Vaterland darf ich heute als das genaue Gegenteil bezeichnen: Es ist menschenverachtend und grausam. Das scheint lange her zu sein.

Doch Menschen wissen nach dem Jahrhundert der Psychologie immer noch nicht, wie sie mit ihren eigenen Verletzungen umgehen, wie sie sich selbst erkennen, wie sie mit sich selbst und anderen liebevoll sein können. Wir haben keine Kultur entwickelt, in der Heilung zu einem guten und gesunden Leben führt, sondern stecken fest im Ignorieren der eigenen Verletzungen, im Überspielen eigener Not, im Abspalten schrecklicher Erlebnisse. Es scheint, als hätten wir uns im Kreis gedreht.

Junge Eltern etwa stellen heute ihren Nachwuchs am liebsten in den Mittelpunkt der Aufmerksamkeit. Schon ein einfaches Beiseitelegen eines Säuglings für nur wenige Augenblicke scheint für viele undenkbar und gleichbedeutend mit Vernachlässigung und Grausamkeit. Leider ist genau diese Umkehrung der Verhältnisse ebenfalls nicht hilfreich: Babys, die nicht weggelegt werden, haben keine Chance darauf, Selbstregulation zu erlernen: Wann bin ich satt, was passiert, wenn ich mich bewege? Die Resonanz der Umwelt statt des eigenen Systems gibt einem ständig bewegten, immer getragenen Säugling die Orientierung, was mit ihm selbst gerade passiert, was fehlt, was jetzt wichtig ist. So wird, wie der Psychologe Donald Woods Winnicott es ausdrückte, ein *falsches Selbst* entwickelt.[37] Das basiert zwar nicht mehr auf Leistung, auf Gehorsam, auf »den Eltern gefallen müssen«, wie es noch in der Nachkriegszeit gang und gäbe war, sondern stattdessen auf fehlendem Kontakt zu sich selbst mit allen Folgen: sich schlecht selbst beschäftigen können, von sich selbst schnell gelangweilt sein, ständig auf seine Umwelt hoffen, wenn es um die Befriedigung von Wünschen oder Bedürfnissen geht.

Wichtig wäre es, aus unserer Vergangenheit zu lernen. Auch wenn die Nazizeit weit weg ist für junge Leute, so bleiben die Wirkungen vielfach erhalten – wenn auch aus anderen Gründen oder mit den »besseren« Motiven. Das gilt auch in Fragen von Partnerschaften: Immer noch haben wir wenig Alternativen zur traditionellen Ehe mit ihren Hierarchien, ihrer rigiden Rollenverteilung. Natürlich könnte diese erprobte Institution bestehen bleiben, schließlich sind Finanz- und Erbschaftssystem komplett auf sie ausgelegt – aber wie dürfte sie sich verändern? Wie könnte eine moderne Ehe aussehen, die als Rollenmodell taugt und so anderen Orientierung liefert im Selbernachmachen?

Bislang scheint mir das Vermeiden von lebendigen Beziehungen der Normalzustand; es geht weiterhin eher um Verbindungen, die festen Regeln folgen und zumeist den alten Hierarchien: Er sorgt für Sicherheit, sie für Küche, Kinder, Mode. Natürlich lassen sich diese Rollen auch tauschen, wenn sie gern arbeiten gehen will und er sich mit den Kindern befassen mag. Ein Erfolgskonzept war das in einer hierarchischen Welt, die darauf baute, dass die Partner gegenseitig ein Pfand in der Hand hatten, damit der andere sie nicht verlassen konnte.

So laufen lebendige Beziehungen gerade nicht. Sie nehmen die Bedürfnisse der Partner auf, sind offen für deren Entwicklung und entwickeln sich, sie werden besser oder schlechter, liefern mehr oder weniger Nähe, erfordern mehr oder weniger Aufmerksamkeit. Auf diese Weise sind gerade sie die Orte größter Lebendigkeit und Menschlichkeit, tiefer Gefühle und Verbundenheit. Doch dazu braucht es Menschen, die ihre Träume nicht mit Suchtmechanismen wegdrücken, die ihre Verletzungen nicht zubetonieren und abspalten.

Auch wenn sich therapeutische Hilfe für viele noch nach »Opfer-Status« und »Verlierer-Qualität« anhört: Vieles an einer misslungenen Kindheit mag Fehlinterpretation sein, Unverständnis, Überforderung, mag auf fehlerhafter Kommunikation basieren und auf ungesehenen Bedürfnissen, heute lässt sich vieles davon aufarbeiten, neu einordnen – und das alles mit dem schönen Effekt, am Ende mehr von sich selbst zu verstehen, mit sich in eine andere, tiefere Beziehung einzutreten, besser für sich sorgen zu können.

Projektion stoppt Selbstakzeptanz

Wer sich auf den Weg macht und dabei gut begleitet weiß, verändert sich selbst und damit auch die Welt. Das ist möglicherweise eine Binsenweisheit, deren Wahrheitsgehalt aber gerade im Suchtzusammenhang deutlich wird. Wer seine eigene Fremdheit erkennt und akzeptiert, kann anders mit Fremden umgehen. Wer seine eigenen Schatten anschaut und integriert, kann sich innerlich weiten in seiner Akzeptanz für die Schattenseiten anderer. Mit der Aufarbeitung der eigenen Baustellen zeigen sich Klarheit, Wahrhaftigkeit, aber auch Toleranz und Respekt.

Die Rede ist von Projektion oder Übertragung. Projektion ist ein psychischer Prozess, der so funktioniert: Wir werfen auf den anderen das Beste an uns selbst und auch die dunklen Punkte. Kommen wir an diese dunklen Punkte, an all das, was wir an uns selbst ablehnen, was wir nicht wahrhaben wollen, was wir unsere verborgenen Dämonen nennen, dann suchen wir uns quasi magnetisch jemanden, auf den wir das werfen – sprich: projizieren – können, was wir an uns selbst nicht akzeptieren.

Ein Kunde von mir, der mit seinen eigenen Wünschen in seiner Ehe haderte, erzählte mir in einer eigentlich dem Job gewidmeten Session, wie sehr ihn der Wunsch nach mehr sexueller Freiheit und erotischen Abenteuern treibe. Er hatte das zu bezwingen versucht und sich jahrelang nicht mehr eingestanden. Das änderte sich wieder, als er plötzlich und zu seiner völligen Überraschung seine Frau in einer eindeutigen Situation mit zwei Männern in seinem eigenen Schlafzimmer erwischte. Der Skandal war da, die Ehe schien gescheitert, die Scheidung war beschlossene Sache – jedenfalls bis zu unserem Gespräch. Er bekam einen Zugang dazu, dass wir uns Partner auswählen, die unseren Schatten Raum geben. Wer sich mit diesen Schatten befasst, kann das Projizieren aufhören. Für meinen Kunden gab das den Anlass, sich direkt und spontan mit seiner Frau auszutauschen und ihr einzugestehen, was ihn all die

Jahre bewegt hatte. In diesem konkreten Fall reichte es nicht für ein Happy End, aber in seiner nächsten Beziehung wird sich vielleicht mehr Spielraum finden.

Von solchen Projektionen haben sicher viele schon einmal gehört, sie beziehen sich auf die dunklen Seiten. Aber natürlich gibt es auch positive Projektionen, die beispielsweise dann aktiviert werden, wenn wir uns verlieben und der Partner einem wunderbar, mit den besten Eigenschaften gesegnet und überhaupt als Antwort auf alle unsere Wünsche erscheint. Das verblüfft meist diejenigen, die genau diesen Partner kennen und ganz anders einschätzen. Oft genug: kein Wunder.

Was wir im Zustand der Verliebtheit immer wieder tun: unsere besten Seiten auf den anderen projizieren. Wenn die Verliebtheit schwindet und man selbst nicht mehr so völlig hingerissen ist, verschwindet auch die Bereitschaft, das Beste an uns beim anderen gespiegelt zu sehen. Das ist oft genug hilfreich – schließlich kann ein anderer nur in seltenen Fällen solche Spiegelungen erfüllen – und führt dazu, dass uns gegenüber nicht mehr der Prinz steht, sondern vielleicht eben ein Frosch.

Die gute Nachricht daran ist aber, dass wir auf diese Weise das Gute an uns selbst, unsere verborgenen hellen, strahlenden, überragenden Seiten erkennen können. Vor denen scheinen wir mehr Angst zu haben als vor den Dämonen. Von Marianne Williamson stammt das genau diese Situation beschreibende, wunderbare Gedicht, das Nelson Mandela zugeschrieben wird:[38]

Unsere tiefste Angst ist nicht,
dass wir unzulänglich sind,
unsere tiefste Angst ist,
dass wir unermesslich machtvoll sind.

Es ist unser Licht, das wir fürchten,
nicht unsere Dunkelheit.
Wir fragen uns: »Wer bin ich eigentlich,

dass ich leuchtend, begnadet,
fantastisch sein darf?«

Wer bist du denn, es nicht zu sein?

Vor diesem gedanklichen Hintergrund spreche ich von Projektion im Guten wie im Schlechten. Was wir nicht mit uns in Einklang bringen, werfen wir auf den anderen – das kann Schönheit sein, das können Geiz und tabuisierte Wünsche sein. Warum wir das Schlechte an uns vor uns selbst verbergen, liegt auf der Hand. Natürlich lässt sich fragen, warum um Himmels willen wir denn nur das Gute an uns verbergen. Die Antwort ist ebenso einfach wie verhängnisvoll: Wer von sich selbst weiß, was er kann, wo seine Stärken und Fähigkeiten liegen, hat Verantwortung. Wer will da noch ausweichen?

Also doch lieber bei Projektionen bleiben? Projektion erlaubt es uns zu bewerten, wir können von einem anderen weggehen oder uns ihm annähern. Im Positiven projizieren wir alles Gute der eigenen Persönlichkeit, die eigenen Stärken, Fähigkeiten, Potenziale auf den anderen; das eigene Selbstkonzept erhält Raum und wird sichtbar in dem Menschen, auf denen ich meine Hoffnungen, meine Träume und meine Wünsche werfe – der Partner wird zur Projektionsfläche unserer eigenen Schönheit, unseres inneren Vermögens. Es reicht, sich zu verlieben, um diesen Prozess auszulösen.

Von Habermas habe ich ein von mir »Kupferkonzept« genanntes Handeln übernommen, um genau mit diesen beiden Projektionen sinnvoll umgehen zu können.[39] Es gehört zu den grundlegenden Coaching-Tools und ist denkbar simpel: Man mache sich eine Liste mit allen Menschen und deren Eigenschaften, die man verachtet, hasst, abstoßend findet, meidet – eine Liste, spontan, aus dem Gefühl geschrieben, nicht nach Vernunft und politischer Korrektheit. Und anschließend eine weitere Liste mit Menschen, die man schätzt, bewundert, auf die man vielleicht sogar neidisch ist – das sind oft gar nicht so viele. Hilfreich ist es in diesem Fall, sich Eigenschaften oder Details von Menschen aufzuschreiben, die einen ansprechen: Die langen Beine der Nachbarin sagen dann über die eigenen Beine mehr aus als über die Nachbarin; der wuchtige Schmuck von Christine Lagarde wäre etwas, das uns selbst gut kleidet; die geschmeidige Figur des Langstreckenläufers steckt vielleicht auch in uns. Gleiches gilt für unsere Abwertungen: Wer den *Heute-Journal*-Moderator verhöhnt, weil er zwei unterschiedliche Gesichtshälften zu haben scheint, ist mit einem kritischen Blick auf das eigene Gesicht gut beraten. Was immer uns an anderen abzuwerten wert ist, wirft uns auf uns selbst zurück.

Unsere Ablehnung oder unsere Zustimmung zu anderen werden nur geweckt, wenn wir etwas in uns selbst in ihnen erkennen. Es geht also meist nicht darum, die Freundschaft der beneideten Personen dringend zu suchen – im Gegenteil wäre es ratsam, deren Eigenschaften an uns selbst freizulegen und zu akzeptieren. Da haben wir es, unser Licht. Sind wir mit uns im Reinen, dann erst können wir zum nächsten Schritt übergehen und Freundschaften schließen, uns verlieben, verbindlich werden. Statt den anderen zu verurteilen und auszugrenzen, wäre es sinnvoll, die abgewerteten, verhassten Attribute in sich selbst zu erkennen und zu erlösen. Sich den eigenen Dämonen zu stellen erfordert einen ganz anderen Mut, als sich unter Hunderte von Menschen zu stellen, die alle offenbar damit zu tun haben, sich fremd zu sein, von sich nichts zu wissen und das zu verachten.

Erst wenn wir diese Projektionen aufgelöst haben, wird der Blick und wird auch das Handeln frei. Projektion ist deshalb so wichtig, weil sie ein probates, gesellschaftlich akzeptiertes Mittel darstellt, mit dem wir unter Sucht oder in Koabhängigkeit ohne Veränderungsimpuls in Ruhe ständig leben können und so unseren Alltag übersichtlich halten. Aber Projektion ist nicht nur ein Problem, sie ist auch zugleich die Lösung:

Die Entlastung unserer Psyche liegt auf der Hand: Wir können draußen verurteilen, woran wir selber kranken. Sie liefert damit aber auch jedem von uns eine gut zu öffnende Tür, den Zugang zu sich selbst. Projektion hält uns das Lernfeld stets vor Augen: Solange wir projizieren, gibt es Entwicklungsmöglichkeiten und Wachstum, steht Veränderung an. Wir können, sobald wir denn nur wollen, die Projektion sehen und als zu uns gehörig bearbeiten. Die Lösung liegt in bewusster Selbstakzeptanz.

Projektion unterstützt und befördert Sucht, sie ist ihr bester Unterstützer und Befeuerer. Wer seine Projektionen auflöst, erlebt eine andere Wirklichkeit: Einerseits ist das eigene Selbst lebendiger, integrierter, menschlicher, andererseits müssen die Menschen um uns herum nicht mehr für dunkle wie gute Seiten in uns herhalten. Das Auflösen der eigenen Übertragungen ermächtigt uns, die eigene Macht zu spüren, zu erproben, ins Leben zu tragen; die eigenen Bedürfnisse anzuerkennen und mit ihnen sanft und liebevoll umzugehen.

Denke ich das gesellschaftlich weiter, bekommt diese Idee Zündstoff: Projektion verhindert, dass wir die Wirklichkeit unserer Welt anerkennen. Wer projiziert, muss sich immer wieder von dieser Wirklichkeit abwenden, kritisch, abwertend oder überhöhend, bewundernd, euphorisierend. Diese zu akzeptieren und die erforderlichen Schritte zur Veränderung zu machen, das wäre ein Vorgehen für den, der sich von Projektion verabschiedet hat.

Gleiches gilt für unsere Wirtschaft: Unternehmerischer Erfolg in der heute überwiegenden Form wird erst möglich durch Projektion. Ohne sie sind in meinen Augen weder Wettbewerb noch Konkurrenz, weder Ausbeutung noch Grausamkeit gegen andere denkbar. Projektion hilft, sich selbst zu vergessen. Doch was, wenn wir aufwachen? Wirtschaft in einer Gesellschaft, die ihre eigenen Projektionen auflöst, würde eine völlig andere sein.

Nicht nur Beziehungen machen es wünschenswert, dass psychische Gesundheit zu einer gesellschaftlich gewünschten Qualität wird. Wollen wir weiter an unserem humanistischen Menschenbild festhalten? Oder verlagern wir doch lieber unsere Leitkultur weg vom Humanismus, weg von seelischer Gesundheit, weg von sozialer Wirklichkeit hin zu einem Monopol wirtschaftlicher Verwertbarkeit mit Konsumverpflichtung, also hin zu einem passiven Überlassen an im Digitalen gerade neu entstehende Welten, Weltenlenker, Machthaber?

Der Weg aus der Wirklichkeit zum eigenen Anspruch

In unserer Gesellschaft geht es um Erfolg, geht es um Glück. Viele von uns starten mit hohen Ansprüchen und lernen nicht, sich auf die Verwirklichung dieser Ansprüche zuzubewegen – sich also angemessen zu qualifizieren, nach und nach, mit Geduld und Spucke sozusagen, die notwendigen Fähigkeiten zu entwickeln, um diesen hohen Ansprüchen zu genügen. Sich davon befreien können Menschen sich heute auf zwei Wegen.

Süchte lassen sich dazu benutzen, um die Differenz zwischen dem realen Hier und Jetzt und diesem Anspruch zu überbrücken. Sie führen zu den gesellschaftlich heute hoch im Kurs stehenden scharfen Denkern und dem sogenannten Idioten-IQ. Damit werden exzellent ausgebildete Nachwuchsmanager beschrieben, vielfach mit hoher Intelligenz und herausragenden internationalen Abschlüssen gesegnet, aber definitiv leidend an fehlenden sozialen Kompetenzen, an Empathie und an Wirklichkeitsbezug. Diese Experten müssen stets funktionieren, müssen perfekt sein, dürfen nicht scheitern. Ihr Auftrag: Wirklichkeit zu verändern, Zukunft zu ermöglichen, im Wirtschaftssinn: Fortschritt erzeugen. Wirklichkeit aber lässt sich – außer mit den Methoden der Gehirnwäsche – nicht über Worte verändern. Hier bedarf es Taten, die Veränderungen in Bewegung bringen, und es braucht Menschen. Ohne praktische Handlungsorientierung und ohne Kommunikationsfähigkeiten wird aus dem ganzen Denken möglicherweise wieder nur eine goldglänzende Möhre, die in einem Konzern die Aufsichtsräte ins Fantasieren bringt.

Gerade in Unternehmen greifen verhängnisvoll Sucht und Koabhängigkeit ineinander, trainiert und gut gebahnt in unseren Schulen, die nach wie vor auf Hierarchie setzen, auf Überanpassung und darauf, dass Wettbewerb der Normalzustand dieser Welt ist. Es gibt zunehmend andere Schulen, aber die alte Garde der Lehrer, die zwar ohne Rohrstock arbeiten, aber mit Lieblingen, mit Zucht und mit Fachdidaktik, ist längst noch nicht weg vom Fenster. Die neuen Schulen sind erkennbar an Lehrern, die Augenhöhe zu Schülern herstellen, die Konflikte benennen und auflösen, die Inklusion für selbstverständlich halten. Die Macht von Schulen und Hochschulen für die »Zurichtung« auf eine menschenunwürdige Wirtschaft ist nicht hoch genug einzuschätzen. Die Abschaffung ist vermutlich keine Lösung, schließlich gibt es einen Professionalisierungsgrad und einen Erfahrungsschatz, der möglicherweise auch für einen Unterricht auf Augenhöhe, jenseits von Fächern, in bester Inklusion genutzt werden kann. Der Umbau beider Institutionen scheint mir dringend erforderlich.

Ob in Schule oder Hochschule: Es geht einerseits um die Dynamik der Systeme und andererseits die Psyche, die sich der stärkeren Dynamik, dem System, meist beugt. Von all dem wissen die meisten von uns gar nichts. Und diejenigen, die etwas wissen könnten, Philosophen, Mitglieder des Ethikrats der Bundesrepublik, freie Geister mit öffentlicher Aufmerksamkeit, haben oft genug ein technisches Verständnis vom Menschen und vor allem sein weiteres Funktionieren auf dem Radar.

Menschsein, selbstbewusst, reflektiert, als Mitmensch – das treibt mich. Ich halte Innenorientierung, als ein Bei-sich-Sein, und Anschlussfähigkeit, als ein Mit-anderen-in-Beziehung-treten-Können, für eine wirklich menschwürdige Kombination. Doch damit ist im Moment wenig zu rechnen. Stattdessen erwarte ich anderes, viel stärker Quantitatives.

Ich kann mir vorstellen, dass in unseren außenorientierten Zeiten die Medizin Ideen entwickelt, wie sie beispielsweise unsere Gefühle dingfest macht. Wie lassen sich etwa Angst oder auch Freude messbar machen? Die Vorstellung lässt mich frieren: Wollen wir demnächst wirklich uns und unserem Partner darüber Auskunft geben, ob der Orgasmus gestern bei 70 auf einer Skala zwischen 0 und 100 lag oder doch eher bei 53? Oder genießen wir, was wir erleben, und ändern wir das, was uns nicht gefällt? Das würde dem Suchtgedanken entsprechen: Statt selbst etwas zu fühlen, könnten wir auf den Gefühlstracker am Handgelenk schauen und auf diese wundersame Weise wissen, wie gut der Sex gerade war, wie gering doch die Angst oder eben wie groß. Hier bietet sich der Forschung noch ein reiches Feld für weitere Quantifizierungen.

Wir aber als Menschen verlieren auf diese Weise noch ein Stück mehr den Zugang zu uns selbst, wir spüren uns immer weniger. Bislang steht erst der Kontakt zu unserem Körper, unserem hochindividuellen, extrem empfindsamen Wahrnehmungsinstrument auf dem Spiel. Doch wie die wenigsten ohne Messgerät wissen, ob sie gerade hohen oder niedrigen Blutdruck haben, so könnte es uns dann auch mit den Gefühlen gehen. Vermessen und Berechnen sind ja erprobte Techniken, die der Wirtschaft, auch der Medizinwirtschaft immer wieder zum Erfolg verhelfen. Und hat man erst einmal eine Zahl, ist die »93er-Angst« doch quasi schon ein Fakt – leider aber kein Gefühl mehr, das uns orientiert.

Machbarkeit, Funktionieren, sich selbst als funktionierende Maschine erleben, das ist offenbar für viele Menschen eine enorme Aufwertung ihrer Existenz. Schließlich befreit es von der Mühsal eigener Verantwortung, entlastet von den Unzulänglichkeiten unseres Selbst. Aber wo bleibt die menschliche Dimension, wo bleiben Kreativität, Risikofreude, Erfindergeist, wo bleiben Lachen und Liebe?

Alternativ könnte man den Menschen noch stärker, noch mehr ins Funktionieren führen. Die Ritalin-Gaben, die Eltern ihren Kindern aus Paritätsgründen beim Abitur vielleicht gern zukommen ließen, damit Letztere mindestens genauso gut funktionieren wie die anderen Kinder, die ebenfalls Ritalin erhalten – gleiches Recht für alle im Wettbewerb –, hat mich zum Nachdenken gebracht.

»Neuro-Enhancement« also als mögliche Lösung. Schließlich ist die Seele ja immer noch nicht nachgewiesen, jedenfalls nicht messtechnisch. Auch berechnet hat sie noch niemand. Liegt es da auf der Hand, dass es sie nicht gibt – und wir als Menschen also tatsächlich die schlechteren Roboter sind? Bringen wir das doch einmal zurück, auf den Boden der Wirklichkeit: Natürlich sind wir die schlechteren Roboter. Funktionieren ist kein Kriterium für Menschenwürde: Deshalb werden Roboter niemals die besseren Menschen sein.

Doch wie kommen wir jetzt zurück in die Wirklichkeit? Wie finden wir, die wir alle mehr oder weniger von Sucht umgeben sind und möglicherweise selbst davon betroffen, neue Wege, Auswege? Wie kommen wir zu einem eigenständigen Leben, jenseits von Funktionieren und Machbarkeit?

Selbstvergessen besessen von irgendwas

Letztens saß ich bei einem Familienfest hinter einem Bekannten mit seinem zehnjährigen Sohn. Die beiden diskutierten heiß und kraftvoll über einen deutschen Fußballspieler, dessen Talent und Möglichkeiten. Es ging hoch her. Der junge wie der ältere Mann waren sich in vielen Dingen einig und kannten das Subjekt ihrer Diskussion offenbar ausgezeichnet. Ich kenne die Familie und war erstaunt, wie viel Energie hier freigesetzt wurde, und überlegte, ob der Vater genau so viel Energie in die nicht ganz so offensichtlichen Talente des Sprösslings investieren würde.

Denn wer weiß schon, was sein Talent ist! Talente scheinen nur bei Wunderkindern ganz offensichtlich: Die spiegeln unsere einzige Idee von einem Talent wider, die gesellschaftlich akzeptiert ist. Was ist mit den anderen? Mit denen, die soziale Talente haben und hochkommunikativ sind, mit denen, die verschiedene kreative Talente haben und nicht das eine überbordende, großartige, das früh entwickelt und professionalisiert werden muss?

Fußball steht für soziale Wirklichkeit in unserer gegenwärtigen Gesellschaft, und so ist es völlig legitim, wenn sich zwei Männer höchst energisch über diese Wirklichkeit austauschen. Doch von der Mutter des gerade genannten Sohnes höre ich: Dieser hochemotionale Vater will von seinem Sohn erstens gute Noten und zweitens, dass er die väterliche Elektrofirma übernimmt, und zwar ohne jede Frage. Die Talente des jungen Mannes sind also überhaupt gar nicht auf dem Radar.

Oft liefern die Bedürfnisse mehr Hinweise auf das, was zu fördern ist in einem jungen Leben, als die Talente, die zunehmend im Erproben und Erleben von neuen Themen erfahren werden. Bedürfnisse sind die Quellen, aus denen sich Wünsche entwickeln. Die sind oft genug sehr an Raum und Zeit gebunden, entwickeln sich als konkrete persönliche Strategien oder als kulturgebundene Lösungen – alles zur Bedürfnisbefriedigung. Das ist jedenfalls der Ansatz von Marshall Rosenberg. Aus den Wünschen entstehen Probleme und Konflikte zwischen Personen, niemals aus den Bedürfnissen. Die Bedürfnisse sind alle mehr oder weniger bei allen Menschen gleich, aber eben »umgeleitet« in widersprüchliche Wünsche. Hier setzt seine gewaltfreie Kommunikation an, die den Bedürfnissen auf den Grund geht.

Aber wo war er, dieser Grund? Die Bedürfnisforschung von Edward L. Deci und Richard M. Ryan ergab eine Selbstbestimmungstheorie, die sich an der Evolution orientiert. Zentrale Frage: Was hat Menschen überlebensfähig gehalten? Die beiden fanden drei universelle psychologische Grundbedürfnisse, die eine optimale Anpassung an die physikalische und soziale Umwelt ermöglichten:

- *Bedürfnis nach Kompetenz,* das sich etwa in der Freude am Lernen zeigt.
- *Bedürfnis nach Autonomie,* das auf die Selbstregulation der eigenen Handlungen setzt.
- *Bedürfnis nach Zugehörigkeit,* das sich beispielsweise darin zeigt, für andere eine Bedeutung zu haben.

Doch gesellschaftliche Wirklichkeit interessiert sich nur begrenzt für die Bedürfnisse von Einzelnen. Es scheint, dass das Glück am Ende doch ganz woanders liegt – nicht im Einzelnen, sondern vielleicht in der schieren Menge von allem?

Sich die eigene Autonomie zurückholen

Im Rahmen meiner eigenen Suche kam ich im Herbst 1996 in Berlin auf ein Prozess-Wochenende mit Anne Wilson Schaef. Ich machte mich mit Herzklopfen auf den Weg, zu Recht. Meine gesamte Weltläufigkeit, meine Konversationsfähigkeiten, all das galt in dieser Gruppe nichts. Es ging um etwas ganz anderes: um Wahrhaftigkeit, um Klarheit und um eigene Erfahrungen.

Wir waren angehalten, von uns zu sprechen, in der ersten Person, in Gegenwart oder Vergangenheit, und auch hier bei sich selbst zu bleiben, beim eigenen Erleben, bei den eigenen Erfahrungen. Nicht nur ich, die ich schnell im Denken und geübt im

Gehörtwerden war, hatte einen echten Lernschritt zu machen. Es ging darum zu sprechen, wenn es etwas zu sagen gab. Etwas, das aufrichtig und mit demjenigen verbunden sein sollte, was gerade dran war.

Zunächst war mir völlig rätselhaft, wann genau ich sprechen könnte oder sollte. Ich spitzte die Ohren, hörte zu, und nach einigen Runden begriff ich, wie sehr mir das entsprach: Diese Achtsamkeit hieß, in aller Ruhe bei mir zu sein, garantiert nichts zu verpassen, garantiert nichts falsch zu machen. Mein einziger Auftrag war, bei mir zu bleiben und das auszudrücken, was mich zu einer Sache bewegte. Und wenn mich nichts bewegte? Blieb ich ruhig, wach und interessiert.

Nach diesem Wochenende thronte mein Kopf wie von Pfefferminze durchweht auf meinem Hals, voller Frische und Leichtigkeit, in Anmut. Ich hatte etwas mir völlig Fremdes erlebt: ein Miteinander ohne Wettbewerb, ohne Konkurrenz, das Kopfkino abgestellt. Es ging hier einfach um das eigene Leben und wie jeder damit zurechtkam oder manchmal auch nicht. Ich fühlte mich zum ersten Mal in meinem Leben richtig, erwachsen und zu Hause.

Zwölf Schritte, die das Leben als Prozess erlauben

Ich besuchte etliche Gruppen, ging zu verschiedenen Treffen der anonymen Gemeinschaften, auch in fremden Städten, wenn ich unterwegs war. Der allererste Schritt hinein in die Gruppe war der schwierigste und kam für mich deutlich vor den zwölf Schritten, auf denen diese basieren. Er kostete einige echte Überwindung: Schließlich war ich eine öffentliche Person, als Professorin und Politikerin bekannt, ich kam in den Medien meiner Stadt zu Wort, ich erhielt Gehör – konnte ich mich dort wirklich anvertrauen, der Anonymität vertrauen? Ich zweifelte wochenlang. Dann ging ich hin. Ich habe es nie bereut.

Auch dort war vieles anders: Es gab eine klare Struktur des Treffens, es gab klare Regeln zu Anonymität und zum Umgang miteinander. Auch hier herrschte die absolut eindeutige Aufforderung, nur von sich selbst zu sprechen, immer unbedingt bei sich selbst zu bleiben und andernfalls lieber nichts zu sagen. Die Gruppentreffen dauerten etwa eine Stunde; sie fanden statt in einem kostenlosen Raum, bei einer Kirche oder städtischen Selbsthilfeinitiative.

Sie begannen immer mit einer Vorstellungsrunde mit Vornamen und der Information, welche Süchte man hatte oder von welchen man wusste. Heute sind solche Treffen manchmal Bestandteil von Krimis oder Serien; sie sind und waren im amerikanischen wie europäischen Alltag seit den 1990er-Jahren gang und gäbe. Typischerweise wird ein Stuhlkreis gezeigt, und eine der im Kreis Sitzenden beginnt mit der Vorstellung: »Ich bin Petra, ich bin Alkoholikerin, sexsüchtig und esssüchtig …«

Die 12-Schritte-Gruppen waren 1935 in Akron in Ohio von zwei Alkoholikern mit langer Leidensgeschichte, dem Börsenmakler Bill W. und dem Chirurg Bob S., als Selbsterfahrungsgruppe entwickelt worden. Die beiden hatten sich unabhängig voneinander ihr Leben ruiniert und die Kontrolle über ihren Alkoholismus verloren. Sie spürten an sich selbst, wie die Bereitschaft zum Zuhören, wie die eigenen Erfahrungen mit der Krankheit auch anderen halfen: Der Zwang zu trinken veränderte sich, sie kamen in Zustände von Heilung und Genesung, wie sie es nicht mehr für möglich gehalten hatten.

Daraus entstanden die zwölf Schritte, nach denen die »anonymen« Gruppen handeln. Ein Schritt ist nach dem anderen zu leisten – der erste Schritt etwa erfordert es, die eigene Ohnmacht über die Sucht zu akzeptieren. Wenn dieser Schritt getan ist, geht es mit dem nächsten weiter. Dieser zielt auf eine spirituelle Dimension ab – wie auch immer die höhere Macht heißt, die jemand für sich akzeptiert, ob Gott, Buddha oder Allah, ob weibliche Göttin oder Pantheismus. Jeder arbeitet die Zeit, die es braucht, an dem jeweiligen Schritt. Diese Schritte werden in den Gruppen ausgehändigt, sind aber auch in entsprechender Literatur zu finden.

Sie werden ergänzt um zwölf Traditionen, die für weitere Klarheit im Umgang untereinander, aber auch mit Menschen außerhalb der Gruppen, also mit der Gesellschaft sorgen. Die Anonymen Gruppen nehmen etwa kein Geld an, mischen sich nicht in Politik und Wirtschaft ein oder lassen sich nicht im Rahmen eines Sponsorings für andere Zwecke als die Genesung ihrer Mitglieder nutzen.

Ich landete mangels anderer Angebote zunächst bei den Anonymen Alkoholikern, dann geriet ich zu OA, den Overeater Anonymous, den »Anonymen Ess-Süchtigen«. Ich war zu Gast bei »Al-Anon«, den anonymen Kindern von Alkoholikern, und bei CoDA, den Anonymen Koabhängigen. Ein anderes Mal fand nur eine Gruppe von Sex- und Romanzensüchtigen statt an dem Ort, an dem ich mich gerade befand und dringend Erdung brauchte.

So viele Süchte, so viel Not. Nirgendwo gehörte ich ganz dazu, denn zu meiner Sucht Nikotin und Rauchen fand ich für mich keine Anlaufstelle. Doch ich wurde still angesichts dessen, was alles süchtig machen kann, wie verheerend diese Süchte sein konnten und was Sucht mit einem Menschen machen kann. Ich lernte Demut.

Reflexion erzeugt Erfahrungswissen

Ob es sich um unterschiedliche Selbsthilfegruppen handelt oder die Anonymen Gemeinschaften, sie alle sind kein Ersatz für Therapie. Im Gegenteil, man geht dort davon aus, dass jeder die für ihn erforderliche Arbeit macht und gut für sich selbst sorgt. Ich erhielt allerdings Anregungen für Therapeuten mit unterschiedlichen Ausrichtungen und, auf konkrete Nachfrage, auch weitere Hilfen und Ideen.

Doch neben solchen Impulsen von außen geht es um etwas, was einerseits bei der Heilung hilft, andererseits ein Zeichen von Heilung ist: die eigene Erfahrung, besser gesagt: das eigene Erfahrungswissen. Darunter verstehe ich das eigene, durchgearbeitete alltägliche Erleben oder anders formuliert: Ich bleibe an den Dingen aus meinem täglichen Erleben hängen, die mich emotional ansprechen, und arbeite genau dieses Erleben durch, indem ich es aufrichtig und gewissenhaft ausspreche oder niederschreibe, möglichst genau. Einzige Bedingung: wahrhaftig sein.

Wer einige dieser Gruppen besucht hat, weiß sofort, wann wahrhaftig gesprochen wird und wann jemand andere Ziele verfolgt wie: sich in den Vordergrund stellen, die eigene Wichtigkeit unterstreichen, Macht ausüben. Das wiederum sind vorrangige Kommunikationsauslöser in vielen Meetings in Unternehmen. Dort geht es immer wieder um Hierarchie, Rangordnung, Einfluss. Manchmal werden Inhalte, Konzepte, Projekte besprochen, dann aber auch immer wieder mit den Techniken der Manipulation, der Einflussnahme, des Sich-Durchsetzens – also immer wieder um Macht.

In diesen Gruppen allerdings wird genau diese Art der Kommunikation nicht geschätzt. Anonyme Gruppen sind getragen von dem Bedürfnis nach Genesung, nach Klarheit und nach Wahrheit. Macht habe ich dennoch in den Gruppen erlebt: Männer und Frauen, die mit großer Präsenz, mit Persönlichkeit von ihrem meist krummen, schiefen, vom Aufstehen und Fallen geprägten Weg aus der Sucht sprechen, gibt es viele. Das ist also möglich, war meine erste staunende Erkenntnis in der AA-Gruppe. Ja, das ist möglich! Autorität, die in Präsenz und Persönlichkeit begründet liegt. Die eigene Macht ist spürbar, Empathie steht im Raum, alle hören zu und sind bei sich.

Raus aus der Dualität, rein in die Prozesse!

Was uns 12-Schritte-Gruppen zeigen können, ist eine Kombination aus Vorbildfunktion, aus eigenen Erfahrungen und dem wahrhaften Umgang mit uns selbst. Sie sind kostenlos, die Adressen sind öffentlich zugänglich, und die Gruppenabende werden diskret, vertraulich und anonym durchgeführt. Darüber hinaus bieten diese Gruppen vor allem eines: einen unverstellten Blick auf das Leben vieler als Prozess.

Auch die unter uns, die in Perfektionsüberlegungen gefangen sind oder die von Highlight zu Highlight streben, die also den Alltag, das »Normale«, nicht zu schätzen wissen, können hier möglicherweise für sich entdecken, welche Lebendigkeit und Kraft in unaufgeregten alltäglichen Prozessen steckt. Erst zwischen zwei Stühlen sitzt man wirklich komfortabel auf dem Boden der Tatsachen.

Das gilt auch für die, deren Leben bis dato darauf ausgerichtet war, besonders zu sein oder exklusiv. Die Gruppen laden jeden ein und kennen keine Exklusion, keine Elite. Alle sind Menschen, es gibt keine Rangunterschiede, keine Hierarchien. So können einzelne Menschen gesund werden und an anderen erkennen, welche Spielräume es wirklich gibt.

Was könnte alles möglich sein in unserer Welt, auch in unserer Wirtschaft, wenn wir uns von Konkurrenz und Wettbewerb, von Täterschaft und Hierarchie verabschieden würden? Machtvoll als Person sein, lebendig und kreativ sein, anders sein statt besonders – das lässt sich in solchen Gruppen erfahren.

Lernen von Süchtigen für gesellschaftliche Veränderung

»Wenn jeder vor seiner eigenen Tür kehrt, dann wäre überall gefegt.« Dieser Satz war in einer der Gruppen gefallen; jemand hatte darüber berichtet, wie er ausgezogen war, die Welt zu verändern.

Er hatte sich politisch engagiert, war bei Attac aktiv, dann zu den Klimaschützern gewechselt, hatte Occupy unterstützt. Die heftigen Diskussionen hatte er geliebt und die tolle Kameradschaft, Abende mit Träumen in verschiedenen Grüppchen verbracht und stets Cannabis geraucht. Erst nach und nach war ihm aufgegangen, dass er keine Lust hatte, seine eigene Arbeit zu machen. Erst als seine Freundin ihm ihre Schwangerschaft mitteilte und ihn vor die Wahl stellte, mit ihr zu leben und dann ohne Cannabis, oder ohne sie und ohne das Kind, dämmerte ihm, dass er in die Verantwortung für seine eigene Nüchternheit gehen musste, veränderte sich sein Leben. Er begriff, dass er zunächst vielleicht die Welt nicht ändern konnte, aber immerhin Dinge bei sich selbst.

Welche Entlastung! Und gleichzeitig sieht das so aus, als müssten wir Abschied nehmen von unseren Ansprüchen, von den vielleicht hohen Ansprüchen, mit denen viele von uns und so auch ich einmal angetreten waren. Ich wollte eine freiheitlichere Welt mitgestalten und war, noch als brave Süchtige, nicht bereit, meinen hohen Anspruch zu reduzieren. Um eine solche Reduzierung geht es aber gar nicht.

Ich habe begriffen, dass ich als Süchtige alles getan habe, um mir diesen Anspruch zu erhalten – und doch vor mir zu verheimlichen, dass ich mich als kleines Rad fühlte, kaum fähig, irgendetwas Relevantes zu unternehmen. Zwar war ich politisch aktiv, hatte dies und jenes angefangen, hatte Konzepte entwickelt. Aber ich konnte nur davon reden, wusste nichts wirklich zu tun und war noch nicht wirklich einen Schritt gegangen. Die Sucht hatte mir die Illusion geliefert, ich wäre mittendrin in der Arbeit an meinem persönlichen Steinbruch, der Verbesserung der Welt. Ohne Wirklichkeit, ohne Realität lässt sich eine solche Illusion aufrechterhalten. Aber sobald ich ausgestiegen war, wirbelten Illusionen und Wirklichkeit in meinem Kopf durcheinander, das reinste Schleuderprogramm. Bis ich verstand: So geht es nicht.

Zum Glück hatte ich aus dem großen Anspruch keinen kleinen gemacht. Denn so habe ich heute die Möglichkeit, immer mehr dazuzulernen, meine Fähigkeiten zu vergrößern, zu erweitern, immer auf der Suche nach dem, was mein persönlicher Beitrag ist und sein soll. Der hohe Anspruch hält mich in Bewegung und ist zugleich ein Motor, der mich in die Richtung trägt, von der meine Seele träumt.

Die innere Welt neu entdecken

Was das genau ist, diese Seele, dafür bin ich leider kein Profi. Ich verbinde mit diesem schönen alten Wort meine eigene innere Welt und das in mir, was größer ist als ich selbst: Fantasie, überraschende Erkenntnisse, Inspiration, Spiritualität. Diese innere Welt habe ich mir in jahrelanger Aufarbeitung zurückerobert, habe aus einer Außenorientierung eine Innensteuerung gemacht. Ich bin nicht am Ende, und ich hänge noch oft an alten Strategien.

Und ich sehe auch: Die Anforderungen an Selbstkontrolle und Lebensplanung wachsen ständig. Wir alle geraten in immer feinere Netze von Abhängigkeiten. Wie bloß lassen sich diese kompetent handhaben? Wie kommen wir – bei all unseren Abhängigkeiten – in ein autonomes Leben, in dem in Fülle alles da ist und gelebt werden kann? Sucht und die Illusion von rationalen, intellektuellen Lösungen führt hier zwar zu Vereinfachungen und Entlastung, aber nicht zu Wirklichkeit. Diese erreichen wir, indem wir uns konzentrieren: auf die Prozesse und Themen, die uns angehen, die uns berühren, die etwas in uns zum Schwingen bringen. Konzentration und Fokussierung sind hilfreich.

Daneben entlastete mich ein Verständnis der Prozesse, die zu meinen Themen erwartbar und wünschenswert waren. Dabei erfuhr ich, dass Prozesshaftigkeit den Nebeneffekt hat, dass Situationen stets komplexer werden – und das in unseren Zeiten, in denen Unübersichtlichkeit, Dynamik, Komplexität uns um die Ohren fliegen! Ich war zwischendurch über die Maßen gefordert, um das zu begreifen. Und um zu verstehen: »It's not a bug, it's a feature.«

Mit zunehmender Prozesshaftigkeit wachsen zugleich der Erkenntnisgewinn und die Möglichkeit zur Gestaltung. Wenn wir Prozesse anerkennen, löst sich die Polarität von Schwarz und Weiß, von Entweder-oder, von Null und Eins auf. Das hört sich erst einmal nach einem Zuviel an. Das ist es möglicherweise auch; ein menschliches Maß wird erforderlich – Prioritäten nach den eigenen Bedürfnissen führen zu einer guten inneren Ausrichtung statt der Beliebigkeit von allem und jedem. Und Prioritäten erhöhen den Genuss: Denn Prozesshaftigkeit selbst ermöglicht Freiheit – mit ihr lässt sich jederzeit anhalten, aus alten Strategien aussteigen, eine Nase voll Morgenduft nehmen und andere, neue, passendere Entscheidungen treffen.

Sich vom Suchtdruck befreien und Lebensfragen nachgehen

Eine Therapie zu beginnen, ohne nüchtern zu sein, ist selten hilfreich. Wer sich aber schwertut, mit seiner Sucht überhaupt zurande zu kommen, dem sei auch das geraten: Hilfe bei der Entscheidung gegen die eigene Sucht, Unterstützung, quasi eine Krücke auf dem Weg durch den ersten körperlichen Entzug, dann beim psychischen Entzug – so könnte eine Lösung aussehen.

Wichtig scheint mir aus meiner Erfahrung, zunächst Raum zu gewinnen gegen Suchtdruck. Dafür lässt es sich nicht umgehen, auch Mangel und Unwohlsein auszuhalten. Die Chancen, die im Entzug liegen, scheinen zunächst fern und wenig attraktiv. Sie sind es gar nicht, aber wer kennt das nicht: Manchmal fällt es schwer, die Schönheit außerhalb des Tunnels sofort zu erkennen, wenn die Augen nicht an Helligkeit gewöhnt sind.

Unterstützung zu haben beim Aussteigen – und sei es nur dabei, nicht mehr die zwei, drei Glas Wein zum Abendessen zu trinken –

ist nötig und hilfreich. Ebenso nützlich erweist es sich zu reflektieren, was eigentlich das Thema dahinter sein könnte: Wobei halfen diese zwei, drei Glas? Was ist jetzt ohne sie anders? Es geht darum, mehr von sich selbst zu verstehen, und dann darum, andere Möglichkeiten zu erlernen und zu erkennen.

Denke ich an die »passive Überlassung«, bedeutet das möglicherweise einerseits weniger Suchtmittel, andererseits auch die Aufforderung, aktiv die neu gewonnene nüchterne Zeit zu gestalten. Statt Fernsehen – ja, was jetzt tun? Neuen Routinen entwickeln sich nicht von alleine, aber der Abendspaziergang nach dem Dinner ist eine leichte und schöne Alternative zum Wein und tut Körper und Seele gut. Auch hier heißt es: Fantasie ist gefragt! Und manchmal lernen von denen, die noch kein Fernsehen hatten und denen nicht jeden Abend Alkohol zur Verfügung stand. Was wurde bloß früher mit der ganzen freien Zeit gemacht?

Nächster Schritt: Sucht ist ja auch ein hervorragendes Hilfsmittel für den eigenen Selbstwert. Wie lässt sich Selbstwert tatsächlich gewinnen? Was würde mir einerseits guttun, mich andererseits stärken? Diese und ähnliche Fragen lassen sich gut mit einem Profi klären. Für viele, die mit dem Konzept des erfolgreichen Versagers kämpfen oder sich mutlos fühlen, ist die Entwicklung einer Selbstdefinition möglicherweise das Richtige.

Eine Selbstdefinition oder ein Selbstkonzept stehen für ein Grundgerüst aus Fähigkeiten, Talenten, Potenzialen, Ressourcen in Kombination mit Erfahrungswissen. Da sich Erfahrungswissen ständig neu bildet bei dem, der reflektiert, lässt sich hier auf die Dauer ein echtes und reichhaltiges »Lager« betrachten – alles selbst gelebt! Das geht meist nur schlecht ohne Unterstützung, aber manchmal reicht auch ein wohlmeinendes Pendant als Hilfe bei der Umsetzung.

Praktischer und handfester lassen sich Themen wie Konfliktunfähigkeit und andere Kommunikationsschwierigkeiten angehen. Hier geht es fast immer um den Erwerb von grundlegenden Fähigkeiten, wie sie die gewaltfreie Kommunikation nach Marshall Rosenberg oder auch ein ansprechendes anderes Seminar liefern könnte. Wer aussteigen will aus seiner Sucht, braucht kreative Ideen und außerdem einen neuen Blick. Da lässt sich vieles ausprobieren, was einen, auch zufällig, anspricht.

Beziehungen als Quellen von Lebendigkeit

Mit dem alten Suchtdruck findet sich neue Freiheit nicht ein, kann man den zeitweisen Leerstellen im Alltag nicht gut widerstehen. Wir können es uns selbst leichter machen und den Weg in diese Freiheit gut bahnen, damit wir unterwegs mitnehmen, was wir immer gebrauchen können. Dann ist der Weg zurück zum Ersatz schnell gegangen.

Ich zum Beispiel vermied Beziehungen, in denen ich nachspüren und mich einfühlen musste, und zog Beziehungen gemäß Checkliste vor: Hier hieß es vor allem: klug sein, nachdenken – das für mich war gut zu bewältigen. Das sogenannte Witzer-Parship war ebenfalls gut zu bewältigen, weil es um Ähnliches ging, nämlich aus Verstand und Alltagsleben ein Anforderungsprofil zu erzeugen – schließlich konnte ich meinen Impulsen und Gefühlen nicht trauen. Dieses Witzer-Parship war getrieben von den Standards des patriarchalen Rollenmodells, von Äußerlichkeiten und Statussymbolen, aber keineswegs von meinen inneren Bedürfnissen und schon gar nicht von Augenhöhe – obwohl ich selbstverständlich als Feministin jederzeit auf Augenhöhe geschworen hätte. Für diese so erstrebenswerte und wertvolle Augenhöhe aber, das ist mir heute klar, hätte ich die Kunst der Beziehung erlernen müssen oder davon zumindest eine Ahnung haben.

Die Kunst des Liebens von Erich Fromm gibt einen guten Einblick in das, was wir von anderen erwarten – geliebt werden – und bei uns selbst kaum zu kultivieren wissen – das Lieben selbst. Über diese Themen gibt es keinen gesellschaftlichen Diskurs, das Buch von Fromm ist mehr als fünfzig Jahre alt. Also greifen wir immer wieder zurück auf das Bekannte: Patriarchale Verbindungen haben den Vorteil klarer Rollenschemata, denen wir folgen können, ohne uns in unseren Gefühlen, Bedürfnissen und Wünschen zu verlaufen.

Beziehung dagegen ist ein höchst lebendiger Prozess. Angefangen mit der Beziehung, die wir zu uns selbst entwickeln können, über die Beziehung zu einem Partner, vielleicht sogar einem ebenbürtigen Partner und dann auf Augenhöhe, hin zu Familie und den Beziehungen zu Kindern, Freunden und Bekannten haben wir es mit Menschen zu tun – mit Wesen, die sich durch ihr Fühlen unterscheiden von allen anderen. Heute halte ich Beziehungen für die zentrale Qualität eines würdevollen, lebendigen und gelingenden Lebens. Hier ist alles möglich, was Evolution und hausgemachte Katastrophen fordern: Entwicklung, Neues, Lernen.

Wir haben viel verloren, und wir können es wiederfinden

Gesundung ist sogar bei schwerer psychischer Erkrankung möglich – das jedenfalls fasst der Begriff »Recovery« zusammen. Gesundung heißt, wieder Verantwortung zu übernehmen für die eigene Gesundheit, für die erforderlichen Schritte, und das mit dem klaren Ziel, wieder neue Lebensqualität zu gewinnen. Was also könnte dabei helfen?

Die Psychologie mit Therapie und Coaching verfügt über eine stattliche Zahl von Werkzeugen zur Bearbeitung, Auflösung oder Überwindung dieser Problemlagen. Es gibt systemische Kurzlösungen, aber auch machtvolle große Konzepte, die alle mehr oder weniger auf Bewusstheit, Reflexion und mehr Wissen von sich selbst ausgerichtet sind.

Sucht könnte auch als spirituelles Leiden verstanden werden. Entsprechend helfen dem ein oder anderen spirituelle Übungen. Die Anonymen Gemeinschaften, in denen Hilfe zur Selbsthilfe gelebt wird, geben praktische Anhaltspunkte und Erleben einer suchtfreien Gegenwart mit anderen, ohne jeden erhobenen Zeigefinger. Auch Körperarbeit kann nützlich sein: Von Atemtechnik über Bewegung oder Tanz bis Yoga kann jeder ausprobieren, was individuell hilft; Körperbindung und die darin liegende Realität bieten fundamentale Hilfe gegen das Suchtgeschehen. Immer heißt es: den eigenen Zugang zu sich finden, dann erst die Verbindung zum anderen schlagen.

Raus aus der Innenschau, rein in den Genuss

Es ist auf den vorigen Seiten schon mal hier und da aufgeblitzt: Neben Reflexion und Innenschau, neben dem Lernen von sich selbst und dem Erlernen von Beziehungsfähigkeit geht es noch um etwas ganz anderes – um mehr Leben. Um weniger Arbeit, weniger Denken, vielmehr genießen, spüren, im Hier und Jetzt leben: Ich spreche von Zeitoasen voller Genuss, von Regeneration.

Auf dem Grashalm kauen und in den Himmel schauen, bis einen die Ameisen fortjagen. Im heißen Sand liegen und Löcher ins Meer schauen, die Horizontlinie verfolgen, den Himmel betrachten. Die Sonne auf der Haut spüren, langsamer werden, diese Langsamkeit betrachten und sich daran erfreuen.

Fragen stellen, die wir spannend finden. Diesen Fragen nachgehend entwickelt sich unser Leben auf das Allerfeinste. Hier sind wir zu Hause und richtig aufgehoben. Neugier, Interesse an Zusammenhängen, an Beziehungen, am anderen, aber auch an den eigenen Prozessen halten uns wach, offen, frisch. Anders gesagt: das eigene Leben leben und diese Reise, auf der wir alle sind, jetzt und hier ausgestalten.

Dafür brauchen wir Wirklichkeit. Das hat auch Josephine Baker verstanden, eine Frau, die sich etwas getraut hat, die gescheitert und wieder aufgestanden ist: »Unsere Träume können wir erst dann verwirklichen, wenn wir uns entschließen, daraus zu erwachen.«

Dank

Viele Menschen haben mich gestärkt. Ich danke allen, die mir in Prozess- und 12-Schritte-Gruppen begegnet sind, die mir Vertrauen in diese Gruppen gegeben und mich ohne jedes Wissen um meinen Stand in der Welt geachtet, geschätzt und mit Worten bedacht, ja auch geschützt und getragen haben. Dank an Angelika Korp, die mich heute dabei begleitet, wie ich Beziehungen gestalte, und an alle die Therapeuten, die mich abschnittsweise auf meinem Weg unterstützt haben.

Mein Dank geht an Bettina Traub vom Verlag, die mir mit ihrem packenden Interesse an jedem Manuskriptteil große Freude bereitet hat, und an Michael Schickerling, der die Redaktion erneut virtuos und klaren Sinnes übernahm. Meine Senior-Kollegin Eva E. Mahler-Behr hat mich in Gesprächen zum Buch immer wieder inspiriert, geniale Impulse geliefert und mir beim Sortieren hilfreich zur Seite gestanden – danke! Viele Teile des Buchs habe ich auf dem Tannerhof geschrieben, ein Ort des Friedens und der menschlichen Freundlichkeit, getragen von einem tollen Team. Auch ihnen allen ein herzliches Danke.

Am Schluss die, die meinem Herzen am nächsten sind: Ich danke meinen Nichten, dass sie meine Entwicklung und Veränderung in den letzten mehr als fünfundzwanzig Jahren immer mit zugewandtem Blick und liebevollen Fragen akzeptiert haben. Dieses Buch ist für euch sicher nicht ganz leicht – es steckt so viel Familie drin! Möge es euch gefallen, unterstützen und stärken.

Anmerkungen

1 Antonio R. Damasio: *Descartes' Irrtum. Fühlen, Denken und das menschliche Gehirn.* München: List, 1995.

2 Vgl. Drogenbeauftragter der Bundesregierung (Hg.): *Drogen- und Suchtbericht 2016,* http://www.drogenbeauftragte.de/fileadmin/dateien-dba/Drogenbeauftragte/4_Presse/1_Pressemitteilungen/2016/2016_2/160928_Drogenbericht-2016_NEU_Sept.2016.pdf, abgerufen 8.04.2017. Außerdem der aktuelle *Drogen- und Suchtbericht 2017*, in Aufmachung und Ansprache gut verständlich und für Betroffene sehr hilfreich, http://www.drogenbeauftragte.de/fileadmin/dateien-dba/Drogenbeauftragte/Drogen_und_Suchtbericht/flipbook/DuS_2017, abgerufen 23.08.2017. Die Zahlen sind dem Vorjahresbericht allerdings besser zu entnehmen.

3 Vgl. Untersuchungen und Tabellen unter https://de.statista.com/statistik/daten/studie/157373/umfrage/anteil-einzelner-steuern-an-den-bundeseinnahmen, abgerufen 8.04.2017.

4 Vgl. Elvin Morton Jellinek, der im Auftrag der Weltgesundheitsorganisation (WHO) mehrere Tausend Fallgeschichten von Alkoholikern untersuchte. Es handelte sich dabei um die erste und bis heute grundlegende Untersuchung über die Krankheit Alkoholismus (1951).

5 Seit 2009 sind sowohl Publikationen als auch Therapien und das gesammelte Erfahrungswissen des Johnson-Instituts an Hazelden übergegangen, die mit der Betty-Ford-Stiftung mittlerweile zu Hazelden Betty Ford verschmolzen sind. Beide haben sich mit breiter Bekanntheit dem Thema Sucht verschrieben.

6 Vgl. Friedemann Schulz von Thun: *Miteinander Reden. Störungen und Klärungen.* Reinbek: Rowohlt, 1981.

7 Zahlen vgl. Deutsche Hauptstelle für Suchtfragen (DHS): *Deutsches Jahrbuch Sucht 2017.* Lengerich: Pabst, S. 54 f.

8 Vgl. ebenda, S. 145 f.

9 Vgl. Roland Voigtel: *Sucht.* Gießen: Psychosozial, 2015, S. 32 ff.

10 Solche Substanzen werden immer dann Drogen genannt, wenn sie nicht legal sind. Also Heroin und Kokain sind Drogen, Alkohol und Zigaretten dagegen nicht.

11 Vgl. »Schokolade löst ungehemmte Essgier aus«, *Spiegel online*, 21.09.2012, http://www.spiegel.de/wissenschaft/medizin/opiumaehnliche-substanz-

im-gehirn-macht-schokolade-unwiderstehlich-a-857106.html, abgerufen 26.04.2017.

12 Vgl. auch »Empathie-Fähigkeit bei Studenten nimmt rasant ab«, *Zeit online*, 30.05.2010, http://www.zeit.de/studium/hochschule/2010-05/studie-einfuehlungsvermoegen, abgerufen 5.06.2017.

13 Vgl. Daniel Kahneman: *Schnelles Denken, langsames Denken*. München: Siedler, 2012.

14 Vgl. etwa die Greenpeace-Analyse im *Spiegel*: http://www.spiegel.de/wirtschaft/service/kleidung-landet-bei-vielen-deutschen-laut-greenpeace-im-muell-a-1064055.html, abgerufen 30.07.2017.

15 Dass nicht alle Fachleute sich mit Koabhängigkeit auskennen, etliche von ihnen sogar selbst betroffen sind und koabhängig handeln, macht die Therapeutenwahl nicht ganz einfach. Rat und Adressen für Kinder von Alkoholkranken sind bei Alateen zu erhalten, für Erwachsene bei Al-Anon oder CoDA.

16 Vgl. Friedemann Schulz von Thun: *Miteinander Reden. Störungen und Klärungen*. Reinbek: Rowohlt, 1981.

17 Vgl. Anne Wilson Schaef: *Co-Abhängigkeit. Die Sucht hinter der Sucht*. München: Heyne, 2002.

18 Angelehnt an Monika Rennert: *Co-Abhängigkeit. Was Sucht für die Familie bedeutet*. Freiburg: Lambertus, 2012, S. 233.

19 CoDA kürzt Codependent Anonymous ab und steht für eine Gemeinschaft von Frauen und Männern, die unfähig sind, gesunde Beziehungen einzugehen und aufrechtzuerhalten.

20 Vgl. Robin Norwood: *Wenn Frauen zu sehr lieben. Die heimliche Sucht, gebraucht zu werden*. Reinbek: Rowohlt, 1987.

21 Vgl. Robert Subby: *Lost in the Shuffle. The Co-Dependent Reality*. Deerfield Beach: Health Communications, 1987. Aber auch derselbe: *Healing the Family Within*. Newburyport: Hampton Roads, 1990.

22 Siehe Auskunft des Statistischen Bundesamtes vom 11.07.2017, https://www.destatis.de/DE/PresseService/Presse/Pressemitteilungen/2017/07/PD17_237_12631.html, abgerufen 30.07.2017.

23 Vgl. Monika Rennert: *Co-Abhängigkeit. Was Sucht für die Familie bedeutet*. Freiburg: Lambertus, 2012.

24 Vgl. Wolfgang Schmidbauer: *Hilflose Helfer. Über die seelische Problematik der helfenden Berufe*. Reinbek: Rowohlt, 1992.

25 Timmen L. Cermak: *Diagnosing and Treating Co-Dependence. A Guide for Professionals Who Work with Chemical Dependents, Their Spouses, and Children*. Minneapolis: Johnson Institute, 1986.

26 Aus der Broschüre von Al-Anon: *Loslassen*. Al-Anon nennen sich die »Anonymen Kinder von Alkoholikern«.

27 Vgl. Sharon Wegscheider-Cruse: *Choicemaking. For Spirituality Seekers, Co-Dependents and Adult Children*. Deerfield Beach: Health Communications, 1985.

28 Alle Zitate, positive Darstellungen aus: »Warum sich das frühe Aufstehen lohnt«, *Handelsblatt*, 14.01.2017, http://www.handelsblatt.com/unternehmen/management/fruehaufsteher-wofuer-ceos-die-morgenstunden-nutzen/19226168.html, abgerufen 30.01.2017.

29 Vgl. die aktuelle Ausgabe Thomas A. Harris: *Ich bin o. k. – Du bist o. k. Wie wir uns selbst besser verstehen und unsere Einstellung zu anderen verändern können – eine Einführung in die Transaktionsanalyse*. Reinbek: Rowohlt, 2010. Harris hatte mit Eric Berne die Transaktionsanalyse begründet; von Berne stammt *Spiele der Erwachsenen. Psychologie der menschlichen Beziehungen*, Harris führte seine Erkenntnisse mit dem obigen Standardwerk weiter aus.

30 Vgl. etwa die Weiterbildung von Peter Levine am Polarity Institut in Zürich, Sommer 2017, zu diesem Thema: https://www.polarity.ch/index.php?id=04&l=de, abgerufen 27.01.2017.

31 Mehr dazu in der Fachliteratur aus dem feministischen Kontext. Als Abkürzung und zur Verdeutlichung der Hintergründe hier das Zitat einer früheren Lehrerin, die mir einmal sagte: »Würden Männer sich sonst für unkaputtbar halten und in den Krieg ziehen? Das geht nur in Selbstüberschätzung. Und würden Frauen sonst ihre Söhne in einen solchen Krieg ziehen lassen? Das ist nur möglich mit Selbstunterschätzung. Und für beide ist es nötig, es vor sich selbst zu verbergen.«

32 Angelehnt an Roland Voigtel: Dreieck der Drogenwirkungen. *Sucht*. Gießen: Psychosozial, 2015, S. 33.

33 Kleine Anekdote vom Suchtkongress: Im Abwasser ist Kokain problemlos nachweisbar – die Städte Köln, Düsseldorf und Mannheim führen hier mit der höchsten Kokaindichte in Deutschland. Getoppt wird deren einstellige Zahl allerdings durch das Ergebnis von St. Moritz, wo die Analyse des Grundwassers 22 Lines pro 1.000 Einwohner ergab. So notiert auf dem Suchtkongress am 28.01.2017 der MyWay Betty Ford Klinik; es blieb unklar, wie viele Linien Kokain in den anderen deutschen Städten nachgewiesen werden konnten.

34 Vgl. Thorsten Galert u. a.: *Memorandum*, Gehirn & Geist 11/2009, S. 40 ff., http://www.spektrum.de/fm/976/Gehirn_und_Geist_Memorandum.pdf.

35 Artikel im Schweizer *Tagesanzeiger* zurzeit nicht zu finden, ursprünglich dort: http://www.tagesanzeiger.ch/leben/gesellschaft/Selbstversuch-mit-Ritalin-10-Milligramm-Arbeitswut/story/13976846, Im Netz ist nur noch wenig zu haben zu diesem Selbstversuch, aufschlussreich auf jeden Fall, weil auf die negativen Seiten hinweisend, der Blog-Eintrag von Claudia Klinger dazu: »Ritalin: Über einen journalistisch motivierten Selbstversuch«, http://www.

claudia-klinger.de/digidiary/2009/09/02/ritalin-ueber-einen-journalistisch-motivierten-selbstversuch.

36 Originalzitat aus dem Dossier »Zehn Milligramm Arbeitswut«, Deutschlandfunk, 20.08.2010, http://www.deutschlandfunk.de/zehn-milligramm-arbeitswut-pdf.media.a8169bac5357204481b19c36d23f027a.pdf, abgerufen, 28.07.2017.

37 Vgl. etwa Donald W. Winnicott: *Reifungsprozesse und fördernde Umwelt.* Frankfurt a. M.: Fischer, 1974.

38 Zitiert nach https://kraftwort.wordpress.com/2010/03/04/nelson-mandela-unsere-tiefste-angst.

39 Ich beziehe mich auf dieses und ähnliche Zitate: »So ist denn das soziale Handeln eine Resultante aus beidem: aus reaktiven Zwängen und sinnvollen Interaktionen. (…) Erst wenn die abgespaltenen Motive und tief internalisierten Regeln aus ihrem objektiven Zusammenhang mit den rationalen Zwängen der kollektiven Selbstbehauptung einerseits und mit den irrationalen Zwängen funktionslos gewordener Autoritäten andererseits begriffen, wenn sie in den Köpfen der Handelnden selber mit den subjektiv sinnvollen Motiven versöhnt wären, könnte sich soziales Handeln zu einem wahrhaft kommunikativen Handeln entfalten.« Jürgen Habermas: *Zur Logik der Sozialwissenschaften.* Frankfurt a. M.: Suhrkamp, 1982, S. 202.

Literatur

Timmen L. Cermak: *Diagnosing and Treating Co-Dependence. A Guide for Professionals Who Work with Chemical Dependents, Their Spouses, and Children.* Minneapolis: Johnson Institute, 1986.

Antonio R. Damasio: *Descartes' Irrtum. Fühlen, Denken und das menschliche Gehirn.* München: List, 1995.

Deutsche Hauptstelle für Suchtfragen (DHS): *Deutsches Jahrbuch Sucht 2017.* Lengerich: Pabst, 2017.

Jürgen Habermas: *Zur Logik der Sozialwissenschaften.* Frankfurt a. M.: Suhrkamp, 1982.

Thomas A. Harris: *Ich bin o. k. – Du bist o. k. Wie wir uns selbst besser verstehen und unsere Einstellung zu anderen verändern können – eine Einführung in die Transaktionsanalyse.* Reinbek: Rowohlt, 2010.

Daniel Kahneman: *Schnelles Denken, langsames Denken.* München: Siedler, 2012.

Robin Norwood: *Wenn Frauen zu sehr lieben. Die heimliche Sucht, gebraucht zu werden.* Reinbek: Rowohlt, 1987.

Monika Rennert: *Co-Abhängigkeit. Was Sucht für die Familie bedeutet.* Freiburg: Lambertus, 2012.

Anne Wilson Schaef: *Co-Abhängigkeit. Die Sucht hinter der Sucht.* München: Heyne, 2002.

Wolfgang Schmidbauer: *Hilflose Helfer. Über die seelische Problematik der helfenden Berufe.* Reinbek: Rowohlt, 1992.

Friedemann Schulz von Thun: *Miteinander Reden. Störungen und Klärungen.* Reinbek: Rowohlt, 1981.

Robert Subby: *Healing the Family Within.* Newburyport: Hampton Roads, 1990.

Robert Subby: *Lost in the Shuffle. The Co-Dependent Reality.* Deerfield Beach: Health Communications, 1987.

Roland Voigtel: *Sucht.* Gießen: Psychosozial, 2015.

Sharon Wegscheider-Cruse: *Choicemaking. For Spirituality Seekers, Co- Dependents and Adult Children.* Deerfield Beach: Health Communications, 1985.

Donald W. Winnicott: *Reifungsprozesse und fördernde Umwelt.* Frankfurt a. M.: Fischer, 1974.